Kenneth Clark

Glorie des Abendlandes

«Civilisation»

Von den Gedanken, Bauten, Büchern, Kunstwerken und Genies unserer Zivilisation

Deutsch von Thomas Monrad

Rowohlt

Die englische Originalausgabe wurde unter dem Titel *Civilisation. A Personal View*
gemeinsam von der British Broadcasting Corporation
und dem Verlag John Murray, beide London, veröffentlicht.
Umschlagentwurf Werner Rebhuhn
(Foto: Thames & Hudson)

Sonderausgabe
1.–15. Tausend Februar 1977
16.–22. Tausend September 1977
23.–32. Tausend April 1978

Gesamtherstellung Mohndruck Reinhard Mohn OHG, Gütersloh
Printed in Germany
ISBN 3 498 09058 5

Inhalt

Verzeichnis der Farbtafeln

Verzeichnis der Abbildungen

1 Wir sind noch einmal davongekommen

Ich stehe auf dem Pont des Arts in Paris. Auf der einen Seite der Seine sehe ich die harmonische, ausgewogene Fassade des Institut de France, das um 1670 als Sitz der französischen Akademie erbaut wurde, auf der anderen Seite liegt der Louvre, an dem vom Mittelalter bis ins 19. Jahrhundert hinein ständig gebaut wurde: klassische Architektur in ihrer höchsten und reinsten Form. Stromaufwärts kann ich gerade noch Notre-Dame sehen – vielleicht nicht die hinreißendste Kathedrale, doch mit der intellektuellsten Fassade der gesamten Gotik. Die Häuser beiderseits des Flusses sind ebenfalls menschliche und vernünftige Beispiele der Stadtarchitektur, und vor ihnen stehen unter Bäumen die offenen Buchstände, an denen Generationen von Studenten ihre geistige Nahrung gefunden haben und wo Generationen von Bücherfreunden der zivilisierten Beschäftigung des Büchersammelns frönten. Über diese Brücke strömten während der letzten hundertfünfzig Jahre die Schüler der Kunstschulen von Paris in den Louvre, studierten seine Kunstschätze, eilten dann zurück in ihre Ateliers und redeten und träumten dort von Taten, die der großen Tradition würdig wären. Und wie viele Pilger aus Amerika haben seit Henry James auf dieser Brücke innegehalten, das Aroma einer seit langem begründeten Kultur eingeatmet und sich im Mittelpunkt der Zivilisation gefühlt!

Was ist Zivilisation? Ich weiß es nicht. Ich kann es nicht in abstrakten Begriffen erklären – noch nicht. Aber ich glaube Zivilisation zu erkennen, wenn ich sie sehe; und hier sehe ich sie. Ruskin sagte einmal: «Große Nationen schreiben ihre Autobiographien in drei Büchern, dem Buch ihrer Taten, dem Buch ihrer Worte und dem Buch ihrer Kunst. Keines dieser Bücher können wir verstehen, ohne die beiden anderen zu lesen, aber das einzig glaubwürdige ist das letzte.» Im großen und ganzen ist das wohl wahr. Schriftsteller und Politiker können ihre Ansichten in den verschiedensten Äußerungen darlegen, doch das sind immer nur Zweckerklärungen. Gefragt, was mehr über den wahren Zustand einer Gesellschaft aussagt, die Rede eines Wohnungsbauministers oder die Bauten seiner Zeit, würde ich mich für die Bauten entscheiden.

Das heißt aber nicht, daß die Geschichte der Zivilisation die Geschichte der Kunst wäre. Durchaus nicht. Große Kunstwerke können auch in barbarischen Gesellschaften entstehen, und gerade die Beschränktheit einer primitiven Gesellschaft kann ihrer ornamentalen Kunst eine besondere Konzentration und Belebung verleihen. Im 9. Jahrhundert hätten wir manchmal die Seine hinabschauen und dort den Bug eines stromaufwärts fahrenden Wikingerschiffes sehen können. Wenn wir es heute im Britischen Museum [1] betrachten, erscheint es uns als machtvolles Kunstwerk. Aber für die Mutter einer Familie, die in ihrer klei-

1 Bug eines Wikingerschiffes

2 *‹Apoll vom Belvedere›*

3 Afrikanische Maske

nen Hütte am Ufer in Frieden leben wollte, wäre der Anblick weniger angenehm gewesen – für ihre Zivilisation war es ähnlich bedrohlich gewesen wie für uns das Periskop eines Atom-U-Bootes.

Mir fällt ein vielleicht noch extremeres Beispiel ein, eine afrikanische Maske [3], die Roger Fry gehörte. Ich erinnere mich, wie er sie kaufte und aufhängte, und wie wir uns einig darüber waren, daß sie alle Eigenschaften eines großen Kunstwerkes hätte. Ich vermute, heutzutage würden die meisten Menschen diese Maske interessanter finden als den Kopf des Apoll vom Belvedere [2]. Aber nach seiner Entdeckung war der Apoll vierhundert Jahre lang die am meisten bewunderte Skulptur der Welt. Napoleon war ganz besonders stolz darauf, ihn aus dem Vatikan geraubt zu haben. Gäbe es nicht die Reiseleiter – heute die einzigen Vermittler traditioneller Kultur –, so wäre er inzwischen völlig in Vergessenheit geraten.

Unabhängig von seinem Kunstwert scheint mir der Apoll aber zweifellos einen höheren Grad von Zivilisation zu verkörpern als die Maske. Beide stellen Geister dar, Boten aus einer anderen Welt – aus einer Welt unserer Vorstellung. In der Vorstellungswelt der Neger herrschen Angst und Dunkelheit, die kleinste Verletzung eines Tabus ist von fürchterlicher Strafe bedroht. Die Welt der hellenistischen Vorstellung ist dagegen von Licht und Zuversicht erfüllt, in ihr sind die Götter uns gleich – nur schöner – und steigen zur Erde herab, um die Menschheit Vernunft und die Gesetze der Harmonie zu lehren.

Das sind schöne Worte – die Wirklichkeit sah ganz anders aus. Auch in der griechisch-römischen Welt waren Aberglaube und Grausamkeit weit verbreitet. Aber trotzdem ist der Unterschied zwischen diesen beiden Bildwerken von Bedeutung. Er zeigt, daß in bestimmten Epochen der Mensch an sich selbst – an Geist und Körper – etwas erkannte, das jenseits des täglichen Kampfes um die Existenz und des nächtlichen Kampfes mit der Angst stand; und er fühlte die Notwendigkeit, diese Eigenschaften des Denkens und Empfindens weiterzuentwickeln, sie so nah wie möglich einem Ideal von Vollkommenheit anzunähern – einem ausgewogenen Maß von Vernunft, Recht und körperlicher Schönheit. Es ist ihm gelungen, dieser Notwendigkeit auf verschiedene Weisen zu genügen – durch Mythen, durch Tanz und Gesang, durch philosophische Systeme und durch die Ordnung, die er der sichtbaren Welt auferlegte. Die Kinder seiner Vorstellungswelt sind ebenfalls Ausdruck eines Ideals.

Westeuropa hat ein solches Ideal ererbt. Es wurde im 5. Jahrhundert vor Christus in Griechenland erdacht und war zweifellos die ungewöhnlichste Schöpfung der gesamten Geschichte, so vollendet, so überzeugend, so befriedigend für Geist und Sinne, daß es sechshundert Jahre lang praktisch unverändert blieb. Natürlich wurde die nach ihm geschaffene Kunst mit der Zeit einförmig und konventionell. Fünfhundert Jahre lang fand man überall am Mittelmeer, in Griechenland, Italien, Frankreich, Kleinasien und Nordafrika, dieselbe architektonische Sprache, dieselbe Bildwelt, die gleichen Theater, die gleichen Tempel. Stünden wir auf dem Marktplatz einer Mittelmeerstadt im 1. Jahrhundert nach Christus, so könnten wir kaum erkennen, wo wir wären – weniger noch als heute auf einem Flughafen. Die sogenannte Maison Carrée in Nîmes ist zum Beispiel ein griechischer Tempel, wie er ebensogut an jedem anderen Platz in der griechisch-römischen Welt stehen könnte.

Nîmes liegt nicht weit vom Mittelmeer entfernt. Die griechisch-römische Zivilisation erstreckte sich sehr viel weiter: bis hinauf an den Rhein, bis an die Grenzen von Schottland, wo sie dann allerdings etwas gröber wurde. Sie muß als absolut unzerstörbar erschienen sein. Und manches wurde natürlich auch nie zerstört. Der sogenannte Pont du Gard [4], der Aquädukt in der Nähe von Nîmes, war schon vom Material her den zerstörerischen Kräften der Barbaren überlegen. Und eine Unzahl von Fragmenten ist erhalten geblieben – das Museum von Arles ist voll davon. «Mit diesen Fragmenten bewahre ich mich vor meinem Untergang.» Als der menschliche Geist zu neuem Leben erwachte, dienten sie den Steinmetzen bei der ornamentalen Verzierung der dortigen Kirchen als Vorbilder; aber bis dahin war es noch ein langer Weg.

Was geschah? Da Gibbon sechs Bände mit dem Niedergang und dem Verfall des Römischen Reiches füllte, lasse ich mich lieber nicht weiter darauf ein. Aber wenn wir über diese fast unglaubliche Episode nachdenken, erfahren wir etwas über das Wesen der Zivilisation. Wir erfahren, daß die Zivilisation, mag sie auch noch so komplex und dauerhaft wirken, in Wahrheit sehr fragil ist. Sie kann zerstört werden. Doch wer sind ihre Feinde? Nun, vor allem anderen die Furcht – die Furcht vor dem Krieg, vor Angriffen, vor Pest und Hungersnot, Katastrophen, angesichts derer es sich einfach nicht lohnt, etwas zu bauen, Bäume zu pflanzen oder sogar an die Ernte des nächsten Jahres zu denken. Hinzu kommt die Furcht vor dem Übernatürlichen, die bewirkt, daß niemand wagt, etwas in Frage zu stellen oder zu verändern. Die spätantike Welt wurde von Ritualen ohne Bedeutung beherrscht, von mysterienhaften Religionen, die das Selbstvertrauen zerstörten. Und dann Erschöpfung, das Gefühl der Hoffnungslosigkeit, das auch Menschen überkommen kann, die im materiellen Wohlstand leben. Es gibt ein Gedicht von dem modernen griechischen Dichter Kawafis, in dem er sich vorstellt, wie die Menschen einer antiken Stadt wie Alexandria jeden Tag erwarten, daß die Barbaren kommen und die Stadt plündern. Schließlich ziehen die Barbaren irgendwo anders hin und die Stadt ist gerettet; aber die Menschen sind enttäuscht – es wäre besser gewesen als gar nichts. Zivilisation erfordert natürlich ein Mindestmaß an materiellem Wohlstand – genug, um ein wenig Muße zu gestatten. Aber in weit höherem Maße erfordert sie Vertrauen – Vertrauen in die Gesellschaft, in der man lebt, Glauben an ihre Philosophie, Glauben an ihre Gesetze und Vertrauen in die eigenen Geisteskräfte. Die Anordnung der Steine am Pont du Gard ist nicht nur ein Triumph technischen Könnens, sondern auch ein Zeichen eines entschiedenen Glaubens an Gesetz und Disziplin. Kraft, Energie, Vitalität: alle großen Zivilisationen – oder die Zivilisation vorantreibenden Epochen – wurden von starker Energie bestimmt. Es gibt Menschen, die glauben, Zivilisation bestehe aus feinem Empfindungsvermögen, guter Konversation und ähnlichem. Das kann zwar zu den angenehmen Begleiterscheinungen der Zivilisation gehören, doch entsteht daraus keine Zivilisation; und eine Gesellschaft kann über alle diese Annehmlichkeiten verfügen und doch tot und starr sein.

Wenn wir also fragen, warum die Zivilisation Griechenlands und Roms zusammenbrach, so lautet die wahre Antwort: sie war erschöpft. Und den ersten Invasoren des Römischen Reiches ging es nicht anders. Wie so oft unterlagen die Sieger offenbar den gleichen Schwächen wie das von ihnen besiegte Volk. Es ist irreführend, sie Barbaren zu nennen. Sie scheinen nicht sonderlich auf Zerstörung aus gewesen zu sein, ja, von ihnen stammen sogar einige recht eindrucksvolle Bauten, wie das Grabmal des Theoderich; verglichen mit dem kleinen griechischen Tempel von Nîmes wirkt es ein wenig schwer und megalithisch – die flache Kuppel besteht aus einem einzigen Stein –, aber es ist doch wenigstens mit dem Blick in die Zukunft errichtet worden. Diese frühen Invasoren hat man – ganz zu Recht – mit den Engländern im Indien des 18. Jahrhunderts verglichen, die dorthin kamen, um aus dem Land herauszuholen, was sie konnten, die sich an der Verwaltung beteiligten, wenn es sich bezahlt machte, die die einheimische Kultur verachteten, es sei denn, sie konnte kostbare Metalle liefern. Aber anders als die Engländer in Indien schufen jene Invasoren ein Chaos; und in dieses Chaos strömten wirkliche Barbaren wie die Hunnen, die völlig ungebildet waren und allem, was sie nicht verstanden, mit Feindseligkeit und Zerstörung begegneten. Ich glaube nicht, daß sie die Absicht hatten, alle über die römische Welt verstreuten großen Bauten zu zerstören. Aber es kam ihnen auch nie in den Sinn, etwas zu ihrer Erhaltung zu tun. Sie zogen es vor, in ihren Zelten zu leben, und

Farbtafel 1: Beutelförmiger Deckel in Gold und Email aus dem Prunkschiff von Sutton Hoo

+ ihs xps · Matheus homo
Incipit euangelium
genelogia mathei

4 Pont du Gard, Provence

Farbtafel 2: Beginn des Matthäus-Evangeliums, Lindisfarne-Evangeliar

5 Skellig Michael, Westirland

ließen die alten Orte verfallen. Kein Zweifel, das Leben muß noch sehr viel länger scheinbar normal verlaufen sein, als man gemeinhin annehmen würde. So geht das immer. Im Amphitheater von Arles kämpften weiterhin die Gladiatoren; im Theater von Orange wurden immer noch Stücke aufgeführt. Und noch im Jahre 383 konnte sich ein hervorragender Verwaltungsbeamter wie Ausonius friedlich auf sein Landgut bei Bordeaux zurückziehen, sich seinem Weinberg widmen (der noch heute als Château Ausone bekannt ist) und große Dichtungen schaffen wie ein chinesischer Herr der Tang-Dynastie.

So hätte es noch lange mit der Zivilisation langsam bergab gehen können; doch in der Mitte des 7. Jahrhunderts erschien eine neue Kraft, mit einem starken Glauben, mit Energie, Eroberungswillen und einer anderen Kultur: der Islam. Die Stärke des Islam lag in seiner Einfachheit. Die frühchristliche Kirche dagegen hatte ihre Stärke in theologischen Kontroversen zersplittert, die drei Jahrhunderte lang mit unglaublicher Kraft und höchstem Scharfsinn geführt wurden. Aber Mohammed, der Prophet des Islam, predigte die einfachste Lehre, die je Verbreitung gefunden hat; und sie verlieh seinen Anhängern das Gefühl der Zusammengehörigkeit, das einst auch die römischen Legionen geleitet hatte. In der fast unglaublich kurzen Zeit von etwa fünfzig Jahren wurde die klassische Welt überrannt. Nur ihre gebleichten Knochen standen noch gegen den Himmel des Mittelmeeres.

Damit war die alte Quelle der Zivilisation versiegt, eine neue Zivilisation konnte nur im Angesicht des Atlantiks entstehen. Welche Aussicht! Es gibt Leute, die sagen, sie zögen die Barbarei der Zivilisation vor. Ich bezweifle aber, daß sie die Frage lange genug geprüft haben. Wie die Menschen von Alexandria fühlen sie sich durch die Zivilisation gelangweilt; aber alles spricht dafür, daß die Langeweile in der Barbarei noch unendlich viel größer ist. Von den übrigen Unannehmlichkeiten und Entbehrungen abgesehen, konnte man ihr einfach nicht entrinnen. Man lebte in einer sehr begrenzten Gesellschaft, ohne Bücher, ohne Licht, ohne Hoffnung; auf der einen Seite die ewig tosende See, auf der anderen unendliche Sümpfe und Wälder. Eine sehr melancholische Lebensweise also, über die sich die angelsächsischen Dichter auch keine Illusionen machten:

> Ein Weiser mag erfassen, wie gräßlich es wird sein,
> Wenn aller Reichtum dieser Welt verwüstet dastehen wird,
> Wie jetzt, an vielen Stellen auf der Erde,
> Mauern stehen, vom Wind geschlagen,
> Schwer vom Rauhreif, zerstörte Siedlungen . . .
> Der Schöpfer der Menschen hat diesen Ort so heimgesucht,
> Daß kein menschliches Lachen mehr zu hören ist
> Und müßig sind die alten Riesenwerke.

Dennoch war es wahrscheinlich besser, in einem der kleinen Häuser am äußersten Rande der Welt zu leben als im Schatten eines der alten, gigantischen Bauwerke, wo man jeden Augenblick von einer neuen Welle fremder Eindringlinge überfallen werden konnte. So sahen es zumindest die ersten Christen, die nach Westeuropa kamen. Sie stammten ursprünglich aus dem östlichen Mittelmeerraum, der Heimat des Mönchtums. Einige siedelten sich in Marseille und Tours an; als dort das Leben zu gefährlich wurde, wanderten sie weiter in die unzugänglichsten Gegenden von Cornwall, Irland oder auf den Hebriden. Sie kamen in überraschend großer Zahl. Im Jahre 550 landete in Cork eine Bootsladung von fünfzig Gelehrten. Sie zogen durch das ganze Land und hielten Ausschau nach Plätzen, die genügend Sicherheit boten und wo sie eine Gruppe gleichgesinnter Männer antrafen. Und was für Plätze sie fanden! Rückblickend aus der Sicht der großen Zivilisationen des 12. Jahrhunderts in Frankreich oder des 17. Jahrhunderts in Rom ist es schwer zu glauben, daß das Christentum in Westeuropa während einer langen Zeit – fast hundert Jahre – nur überlebte, indem es sich an solche Orte wie Skellig Michael [5] klammerte, eine Felsenzinne, die 29 Kilometer von der irischen Küste über hundert Meter hoch aus dem Meer aufsteigt.

Was sonst außer dieser kleinen, abgeschlossenen Gesellschaft von Gelehrten hielt jene wandernde Kultur am Leben? Keine Bücher. Auch keine Bauten. Auch wenn wir bedenken, daß die meisten Bauten aus Holz waren und deshalb die Zeiten nicht überdauert haben, bleiben die wenigen erhaltenen Steinbauten armselig und unzulänglich. Es ist erstaunlich, daß diese Wanderer nicht besser bauen konnten – aber sie hatten offenbar den Impuls eingebüßt, sich dauerhafte Wohnsitze zu errichten. Was hatten sie statt dessen? Die Antwort erfahren wir aus den Gedichten: Gold. Sobald ein angelsächsischer Dichter sein Ideal von einer guten Gesellschaft in Worte zu fassen sucht, spricht er vom Gold:

> Dort war so mancher Mann,
> Froh gestimmt, goldstrahlend, in Glanz gehüllt,
> Vom Wein erhitzt, in blitzender Kriegstracht,
> Und starrte auf geschnittene Steine, auf Gold und Silber,
> Auf Reichtümer, gesammelt und gehortet, auf lichterfüllten Bernstein.

Es hatte den Wanderern nie an Handwerksleuten gefehlt, und ihr ganzes aufgestautes Verlangen, den Strom der Erfahrung in irgendeine dauerhafte Form zu fassen, in ihrer einzigartig unvollkommenen Existenz etwas Vollkommenes zu schaffen, drückte sich in den wunderbaren Erzeugnissen der Handwerker aus. Sie bearbeiteten selbst einen Bronzering mit außergewöhnlicher künstlerischer Intensität. Und nichts anderes zeigt so klar, wie sehr sich die neue atlantische Welt von der griechisch-römischen Zivilisation des Mittelmeeres absetzte. Der Mensch war das Thema der Mittelmeerkunst, und er war es seit dem frühen Ägypten gewesen. Aber die Wanderer, die sich durch die Wälder kämpften, die mit den Wogen rangen, die vor allem auf die Vögel und Tiere im Dickicht der Zweige achteten, waren nicht am menschlichen Körper interessiert. Kurz vor dem letzten Krieg hat man in England zwei vergrabene Schätze gefunden, beide in Suffolk, nur etwa 40 Kilometer voneinander entfernt. Beide sind jetzt im Britischen Museum. Der Schatz von Mildenhall ist fast über und über mit menschlichen Figuren geschmückt [6] – den alten Figuren der Antike, den Seegöttern,

Nereiden usw. Die Zeichnung wirkt etwas unsicher, denn die Stücke stammen aus der spätesten Antike, als der Glaube an den Menschen schon seine Substanz verloren hatte, und so sind die überlieferten Umrisse nur mit geringer Überzeugung angefüllt und ergänzt worden. Der andere Schatz stammt vom Prunkschiff in Sutton Hoo [Farbtafel 1]. Weitere zweihundert Jahre sind vergangen – vielleicht etwas mehr –, und der Mensch ist fast völlig verschwunden. Nur selten erscheint er als dekorative Chiffre oder Hieroglyphe; seine Stelle haben nun sagenhafte Tiere und Vögel eingenommen – und vielleicht darf ich hinzufügen, daß die Menschen des Mittelalters eine weniger hochmütige Anschauung von Vögeln hatten als beispielsweise heute die Hersteller von Weihnachtskarten. Aber wenn das Motiv auch ‹barbarisch› ist, so ist doch der Sinn für das Material

6 Schatz von Mildenhall, Neptunteller

7 Iona, Westschottland

ausgeprägter, das handwerkliche Können sicherer und technisch fortgeschrittener als beim Schatz von Mildenhall.

Diese Vorliebe für Gold und geschnittene Steine, das Gefühl, daß sie eine ideale Welt widerspiegelten und eine Art bleibenden Zaubers besaßen, dauerte an, bis die Zeit der ungewissen Kämpfe ums Dasein vorbei war. Man könnte also sagen, daß die westliche Zivilisation durch ihre Handwerker bewahrt wurde. Die Wanderer konnten ihre Handwerker auf ihren Wanderungen mitnehmen. Da die Schmiede sowohl fürstliche Waffen als auch Ornamente anfertigten, waren sie für das Ansehen eines Stammesfürsten ebenso nötig wie die Barden, deren Gesänge seinen Mut verherrlichten.

Aber Bücher zu kopieren, erforderte ein seßhafteres Leben, und zwei oder drei Plätze auf den britischen Inseln boten, für kurze Zeit, eine relative Sicherheit. Einer davon war Iona [7] – sicher und heilig. Wann immer ich in Iona war – und in meiner Jugend kam ich fast jedes Jahr dorthin –, hatte ich das Gefühl, daß «irgendein Gott über diesem Ort» wäre. Er flößt mir nicht soviel Ehrfurcht ein wie andere heilige Stätten, zum Beispiel Delphi oder Assisi. Aber in Iona

8 Seite aus dem Echternacher Evangeliar des hl. Willibrord

habe ich mehr als an irgendeinem anderen Ort ein Gefühl des Friedens und der inneren Freiheit. Woher kommt das? Vom Licht, das alles rundherum umflutet? Von der Landschaft, die – vor den feierlichen Hügeln von Mull liegend – Griechenland und sogar Delos so merkwürdig ähnlich sieht? Vom Zusammenspiel der weinfarbenen See, des weißen Sandes und des blaßroten Granits? Oder von der Erinnerung an jene heiligen Männer, die zwei Jahrhunderte lang die westliche Zivilisation am Leben erhielten?

Das Kloster Iona wurde vom hl. Columba gegründet, der im Jahre 563 von Irland hierher kam. Es scheint schon vorher eine heilige Stätte gewesen zu sein, und für weitere vier Jahrhunderte war es das Zentrum des keltischen Christentums. Dreihundertsechzig große Steinkreuze soll es auf der Insel gegeben haben; sie wurden fast alle während der Reformation ins Meer geworfen. Niemand weiß, welche der erhaltenen keltischen Handschriften hier entstanden sind und welche auf der northumbrischen Insel Lindisfarne; das ist auch nicht so wichtig, denn ihr gemeinsamer Stil kann durchaus zu Recht als irisch bezeichnet werden [Farbtafel 2]. Sie sind sehr schön geschrieben, und ihre klare, runde Schrift

9 Seite aus dem Buch von Kells

10 Das Gokstad-Schiff, Oslo

verbreitete das Wort Gottes über die gesamte westliche Welt. Sie sind auch sehr sorgfältig dekoriert, und es ist auffallend, wie gering der Einfluß klassischer oder christlicher Kultur in diesen Dekorationen ist. Alle Handschriften sind Evangeliare, doch fehlen christliche Symbole fast ganz, abgesehen von den grimmigen, orientalisch wirkenden Tieren, den Symbolen der Evangelisten. Der Mensch macht – wenn er überhaupt auftritt – eine sehr armselige Figur. In einem Fall hat der Schreiber es für das Beste gehalten, «Imago Hominis» [8], das Bild des Menschen, daneben zu schreiben. Aber die reinen Ornamentseiten gehören zum Reichsten und Kompliziertesten, das es jemals an abstrakter Dekoration gegeben hat; sie sind ausgearbeiteter und verfeinerter als alle islamische Kunst. Wir betrachten sie meistens nur für zehn Sekunden und wenden uns dann einer anderen Sache zu, die wir interpretieren oder lesen können. Aber wir müssen uns vorstellen, daß die Menschen nicht lesen konnten und manchmal wochenlang nichts anderes zu betrachten hatten. So müssen diese Seiten also eine fast hypnotische Wirkung ausgeübt haben. Das vielleicht letzte Kunstwerk, das in Iona hergestellt wurde, war das Buch von Kells [9]. Aber noch ehe es vollendet war, mußte der Abt von Iona nach Irland fliehen. Die See war gefährlicher geworden als das Land. Die Wikinger waren unterwegs.

«Und wenn jeder Kopf hundert Zungen hätte», schreibt ein zeitgenössischer irischer Schreiber, «so könnten sie nicht wiedergeben oder berichten oder aufzählen oder sagen, was alle Iren an Not, Elend und Unterdrückung von diesem kriegerischen, grimmigen und ganz und gar heidnischen Volk erlitten.» Die Kelten haben sich nicht sehr verändert. Anders als die früheren Wanderer besaßen die Wikinger einen reichen Sagenschatz, den Wagner für uns in ein romantisches Gewand gehüllt hat. Ihren Runensteinen scheinen magische Kräfte innezuwohnen. Sie waren das letzte Volk in Europa, das der Christianisierung widerstand. Es gibt Grabsteine von Wikingern aus dem späten Mittelalter, die auf der einen Seite Symbole von Wotan und auf der anderen Seite christliche Symbole zeigen – Absicherung nach beiden Seiten. Auf einem berühmten Elfenbeinkasten im Britischen Museum sehen wir Wieland den Schmied auf der linken und die Anbetung der Könige auf der rechten Hälfte. Begegnen wir abwertenden Berichten über die Wikinger, so müssen wir bedenken, daß diese kaum lesen und schreiben konnten und daß alle schriftlichen Zeugnisse über sie von christlichen Mönchen aufgezeichnet wurden. Gewiß, sie waren brutal und raubgierig. Trotzdem kommt ihnen ein Platz in der europäischen Zivilisation zu, denn diese Piraten waren nicht nur auf Zerstörung aus, ihre Lebenskraft war für die westliche Welt ein sehr wesentlicher Beitrag. Es war die gleiche Kraft, die Kolumbus beseelte.

Sie stachen in See und kamen mit unglaublichem Mut und Können über die Wolga und das Kaspische Meer bis nach Persien; sie schrieben ihre Runen auf einen der Löwen von Delos und kehrten dann mit ihrer Beute nach Hause zurück, darunter Münzen aus Samarkand und ein chinesischer Buddha. Allein schon das technische Können, das sie bei ihren Fahrten bewiesen, war eine neue Errungenschaft für die westliche Welt; und suchen wir nach einem Symbol für

11 Das Oseberg-Schiff, Oslo

12 Buchdeckel. Der hl. Gregor und Schreiber

den atlantischen Menschen, das ihn vom Menschen des Mittelmeerraumes unterscheidet, nach einem Symbol, das wir gegen den griechischen Tempel setzen können, so finden wir es im Wikingerschiff. Der griechische Tempel ist statisch und kompakt. Das Schiff ist beweglich und flink. Zwei kleinere Wikingerschiffe, die als Grabkammern benutzt wurden, sind erhalten. Eines der beiden, das Gokstad-Schiff [10], war für große Fahrten gedacht, und tatsächlich hat eine Nachbildung 1894 den Atlantik überquert. Das andere, das Oseberg-Schiff [11], scheint eher so etwas wie eine Prachtbarke gewesen zu sein, es war gefüllt mit großartigen Beispielen der Handwerkskunst. Die Schnitzereien an seinem Bug zeigen den Fluß endloser Linien, wie er später auch dem großen Ornamentstil zugrunde liegen sollte, den wir ‹romanisch› nennen. Wenn wir an die isländischen Sagas denken, die zu den großen Büchern der Welt zählen, müssen wir zugeben, daß die Wikinger eine Kultur hervorgebracht haben. Aber war es eine Zivilisation? Die Mönche von Lindisfarne hielten es nicht dafür, auch nicht Alfred der Große noch die arme Mutter, die mit ihrer Familie an den Ufern der Seine friedlich leben wollte.

Zivilisation bedeutet etwas mehr als Energie und Wille und schöpferische Kraft: etwas, das den Wikingern fehlte, das aber, sogar noch während ihrer Zeit, in Westeuropa wieder aufzutauchen begann. Wie kann ich es definieren? Nun, sehr kurz – ein Sinn für Dauerhaftes. Die Wanderer und Eindringlinge waren immerzu in Bewegung. Das Bedürfnis, über den nächsten März oder die nächste Fahrt oder die nächste Schlacht hinauszuschauen, war ihnen fremd. Und daher kamen sie nicht auf den Gedanken, Steinhäuser zu bauen oder Bücher zu schreiben. Das Baptisterium in Poitiers ist beinahe der einzige Steinbau, der aus der Zeit nach dem Grabmal des Theoderich erhalten geblieben ist. Es ist erbärmlich grob. Die Erbauer haben versucht, einige der Elemente römischer Architektur zu verwenden, Kapitelle, Giebel, Pilaster, aber sie haben deren ursprüngliche Bedeutung vergessen. Doch zumindest war diese armselige Konstruktion für die Dauer gedacht. Es ist nicht einfach ein Wigwam. Der zivilisierte Mensch, so will es mir jedenfalls scheinen, muß fühlen, daß er irgendwo in Zeit und Raum seinen Platz hat; daß er bewußt vorausschaut und zurückblickt. Und dazu ist es eine große Erleichterung, lesen und schreiben zu können.

Fünfhundert Jahre lang war diese Fähigkeit selten in Westeuropa. Es versetzt uns einen Schock, wenn wir uns vergegenwärtigen, daß während dieser ganzen Zeit praktisch kein Laie, von Königen und Kaisern abwärts, lesen oder schreiben konnte. Karl der Große lernte lesen, konnte aber nie schreiben. Neben seinem Bett lagen Wachstafeln, auf denen er übte, aber er sagte, er käme nicht dahinter. Alfred der Große, der ein ungewöhnlich kluger Mann war, scheint sich im Alter von vierzig Jahren selbst das Lesen beigebracht zu haben und verfaßte mehrere Bücher, die allerdings wahrscheinlich in einem Klosterseminar diktiert wurden. Große Persönlichkeiten, selbst Kirchenmänner, pflegten ihren Sekretären zu diktieren, wie sie es auch heute noch tun und wie wir es auf Buchillustrationen des 10. Jahrhunderts sehen können. Natürlich konnte der größte Teil des höheren Klerus lesen und schreiben, und die Bilder der Evangelisten, die beliebtesten (und oft die einzigen) Illustrationen früherer Handschriften, werden im 10. Jahrhundert zu einer Art Bestätigung dieser beinahe göttlichen Fertigkeit. Aber der hl. Gregor, der auf einer Elfenbeinschnitzerei des 10. Jahrhunderts sich so intensiv der Gelehrsamkeit hinzugeben scheint [12], der hl. Gregor selbst soll viele Bände klassischer Literatur zerstört haben, ganze Büchereien sogar, da sie den menschlichen Geist vom Studium der Heiligen Schrift ablenkten. Und mit dieser Ansicht stand er sicherlich nicht allein. Im Hinblick auf solche Vorurteile und Zerstörungen ist es erstaunlich, daß die Literatur der vorchristlichen Antike überhaupt erhalten geblieben ist. Und tatsächlich ist es ihr nur mit Hängen und Würgen gelungen. Soweit wir die Erben Griechenlands und Roms sind, sind wir eben noch einmal davongekommen.

Wir haben überlebt, weil auch unter veränderlichen Umständen und Möglichkeiten die menschliche Intelligenz relativ konstant zu bleiben scheint und weil Jahrhunderte hindurch praktisch alle intellektuellen Menschen der Kirche angehörten. Und einige von ihnen, wie zum Beispiel der Historiker Gregor von Tours, sind bemerkenswert intelligente und unvoreingenommene Menschen gewesen. Es ist schwer zu sagen, wie viele antike Texte sich in den keltischen Klöstern befunden haben. Als irische Mönche um das Jahr 600 auf den Kontinent kamen, fanden sie römische Handschriften in Orten wie Tours und Toulouse. Aber die Klöster hätten nicht zu Wächtern der Zivilisation werden können, hätte es nicht ein Minimum an Stabilität gegeben. Und das wurde in Westeuropa zuerst im Königreich der Franken erreicht.

Es wurde durch Kampf erreicht. In ihren Anfängen beruhen alle großen Zivilisationen auf Erfolgen im Krieg. Die Römer waren die am besten organisierten und die skrupellosesten Kämpfer in Latium. So auch die Franken. Chlodwig und seine Nachfolger besiegten nicht nur ihre Feinde, sondern hielten sich durch Grausamkeit und Folter an der Macht, die selbst gemessen an dem, was in den letzten drei Jahrzehnten geschehen ist, beachtlich waren. Kampf, Kampf, Kampf. Übrigens sind auf Zeichnungen des 9. Jahrhunderts beinahe zum erstenmal Reiter mit Steigbügeln zu erkennen [13], und Leute, die historische Ereignisse gern materialistisch erklären, behaupten, diese Steigbügel seien der Grund für die Siege der fränkischen Kavallerie. Man hat manchmal das Gefühl, daß das 7. und 8. Jahrhundert wie ein überlanger ‹Western› waren, und die Ähnlichkeit wird – schon im 8. Jahrhundert – noch lebendiger durch die Anwesenheit unserer alten Freunde, des Sheriffs und des Marshals. Aber in Wirklichkeit war es viel schrecklicher: die Härte wurde durch keine Spur von Gefühl oder Ritterlichkeit gemildert. Doch der Kampf war notwendig. Ohne den Sieg Karl Martells über die Mauren bei Tours und Poitiers im Jahre 732 würde die westliche Zivilisation vielleicht nie existiert haben, und ohne die ruhelosen Feldzüge Karls des Großen gäbe es nicht die Vorstellung eines vereinigten Europas.

Karl der Große tritt als der erste überragende Mann der Tat aus dem Dunkel hervor, das seit dem Zusammenbruch der römischen Welt geherrscht hatte. Um ihn ranken sich Mythos und Legende. An einem großartigen Reliquiar in Aachen [Farbtafel 3], das ungefähr fünfhundert Jahre nach seinem Tode angefertigt

13 Karolingische Reiter. Illustration aus dem Sankt Gallener Psalter

wurde, um einen Teil seines Schädels aufzunehmen, sehen wir, wie das hohe Mittelalter ihn einschätzte – auf eine Weise, die er selbst geschätzt hätte: in Gold und Juwelen. Aber der wirkliche Mann, über den wir durch einen zeitgenössischen Biographen recht gut unterrichtet sind, war gar nicht so weit entfernt von jenem Mythos. Er war eine gebieterische Gestalt, über 1,80 Meter groß, mit durchdringenden blauen Augen – nur hatte er eine dünne, piepsige Stimme und einen Walroß-Schnurrbart statt eines Vollbartes. Er war ein ruheloser Verwaltungsmensch. Die eroberten Länder – Bayern, Sachsen, die Lombardei – erhielten eine Organisation, die die Möglichkeiten eines halbbarbarischen Zeitalters beträchtlich überstieg. Sein Reich war eine künstliche Konstruktion, es überlebte ihn nicht. Aber die alte Vorstellung, er hätte die Zivilisation gerettet, ist gar nicht so falsch, denn durch ihn stellte die atlantische Welt den Kontakt zur antiken Kultur der Mittelmeerwelt wieder her. Nach seinem Tode gab es beträchtliche Unruhen, aber die Gefahr konnte gebannt werden. Die Zivilisation war gerettet.

Wie hat er das erreicht? Mit der Hilfe eines hervorragenden Lehrers und Bibliothekars namens Alkuin von York sammelte er zunächst einmal Bücher und ließ sie kopieren. Wir machen uns meistens nicht klar, daß es nur noch drei oder vier originale antike Handschriften der lateinischen Autoren gibt: unsere ganze Kenntnis der antiken Literatur verdanken wir dem Sammeln und Abschreiben, das unter Karl dem Großen begann, und fast alle klassischen Texte, die im 8. Jahrhundert bekannt waren, sind bis heute erhalten geblieben. Beim Kopieren dieser Manuskripte entwickelten seine Schreiber die schönste Schrift, die je erfunden wurde; sie war zugleich die praktischste, und als die Humanisten der Renaissance einen klaren, eleganten Ersatz für die schnörkelige gotische Schrift suchten, erweckten sie die karolingische Schrift zu neuem Leben [14]. Und so hat sie sich, in mehr oder weniger unveränderter Form, bis auf den heutigen Tag erhalten. Wie die meisten tüchtigen Menschen, die sich selbst mühsam ausbilden mußten, erkannte Karl der Große sehr klar den Wert der Erziehung, und insbesondere sah er die Notwendigkeit eines geschulten Laienstandes. Er erließ zu diesem Zweck eine Anzahl von Dekreten. Aber der Wortlaut dieser Erlasse ist vielsagend: «In jedem Bistum soll Unterricht gegeben werden in den Psalmen, Noten, Gesang, in der Berechnung der Jahre und Jahreszeiten, und in der Grammatik». «Die Berechnung der Jahre und Jahreszeiten»! Bis zu dem, was wir Allgemeinbildung nennen, war es noch ein weiter Weg.

Die Kaiseridee, die Karl der Große aufgriff, veranlaßte ihn, nicht nur die antike Zivilisation zu beachten, sondern auch deren merkwürdige postume Existenz im sogenannten Byzantinischen Reich. Vierhundert Jahre lang war Konstantinopel die größte Stadt der Welt gewesen, und die einzige, in der das Leben mehr oder weniger unberührt von der Völkerwanderung verlaufen war. Gewiß, es war eine Zivilisation. Es hat einige der vollkommensten Bauten und Kunstwerke hervorgebracht. Aber es war von Westeuropa fast völlig abgeschlossen, teils durch die griechische Sprache, teils durch religiöse Unterschiede, hauptsächlich jedoch, weil es nicht in die blutigen Fehden der westlichen Barbaren hineingezogen werden wollte: es hatte genug mit seinen eigenen Barbaren im Osten zu tun. Spuren seiner Kunst waren durchgesickert und boten Modelle für die ersten figürlichen Darstellungen in den Handschriften des 8. Jahrhunderts. Aber im ganzen war Byzanz dem Westen ferner als der Islam, der in Südspanien ein Zentrum hochentwickelten intellektuellen Lebens begründet hatte. Seit dreihundert Jahren hatte kein östlicher Kaiser Rom besucht, und als Karl der Große, der große Eroberer, im Jahre 800 dorthin kam, krönte ihn der Papst zum Haupt eines neuen Heiligen Römischen Reiches, indem er sich darüber hinwegsetzte, daß der nominelle Kaiser in Konstantinopel regierte. Karl der Große soll hinterher geäußert haben, daß diese berühmte Episode ein Fehler gewesen sei, und vielleicht hatte er recht. Sie war der Anlaß für den päpstlichen Anspruch auf Oberhoheit über den Kaiser, der drei Jahrhunderte lang Grund oder Vorwand für Kriege war.

Farbtafel 3: Reliquiar in Form der Büste Karls des Großen

GRAMMATA QVI SOPHIE QVERIT COGNOSCERE VERE
EN QVI VERACES SOPHIE FVLSERE SEQVACES
HOC MATHESIS PLENE QVADRATVM PLAVDET HABERE
ORNAT PERFECTAM REX HEINRIH STEMMATE SECTAM

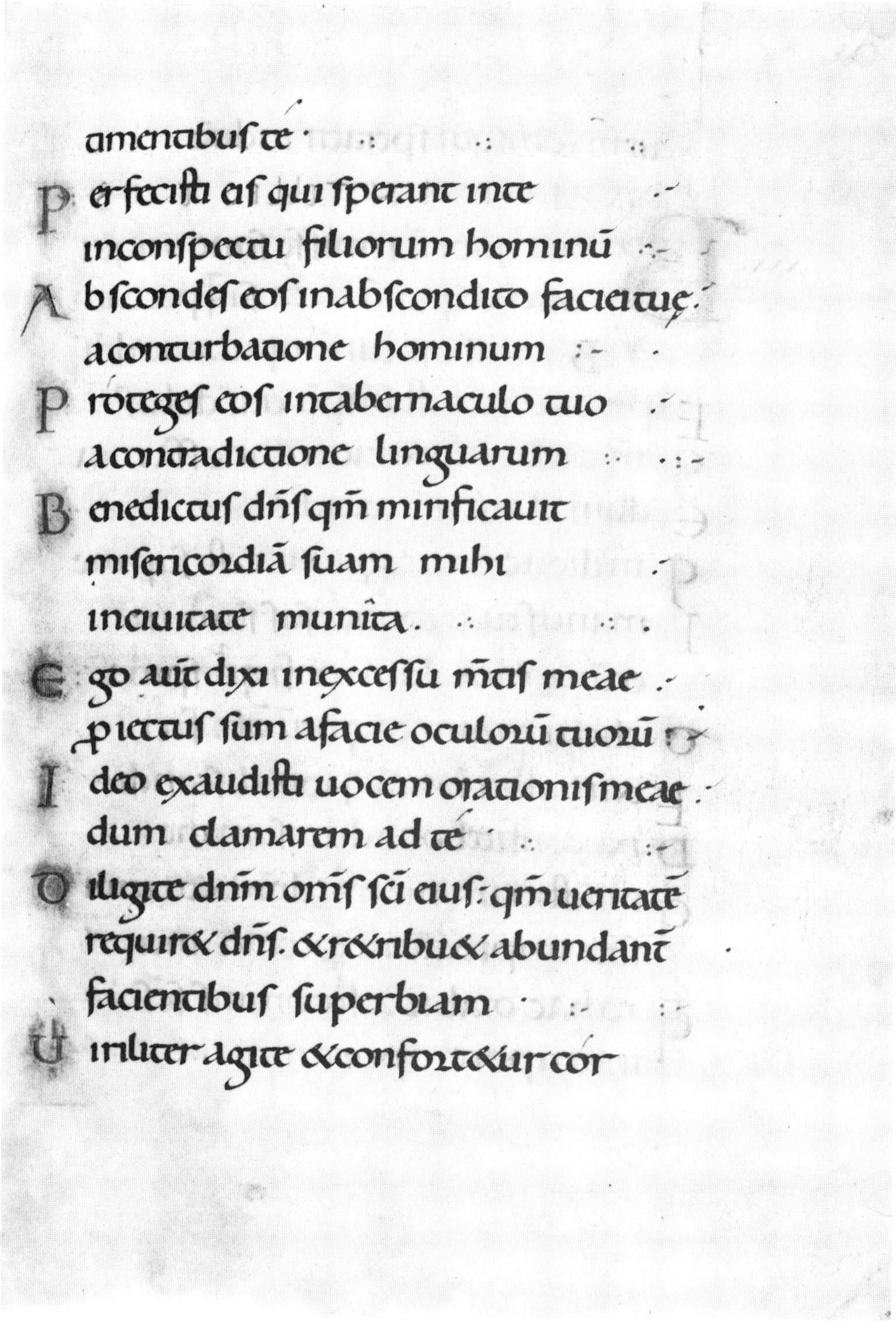

amentibus te
Perfecisti eis qui sperant in te
in conspectu filiorum hominū
Abscondes eos in abscondito faciei tuę
a conturbatione hominum
Proteges eos in tabernaculo tuo
a contradictione linguarum
Benedictus dn̄s qm̄ mirificauit
misericordiā suam mihi
in ciuitate munita.
Ego aūt dixi in excessu mtis meae
proiectus sum a facie oculorū tuorū
Ideo exaudisti uocem orationis meae
dum clamarem ad te
Diligite dn̄m om̄s sc̄i eius: qm̄ ueritatē
requiret dn̄s. et retribuet abundant̄
facientibus superbiam
Viriliter agite et confortetur cor

14 Seite aus einer karolingischen Handschrift

Farbtafel 4: Einband des Perikopenbuches Kaiser Heinrichs II.

15 San Vitale, Ravenna

16 Pfalzkapelle Karls des Großen, Aachen

Aber historische Urteile sind sehr heikel. Es mag sein, daß gerade die Spannung zwischen den geistlichen und den weltlichen Kräften während des gesamten Mittelalters die europäische Zivilisation am Leben erhielt. Hätte eine der beiden Seiten die absolute Macht errungen, wäre die Gesellschaft vielleicht so unbeweglich geworden wie die Zivilisationen von Ägypten und Byzanz.

Auf dem Rückweg von Rom kam Karl der Große nach Ravenna, wo die byzantinischen Kaiser eine Reihe prächtiger Bauten errichtet und ausgeschmückt hatten, die sie aber nie besuchten. Er sah die Mosaikdarstellungen von Justinian und Theodora in San Vitale [15] und erkannte, wie prächtig ein Kaiser sein konnte. (Ich darf erwähnen, daß er selbst nie etwas anderes trug als einen schlichten blauen fränkischen Mantel.) Und als er nach Aachen in seine Residenz zurückkehrte (er hatte sich dort niedergelassen, weil er gern in den heißen Quellen schwamm), beschloß er, als Palastkapelle eine Replik von San Vitale erbauen zu lassen. Eine genaue Replik konnte es indes nicht werden. Sein Architekt, Odo von Metz genannt, wäre mit den Schwierigkeiten des früheren Baues nicht fertig geworden. Aber wenn wir an die älteren rohen Steinbauten wie das Baptisterium in Poitiers denken, erscheint es als eine ganz außergewöhnliche Großtat [16]. Natürlich kamen die Handwerker, wie auch die Marmorsäulen, aus dem Osten, denn unter Karl dem Großen geriet Westeuropa wieder einmal in Berührung mit der Außenwelt. Er erhielt sogar von Harun al-Raschid, dem Kalifen aus ‹*Tausend und eine Nacht*›, einen Elefanten, genannt Abbul Abuz; er starb auf einem Feldzug in Sachsen, aus seinen Stoßzähnen machte man einen Satz von Schachfiguren, von denen einige noch erhalten sind.

Als Herrscher eines Reiches, das sich von Dänemark bis an die Adria erstreckte, häufte Karl der Große Schätze aus der gesamten bekannten Welt – Juwelen, Kameen, Elfenbein, kostbare Seidenstoffe. Aber schließlich waren es die Bücher, auf die es ankam – und zwar nicht nur die Texte, sondern auch die Illustrationen und die Einbände. Für die Anfertigung beider gab es eine lange Tradition, und die Kunstwerke, die unter dem Einfluß der ‹Renaissance› Karls des Großen entstanden, sind Meisterwerke. Wir kennen keine prächtigeren Bücher als diese Handschriften, die für die Hofbibliothek angefertigt wurden und als Geschenke an die verschiedenen Plätze Westeuropas gelangten. Viele Illustrationen gehen aus von spätantiken oder byzantinischen Vorbildern, die verlorengegangen sind. Wie die Texte der römischen Literatur kennen wir sie nur aus ihren karolingischen Nachahmungen. Am seltsamsten sind Seiten, deren Stil sich von antiken Wandmalereien ableitet, von den Architekturphantasien, die über die ganze römische Welt von Spanien bis Damaskus verbreitet waren. Zu ihrer Zeit waren diese Bücher so kostbar, daß es üblich wurde, ihnen die denkbar reichsten und sorgfältigst gearbeiteten Einbände zu geben. Meist bestanden sie aus Elfenbeintafeln, gefaßt von gehämmertem Gold und Edelsteinen. Einige solcher Einbände existieren noch; aber selbst da, wo das Gold und die Juwelen gestohlen wurden, sind die Elfenbeintafeln erhalten geblieben. Und die kleinen Skulpturen auf ihnen sind in mancher Hinsicht unsere besten Belege für das geistige Leben Europas während fast zweihundert Jahren [Farbtafel 4].

17 Kreuzigung aus dem angelsächsischen Ramsey-Psalter

18 Vorderseite des Lotharkreuzes

Als sich das Reich Karls des Großen auflöste, entstand so etwas wie das uns bekannte Europa, mit Frankreich im Westen, Deutschland im Osten und Lothringen, einem umstrittenen Streifen, in der Mitte zwischen ihnen. Im 10. Jahrhundert war der deutsche Teil unter sächsischen Herrschern im Aufsteigen begriffen, unter den drei Ottos, die einer nach dem anderen zu Kaisern gekrönt wurden.

Die Historiker halten das 10. Jahrhundert im allgemeinen für fast genauso dunkel und barbarisch wie das siebte. Das liegt daran, daß sie es vom Gesichtspunkt der politischen Geschichte und des geschriebenen Wortes her betrachten. Lesen wir, was Ruskin das Buch der Kunst genannt hat, so erhalten wir einen ganz anderen Eindruck, denn das 10. Jahrhundert hat – entgegen aller Erwartung – ebenso prächtige und technisch gekonnte, sogar ebenso feine Kunstwerke hervorgebracht wie irgendein anderes Zeitalter. Es ist nicht die einzige Gelegenheit, wo wir beim Studium der Zivilisation merken, wie schwer es ist, Kunst und Gesellschaft gleichzusetzen. Die Menge der Kunstwerke ist erstaunlich. Die fürstlichen Auftraggeber wie Lothar und Karl der Kahle ließen Unmengen von Hand-

19 Rückseite des Lotharkreuzes

HIC EST HIC NA
ZARENVS REX
IVDEORVM

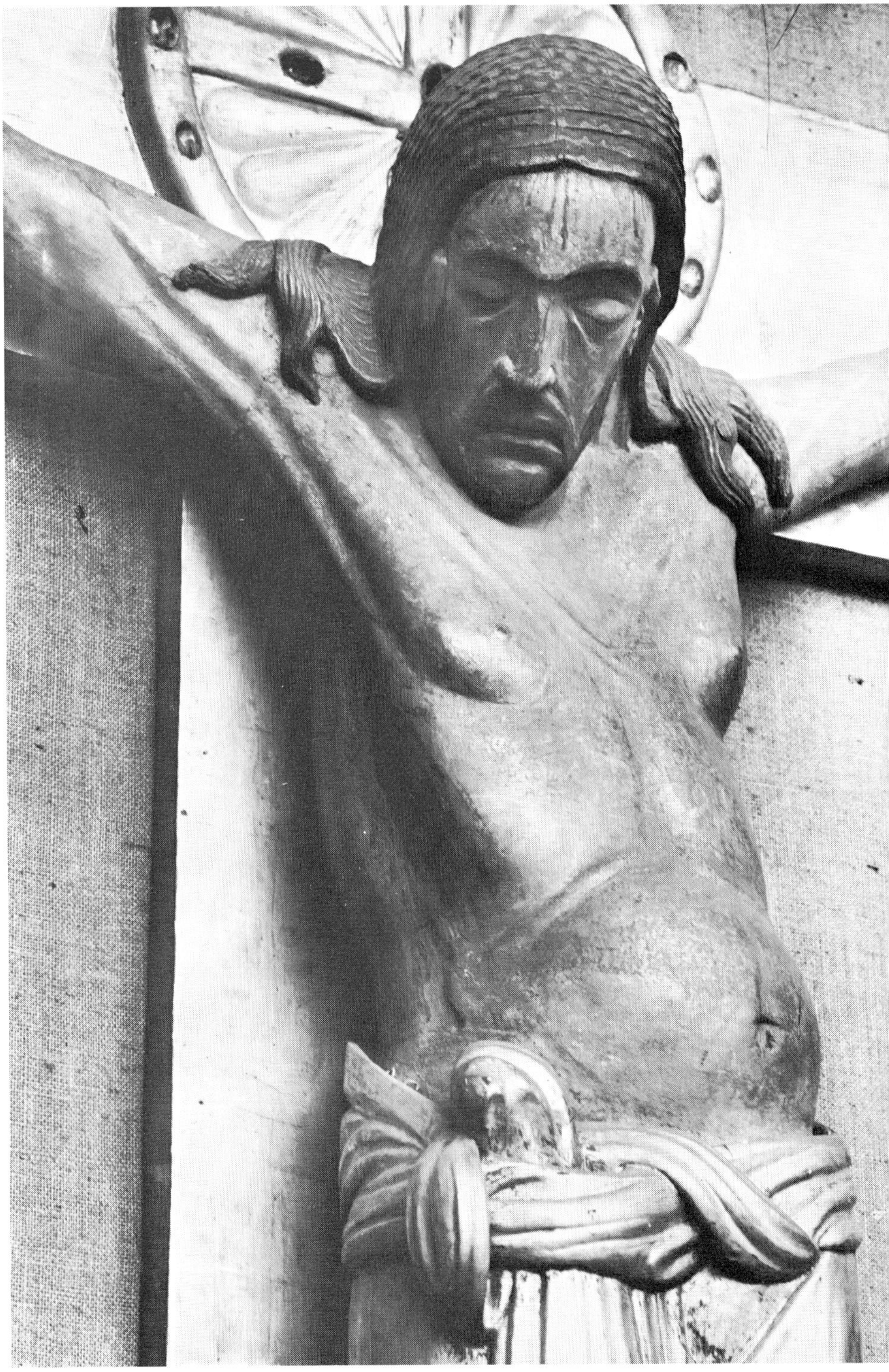

20 Gerokreuz

schriften mit edelsteinbesetzten Einbänden anfertigen und versandten sie als Geschenke an andere Herrscher oder wichtige Kirchenmänner. Ein Zeitalter, in dem diese schönen Dinge als Instrumente der Überzeugung gewertet wurden, kann nicht ganz barbarisch gewesen sein. Selbst England, das während der Lebenszeit Karls des Großen in provinzielle Dunkelheit versunken war, erholte sich im 10. Jahrhundert und brachte Kunstwerke hervor, die in diesem Lande ihresgleichen suchen. Gibt es eine feinere englische Zeichnung als jene Kreuzigung, die das Frontispiz eines Psalters im Britischen Museum zeigt [17]? König Ethelstan ist keine sehr deutlich umrissene oder heldenhafte Figur in der englischen Geschichte, aber seine Sammlung, die uns bis ins Detail hinein beschrieben ist, hätte Mr. Pierpont Morgan, der Gold sehr schätzte, grün anlaufen lassen vor Neid. Natürlich enthielten diese wunderbaren Stücke gewöhnlich Reliquien von Heiligen: das war für den Künstler der übliche Vorwand, die kostbarsten Materialien zu verwenden und sein Äußerstes an Können herzugeben. Die Vorstellung, daß materielle Substanzen allein durch Kunst in geistige umgewandelt werden könnten, gehört einer späteren Phase mittelalterlichen Denkens an. Aber mit Mitteln der Kunst Gegenstände von religiösem Wert einzuschreinen, war in Wirklichkeit schon ein indirekter Ausdruck der gleichen Geisteshaltung. In diesen prächtigen Werken ist das Verlangen nach Gold und geschnittenen Steinen nicht mehr das Symbol für den Mut und die Wildheit eines Kriegers, sondern wird zum Ruhme Gottes verwendet.

Im 10. Jahrhundert nahm die Kunst jenen Charakter an, den sie durch das ganze Mittelalter hindurch behalten sollte. Für mich gehört das Lotharkreuz im Münsterschatz von Aachen [18 und 19] zu den bewegendsten Werken, die aus der fernen Vergangenheit auf uns gekommen sind. Auf der einen Seite manifestiert sich sehr schön das Kaisertum. Die Mitte der Edelsteine und des Goldfiligrans nimmt eine Kamee des Kaisers Augustus ein, ein Zeichen des weltlichen ‹Imperiums› in seinem zivilisiertesten Zustand. Die andere Seite ist nur eine flache Silberplatte, aber darein ist eine Umrißzeichnung der Kreuzigung eingraviert, eine Zeichnung von so eindringlicher Schönheit, daß die Frontseite des Kreuzes dagegen weltlich wirkt. Es ist die auf das Wesentliche vereinfachte Erfahrung eines großen Künstlers – das gleiche, was Matisse in seiner Kapelle in Vence anstrebte, aber konzentrierter – und das Werk eines Gläubigen.

Wir haben uns so sehr an den Gedanken gewöhnt, die Kreuzigung sei das höchste Symbol des Christentums, daß wir es fast als Schock empfinden, wenn wir bemerken, wie spät in der Geschichte der christlichen Kunst seine Kraft erkannt wurde. In der frühchristlichen Kunst erscheint es kaum; und das früheste Beispiel am Portal von Santa Sabina in Rom ist in einer Ecke versteckt, den Blikken fast entzogen. Die Erklärung ist einfach: die frühe Kirche war auf Bekehrungen angewiesen, und von diesem Gesichtspunkt aus war die Kreuzigung kein ermutigendes Thema. Statt dessen beschäftigt sich die frühchristliche Kunst mit Wundern, Heilungen und den hoffnungverheißenden Aspekten des Glaubens wie der Himmelfahrt und der Auferstehung. Die Kreuzigung von Santa Sabina ist nicht nur ein weitgehend unbekanntes, sondern auch wenig ergreifendes

21 Elfenbeinerne Buchdeckel mit Darstellungen der heiligen Messe

Kunstwerk. Die wenigen erhaltenen Kreuzigungsdarstellungen der frühen Kirche machen nicht den Versuch, an unser Gefühl zu appellieren. Erst das 10. Jahrhundert, diese so verachtete und verschmähte Epoche der europäischen Geschichte, hat aus der Kreuzigung ein bewegendes Symbol des christlichen Glaubens gemacht. Bei Kruzifixen wie dem des Erzbischofs Gero von Köln ist die Haltung des Gekreuzigten schon weitgehend so dargestellt, wie wir es seither gewohnt sind – ausgestreckte Arme, herabhängender Kopf, der schmerzgewundene Körper [20].

Die Menschen des 10. Jahrhunderts erkannten nicht nur die Bedeutung des Opfers Christi in den Begriffen des körperlichen Leidens: sie waren auch durchaus imstande, es ins Ritual zu erheben. In den Buchillustrationen und Elfenbeinarbeiten offenbart sich zum erstenmal ein Bewußtsein für die symbolischen Kräfte der Messe. In einem Manuskript des 10. Jahrhunderts, das als Uta-Codex bekannt ist, sehen wir die orientalische Pracht, die nach Meinung der Ottonen dem kirchlichen Ritual angemessen war. Einzelheiten von theologischer Bedeutung sind in zahlreichen Details sichtbar gemacht. Das war nur in einer gesicherten und siegreichen Kirche zu erreichen. Und dann dieser elfenbeinerne Buchdeckel [21], dessen feierliche, säulenartige Figuren singen und die Messe zele-

22 Detail der Bernwardstür, Michaelskirche, Hildesheim

brieren: sind sie nicht im wahrsten Sinne des Wortes die Pfeiler einer großen neuen Institution?

Alle diese Werke belegen, daß es am Ende des 10. Jahrhunderts eine neue Macht in Europa gab, die größer als jeder König oder Kaiser war: die Kirche. Hätte man den Durchschnittsmenschen jener Zeit gefragt, in welchem Land er lebe, würde er die Frage nicht verstanden haben; er hätte nur gewußt, zu welchem Bistum er gehört. Und die Kirche widmete sich nicht nur organisatorischen Belangen, sondern war auch eine humanisierende Kraft. Wenn ich ottonische Elfenbeinarbeiten oder die wunderbaren Bronzetüren des Bischofs Bernward in Hildesheim [22] vom Anfang des 11. Jahrhunderts betrachte, fühle ich mich an die großartigsten Verse Vergils, jenes großen Vermittlers zwischen der antiken und der mittelalterlichen Welt, erinnert: die Stelle, nachdem der schiffbrüchige Aeneas ein Land erreicht hat, von dem er fürchtet, es könnte von Barbaren bewohnt sein. Doch als er um sich blickt, sieht er einige in Relief gearbeitete Gestalten und sagt: «Diese Menschen kennen die Leidenschaft des Lebens, und das Vergängliche rührt ihr Herz.»

Der Mensch ist nicht länger nur ‹Imago Hominis›, das Bild des Menschen, sondern ein menschliches Wesen, mit den Triebkräften und Ängsten der Menschheit; auch mit dem moralischen Empfinden der Menschheit und dem Glauben an die Autorität einer höheren Macht. Um das Jahr 1000, dem Jahr, in dem viele ängstliche Menschen den Weltuntergang erwarteten, hatte die lange Vorherrschaft der barbarischen Wanderer ein Ende und Westeuropa war vorbereitet auf sein erstes großes Zeitalter der Zivilisation.

2 Das große Tauwetter

Es hat Zeiten in der Geschichte der Menschheit gegeben, da die Erde plötzlich wärmer oder stärker radioaktiv geworden zu sein scheint . . . Das soll keine wissenschaftliche Behauptung sein, aber es bleibt eine Tatsache, daß die Menschheit in ihrer Geschichte drei- oder viermal einen Sprung nach vorn getan hat, der unter normalen Entwicklungsbedingungen undenkbar gewesen wäre. So zum Beispiel um 3000 v. Chr., als ganz plötzlich eine Zivilisation entstand – und zwar nicht nur in Ägypten und Mesopotamien, sondern auch im Industal. Im späten 6. Jahrhundert v. Chr. gab es nicht nur das Wunder Ionien und Griechenland, wo Philosophie, Wissenschaft, Kunst und Dichtung einen Stand erreichten, wie er zweitausend Jahre lang nicht wieder erreicht wurde, sondern auch Indien erlebte eine geistige Aufklärung, die in der Geschichte ihresgleichen sucht. Einen weiteren Höhepunkt gab es um das Jahr 1100. Er scheint Auswirkungen auf der ganzen Welt gehabt zu haben, am stärksten und dramatischsten aber in Westeuropa, das solcher Einwirkungen am meisten bedurfte. Es war wie ein russischer Frühling. Jeder Zweig des Lebens – das Bedürfnis zu handeln, zu denken, zu planen, zu produzieren – erfuhr einen ungewöhnlichen Energiezustrom, der eine Steigerung des Lebensgefühls bewirkte. Päpste, Kaiser, Könige, Bischöfe, Heilige, Gelehrte und Philosophen besaßen alle ein gewissermaßen überlebensgroßes Format, und die Ereignisse der Geschichte – Heinrich IV. in Canossa, die Verkündung des ersten Kreuzzuges durch Papst Urban II., Heloise und Abälard, das Martyrium des Thomas Becket – waren große heroische Dramen oder symbolische Geschehnisse, die uns noch heute bewegen.

Die Zeugnisse dieser heroischen Energie und Zuversicht, dieser Stärke von Willen und Verstand sehen wir noch heute. Trotz all unserer mechanischen Hilfsmittel und der übersteigerten Maßstäbe des modernen Materialismus ist die Kathedrale von Durham [23] immer noch ein ehrfurchtgebietender Bau, und die Ostteile der Kathedrale von Canterbury wirken immer noch sehr groß und sehr vielfältig. Und diese großen Steinmassen, regelrechte Gebirge, wuchsen ursprünglich inmitten einer Ansammlung kleiner Holzhäuser empor; wer auch nur die geringste Geschichtsvorstellung hat, hat sich das schon einmal überlegt. Aber wir machen uns nicht immer klar, daß all dies ganz plötzlich geschah – innerhalb einer einzigen Generation. Ein sogar noch erstaunlicherer Wandel vollzog sich in der Plastik. Tournus ist eine der ganz wenigen erhaltenen Kirchen aus der Zeit vor dem gefürchteten Jahr 1000, und auf eine primitive Weise ist ihre Architektur schon recht großartig. Aber ihre Plastik ist erbärmlich roh und zeigt nicht einmal die Vitalität des Barbarischen. Schon fünfzig Jahre später hat die Plastik den Stil und die rhythmische Sicherheit der größten Kunstepochen. Handwerkliches Können und dramatische Erfindungskraft, die vorher auf

23 Die Kathedrale von Durham

24 Ecclesia, Illustration einer Handschrift

Farbtafel 5: Reliquiar der hl. Fides

25 Die Abteikirche Cluny im Jahre 1789

kleine, tragbare Objekte beschränkt geblieben waren – auf Goldschmiedearbeiten oder Elfenbeinschnitzereien –, drücken sich nun plötzlich in monumentalem Maßstab aus.

Diese Veränderungen waren nur vor einem neuen gesellschaftlichen und geistigen Hintergrund möglich. Sie bedeuten zugleich Wohlstand, Stabilität, technisches Können und vor allem Vertrauen – alles, was notwendig ist, um ein langfristiges Vorhaben bis zur Vollendung vorantreiben zu können. Wie konnte das alles so plötzlich in Westeuropa entstehen? Natürlich gibt es viele Antworten darauf, aber eine ist bei weitem wichtiger als alle anderen: der Triumph der Kirche. Man könnte behaupten, daß die westliche Zivilisation von Grund auf eine Schöpfung der Kirche war. Wenn ich das sage, denke ich zunächst einmal nicht an die Kirche als Hüterin der christlichen Wahrheit und der geistigen Übung. Ich denke an die Kirche, wie man sie sich im 12. Jahrhundert vorstellte, als eine Macht – Ecclesia, thronend wie eine Kaiserin [24].

Die Kirche war aus allen möglichen negativen Gründen mächtig geworden: sie litt nicht unter vielen der Nachteile des Feudalismus; Erbteilungen gab es nicht. So konnte sie ihre Besitztümer bewahren und erweitern. Die Kirche war aber auch aus positiven Gründen mächtig geworden: es war ganz normal und natürlich, daß intelligente Männer den Stand des Geistlichen erwählten und so aus der Dunkelheit der unteren Schichten zu Positionen von unermeßlichem Einfluß aufsteigen konnten. Trotz der großen Zahl von Bischöfen und Äbten aus

Farbtafel 6: Ägyptischer Porphyrkrug, für Abt Suger in einen Adler umgearbeitet

königlichen oder fürstlichen Familien war die Kirche eine von Grund auf demokratische Institution, wo Fähigkeiten – administrative, diplomatische und rein intellektuelle Fähigkeiten – den Weg nach oben bahnten. Außerdem war die Kirche international. Sie war in großem Maße eine mönchische Einrichtung, die der benediktinischen Regel folgte und in den einzelnen Ländern keiner Lehnspflicht unterlag. Die großen englischen Kirchenmänner des 11. und 12. Jahrhunderts kamen aus ganz Europa. Anselm kam aus Aosta über die Normandie nach Canterbury, wo er Erzbischof wurde; Lanfranc hatte, von Pavia aus, die gleiche Reise gemacht. Die Liste könnte um fast jeden großen Lehrer des frühen Mittelalters erweitert werden. In der Kirche oder in der Politik von heute wäre das nicht mehr möglich: es wäre unvorstellbar, daß zwei Italiener nacheinander Erzbischof von Canterbury würden. Aber ähnliches wäre möglich – und geschieht auch – auf dem Gebiet der Wissenschaften; was zeigt, daß überall da, wo eine bestimmte Denkweise oder irgendeine Art menschlicher Aktivität für uns von wirklich vitalem Interesse ist, Internationalismus ohne Zögern akzeptiert wird.

Wo sich das Geistes- und Gefühlsleben der Menschen des 12. Jahrhunderts über die reine Notwendigkeit erhob, waren Ansporn und Direktiven von der Kirche ausgegangen. Ich vermute, daß die Menschen ein sehr enges und eintöniges Leben führten, das seinen Rhythmus nur durch die verschiedenen Beschäftigungen im Wechsel der Jahreszeiten erhielt. Ein großer Teil des Jahres wurde unter sehr beengten Verhältnissen in Dunkelheit verbracht. Wie müssen die großen Klöster und Kathedralen mit ihrer unvorstellbaren Pracht, die so viel größer war als alles, was sich bis heute erhalten hat, diese Menschen überwältigt und geblendet haben!

Diese Erweiterung des menschlichen Geistes wurde zuerst in der Abtei von Cluny sichtbar. Sie war bereits im 10. Jahrhundert gegründet worden, doch unter Hugo von Cluny – der 60 Jahre lang, von 1049 bis 1109, Abt war – wurde sie die größte Kirche in Europa; nicht nur ein riesiger Gebäudekomplex, sondern auch eine große Organisation und zugleich eine große, im ganzen wohlwollende Macht innerhalb der Kirchenpolitik. Der Bau wurde im frühen 19. Jahrhundert zerstört, er wurde wie die Bauten des alten Roms als Steinbruch benutzt. Nur ein Teil des Südquerschiffes und einige Fragmente von Plastiken sind noch erhalten. Aber viele Beschreibungen zeugen von der ursprünglichen Pracht [25]. Allein die Abteikirche war 127 Meter lang und 36 Meter breit, hatte also die Ausmaße einer großen Kathedrale, und an Festtagen waren die Mauern mit Wandteppichen bedeckt. Der Fußboden war – wie alte römische Böden – mit figürlichem Mosaik geschmückt. Zu den Schätzen der Kirche gehörte als staunenswertestes Stück ein siebenarmiger Leuchter aus vergoldeter Bronze, dessen Schaft sechs Meter hoch war – ein solches Stück zu gießen wäre auch heute noch ein beachtliches Unternehmen. Soviel für alle diejenigen, die der Meinung sind, Überzeugungen und Institutionen des frühen Mittelalters seien durch technische Unfähigkeit bestimmt gewesen. Von alldem ist nichts erhalten geblieben, praktisch auch nichts Ähnliches – keine Wandbehänge, keine Mosaikfußböden (außer in der Kathedrale von Tarent); nur wenige spätere und viel kleinere Ker-

26 Der Gloucester-Leuchter

27 Tympanon der Abteikirche Saint-Pierre, Moissac

zenständer. Einer dieser Leuchter, angefertigt für die Kathedrale von Gloucester [26], ist etwa fünfzig Zentimeter hoch, aber so fein ausgearbeitet, daß man ihn sich auch sechs Meter hoch vorstellen kann. Er ist ein Beispiel äußerst feiner cluniazensischer Arbeit.

Mit einem Verschwendungsreichtum ohne Maßen entfaltete sich die kirchliche Pracht. Verteidiger des cluniazensischen Stils führen an, daß die Ausschmückung der Kirchen philosophischen Gedanken unterworfen war, und ich muß zugeben, daß sich die wenigen erhaltenen Skulpturen von Cluny mit ziemlich komplizierten Begriffen auseinandersetzen – sie gehören zu einer Reihe von Kapitellen, die die Kirchentonarten darstellen. Die Musik hatte schon seit Karl dem Großen eine führende Rolle in der mittelalterlichen Erziehung gespielt. Aber ganz allgemein habe ich den Eindruck, daß die Erfindungskraft, die in der Skulptur und Malerei des frühen 12. Jahrhunderts überschäumte, reiner Selbstzweck war. Wie bei dem vergleichbaren Ausbruch des Barock kann man sich sinnreiche Interpretationen der Themen ausdenken, aber die Antriebskraft dahinter war einfach unbändige und unberechenbare Energie. Die romanischen Bildhauer waren wie eine Schule von Delphinen.

28 Souillac, Mittelpfeiler des Hauptportals

Das alles wissen wir nicht nur vom Mutterkloster in Cluny selbst, sondern auch von den über ganz Europa verstreuten Tochterklöstern. Allein in Frankreich gab es über zwölfhundert: ein etwas abgelegenes Kloster, die Abtei von Moissac in Südfrankreich, war von Bedeutung, weil es an der Pilgerstraße nach Santiago de Compostela lag. Die Bildwerke haben viele typische Züge des cluniazensischen Stils: die gleichen scharfen Linien, die gleichen wirbelnden Faltenwürfe, die gleiche gewundene Linienführung, als müßte der ruhelose Antrieb der wandernden Handwerker, der Goldschmiede aus der Zeit der Wikinger-Eroberer sich immer noch im Stein ausdrücken. Moissac ist ein Sonderfall; der Hauptmeister, der am Südportal gearbeitet hat, scheint ein Exzentriker ersten Ranges gewesen zu sein, eine Art El Greco der Romanik. Was gibt es Merkwürdigeres als seine verrückt wirkenden alten Männer mit ihren verdrehten Gliedern und sagenhaften Schnauzbärten [27]? Nun, vielleicht gibt es tatsächlich etwas, nämlich den Mittelpfeiler des Portals mit seinen Fabeltieren. Wenn wir bedenken, daß sie in leuchtenden Farben angemalt waren – das cluniazensische Ornament scheint, wie die Manuskripte zeigen, in hellen Grundfarben bemalt gewesen zu sein –, dann stellen wir fest, daß sie ursprünglich sogar noch wilder und tibetischer ausgesehen haben müssen als heute; und ich kann mir nicht vorstellen, daß der mittelalterliche Mensch, der doch alle Erscheinungsformen symbolisch auffaßte, in diesen Darstellungen große religiöse Bedeutungen gesehen haben kann.

Der Meister von Moissac schuf ein noch freieres Werk persönlicher Aussage in dem Mittelpfeiler des Portals an der Kirche von Souillac [28], der sicher zu den bizarrsten und erschreckendsten Kunstwerken gehört, die vor unserem Jahrhundert je in Westeuropa entstanden sind. Es *ist* ein Kunstwerk – darüber besteht kein Zweifel. Die riesigen Vögel mit ihren bösartig aussehenden Schnäbeln und die kauernden menschlichen Wesen wirken vor allem durch ihre plastische Kraft und die vollkommene Beherrschung des Materials. Es ist eine gedrängte Zusammenfassung der Schrecken des Waldes, eine Art Totempfahl des westlichen Menschen am Ende seiner Wanderungen. Aber was hat diese Säule mit christlichen Werten zu tun – mit Mitleid, Nächstenliebe oder gar mit Hoffnung? Es überrascht uns nicht, daß der mächtigste Kirchenmann seiner Zeit, der hl. Bernhard von Clairvaux, zum erbitterten und erbarmungslosen Kritiker des cluniazensischen Stils werden sollte. Einige seiner Angriffe enthalten nur die gewohnten puritanischen Einwände, so zum Beispiel, wenn er von den «Lügen der Poesie» spricht – Worte, die wie ein Echo durch die Jahrhunderte klingen sollten und besonders beliebt wurden in der neuen Religion der Wissenschaft. Aber der hl. Bernhard hatte neben seiner beredten Zunge auch ein Auge:

29 Der König von Frankreich bricht zum Kreuzzug auf (Illustration einer Handschrift)

«Und was sollen in den Klöstern, unter den Augen der lesenden Brüder, diese lächerlichen Monstrositäten, diese unförmige Wohlgestalt und wohlgestalte Unförmigkeit? Diese unsauberen Affen, diese wilden Löwen, diese monströsen Zentauren, diese halbmenschlichen Wesen. Hier sieht man einen Vierfüßler mit dem Schwanz einer Schlange, hier einen Fisch mit dem Kopf eines Widders. Kurz, an allen Ecken und Enden erscheint eine solche reiche und erstaunliche Vielfalt von Formen, daß es ergötzlicher ist, statt der Manuskripte den Marmor zu lesen und den ganzen Tag damit zu verbringen, diese Dinge Stück für Stück zu bewundern, als über die göttlichen Gesetze zu meditieren.»

Der letzte Satz zeigt deutlich, daß Bernhard von Clairvaux die Kraft der Kunst empfand; und tatsächlich sind die unter seinem Einfluß entstandenen Bauten im sogenannten zisterziensischen Stil unseren Architekturidealen näher als alles andere jener Zeit. Die meisten dieser Klöster sind verlassen und halbverfallen, da sie gemäß der Lehre des hl. Bernhard weit entfernt von den weltlichen Ablenkungen der Städte errichtet wurden; während nach der Französischen Revolution die Stadtklöster in Kirchen umgewandelt wurden, waren viele der Zisterzienser-Klöster dem Verfall preisgegeben. Aber in einigen wenigen hat das Mönchswesen überlebt. Wir können bis heute beobachten, wie es die alten Bauwerke zu neuem Leben erweckt, und wir erkennen dabei, was wir verloren haben, als wir die Kirchen in Museen verwandelten.

Diese mönchische Lebensweise ist auf ein Ewigkeitsideal gerichtet, und das ist ein wesentlicher Teil der Zivilisation. Aber das große Tauwetter des 12. Jahrhunderts wurde nicht durch Kontemplation bewirkt (die es zu allen Zeiten geben kann), sondern durch Handlung – durch einen kraftvollen, leidenschaftlichen Sinn für sowohl physische wie geistige Bewegung. Was den physischen Aspekt angeht, so führte dieser Trieb zu Pilgerfahrten und Kreuzzügen [29], die nach meiner Meinung zu den für uns am schwersten verständlichen Zügen des Mittelalters gehören. Wir können uns nicht vormachen, daß sie wie Kreuzfahrten oder Ferien im Ausland gewesen wären. Denn zum einen dauerten sie sehr viel länger, manchmal zwei oder drei Jahre. Und zum anderen waren sie mit wirklichen Mühsalen und Gefahren verbunden. Trotz mancher Bemühungen, die Pilgerfahrten zu erleichtern – so unterhielt zum Beispiel Cluny eine Reihe von Herbergen entlang den Hauptrouten –, starben ältere Äbte und Witwen in mittlerem Alter oftmals auf dem Weg nach Jerusalem.

Pilgerfahrten wurden in der Hoffnung auf himmlischen Lohn unternommen: tatsächlich wurden sie von der Kirche oft als Buße oder vergeistigte Form der Hingabe gewertet. Das Ziel einer Pilgerfahrt war der Blick auf Reliquien. Auch das deuten wir gern in rationalen modernen Begriffen und vergleichen den Pilger, der ein großes Bruchstück des echten Kreuzes in Konstantinopel betrachtet, mit dem Touristen, der sich in der Sixtinischen Kapelle den Hals verrenkt. Aber dieser Vergleich ist völlig unhistorisch. Der mittelalterliche Pilger glaubte wirklich, daß der Heilige, dessen Kopf oder auch nur Finger er in einem Reliquiar betrachtete, dadurch zur Fürbitte bei Gott bewegt werden könne. Wie kann man diesen Glauben nachempfinden, der eine so große Rolle in der mittelalterlichen Zivi-

30 Illuminierte Initiale des Buches Jeremia aus der Winchester-Bibel

lisation spielte? Vielleicht indem man einen berühmten Wallfahrtsort besucht – zum Beispiel die kleine Stadt Conques, die dem Kult der hl. Fides geweiht ist. Diese Heilige war ein kleines Mädchen, die sich in spätrömischer Zeit weigerte, Götzenbilder anzubeten. Sie weigerte sich trotz allen vernünftigen Zuredens – eine christliche Antigone. Und so starb sie den Märtyrertod. Ihre sterblichen Überreste wirkten Wunder, und im 11. Jahrhundert erregte eines dieser Wunder ein solches Aufsehen, daß Bernhard von Angers vom Bischof von Chartres ausgesandt wurde, der Sache nachzugehen und darüber zu berichten. Es hieß, daß ein eifersüchtiger Priester einem Mann die Augen ausgestochen hatte. Dieser war darauf Jongleur geworden, ein blinder Akrobat. Nach einem Jahr kam er zum Schrein der hl. Fides und erhielt sein Augenlicht wieder. Der Mann lebte noch. Er sagte, daß er anfangs unter fürchterlichen Kopfschmerzen gelitten habe, aber daß sie nun vergangen seien und er ausgezeichnet sehen könne. Eine Schwierigkeit gab es allerdings: Zeugen behaupteten, daß seine Augen, nachdem sie aus dem Kopf genommen worden waren, zum Himmel gebracht worden seien, entweder von einer Taube, wie einige sagten, oder von einer Elster, wie andere meinten. Dies war der einzige zweifelhafte Punkt. Der Bericht war jedoch günstig, und so wurde in Conques eine schöne romanische Kirche errichtet, in die man eine seltsam orientalisch aussehende Figur stellte, die die Reliquien der hl. Fides enthielt [Farbtafel 5]. Ein goldenes Idol! Das Gesicht ist vielleicht die

31 Abteikirche La Madeleine, Vézelay

goldene Maske irgendeines späten römischen Kaisers. Welch eine Ironie, daß dieses kleine Mädchen, das getötet wurde, weil es keine heidnischen Götzenbilder anbeten wollte, nun selbst zu einem Götzenbild geworden war. Nun, das ist der mittelalterliche Geist. Man bemühte sich leidenschaftlich um die Wahrheit, hatte aber eine ganz andere Vorstellung von Beweismitteln als wir heute. Aus unserer Sicht sind fast alle Reliquien der Welt durch unhistorische Behauptungen belegt; und doch führten sie, nicht weniger als andere Elemente, zur Entwicklung und Verbreitung von Ideen, aus der die westliche Zivilisation einen Teil ihrer Triebkraft ableitet.

Natürlich war das Hauptziel der Pilgerfahrten Jerusalem. Als nach dem 10. Jahrhundert ein starkes byzantinisches Reich die Reise ermöglichte, brachen oft bis zu siebentausend Pilger gleichzeitig auf. Vor diesem Hintergrund vollzog sich jene außerordentliche Episode in der Geschichte, der erste Kreuzzug. Wenn auch andere Faktoren den Gang der Ereignisse mitbestimmt haben mögen – normannische Ruhelosigkeit, der Ehrgeiz jüngerer Männer, wirtschaftliche Depression, alle die Faktoren, die zu einem Goldrausch gehören, so kann doch kein Zweifel daran bestehen, daß die meisten Teilnehmer des Kreuzzugs von wahrem Pilgergeist beseelt waren.

Welche Wirkung hatten die Kreuzzüge auf die westliche Zivilisation? Ich weiß es einfach nicht. Aber ihre Wirkung auf die Kunst war beträchtlich. Dadurch wird vieles erklärt, was uns sonst geheimnisvoll und unerklärlich an dem sogenannten romanischen Stil wäre. Die ersten Versuche der Monumentalplastik im 11. Jahrhundert, auf römischen Überresten basierend, sind langweilig und leblos. Doch bereits wenige Jahre später wird dieser steife antiquierte Stil von einem Strom schöpferischer Kraft belebt. Der neue Stil wurde durch Handschriften vermittelt und entstand aus einer Verbindung von nordischen Rhythmen und orientalischen Motiven – ich stelle sie mir vor wie zwei wilde Tiere, die an dem Leichnam der griechisch-römischen Kunst zerrten. Sehr oft kann man eine Gestalt bis zu ihrem klassischen Original zurückverfolgen, aber sie wirkt dann, als sei sie von diesen beiden neuen Kräften aus ihren ursprünglichen Umrissen herausgerissen – oder, so könnte man vielleicht sagen: in neue Umrisse hineingezwängt [30].

Dieses Gefühl, alles zu zerreißen, jedes Ding in Stücke zu schlagen und neu zu gestalten, war für die Kunst des 12. Jahrhunderts charakteristisch und irgendwie auch eine Ergänzung zu der massiven Festigkeit seiner Architektur. Und auf eine ziemlich ähnliche Situation stoße ich auch im Bereich des Denkens. Die Grundstruktur, der christliche Glaube, war unerschütterlich. Aber sie war umgeben vom freien Spiel des Geistes, von inneren Kämpfen und Spannungen, wie sie kaum jemals wieder vorgekommen sind, und das gehörte zu den Dingen, die Westeuropa vor der Erstarrung bewahrten, der so viele andere Zivilisationen anheimgefallen sind. Es war ein Zeitalter intensiver intellektueller Aktivität. Es ist verwirrend, zu lesen, was im Jahre 1130 in Paris vor sich gegangen ist. Im Zentrum stand die brillante, rätselhafte Figur Peter Abälards, des unbesiegbaren Disputierers und faszinierenden Lehrers. Abälard war ein Star. Wie in gro-

32 Abteikirche La Madeleine in Vézelay, Hauptportal

33 Gislebertus, Judas. Autun, Kathedrale

ßer Preisboxer ließ er jeden seine Verachtung spüren, der ihm im Ring der offenen Diskussion begegnete. Die älteren mittelalterlichen Philosophen wie Anselm von Canterbury hatten gesagt: «Ich muß glauben, um verstehen zu können.» Abälard ging in die entgegengesetzte Richtung: «Ich muß verstehen, um glauben zu können.» Er sagte auch: «Durch Zweifel kommen wir zum Fragen, und durch Fragen erblicken wir die Wahrheit.» Befremdliche Worte für das Jahr 1122. Natürlich brachten sie ihn in Schwierigkeiten. Nur die Stärke und Weisheit Clunys retteten ihn vor der Exkommunikation. Er beendete seine Tage in Frieden, und nach seinem Tod schrieb Peter Venerabilis, der Abt von Cluny, an Heloise, daß sie und Abälard dort vereinigt würden, «wo, über all diesen Stimmen, Frieden herrscht».

Ich stehe in der cluniazensischen Abtei von Vézelay, in der überdeckten Vorhalle. Das Relief hoch über mir am Portal zeigt Christus in der Glorie [32], nicht mehr, wie in Moissac, den Richter, sondern den Erlöser. Seine errettende Gnade strömt von seinen Fingerspitzen aus und inspiriert seine Apostel, die allen Völkern dieser Welt das Evangelium verkünden werden. Die Völker sind in den Feldern dargestellt, die das Tympanon umrahmen, und in dem langen Fries darunter – eine wunderliche Versammlung, in der wir Pygmäen entdecken, Menschen mit Wolfsköpfen und verschiedene andere Gestalten: Experimente, die der Schöpfer unternahm, bevor er auf die endgültige Lösung kam, die als Mensch bekannt ist, Gestalten, deren Abbilder dem Mittelalter in einer spätantiken Handschrift überliefert worden waren.

Vézelay ist an den Portalen und Kapitellen mit Bildwerken geradezu überladen. Aber so faszinierend das auch ist, man vergißt es, sobald man durch das Portal die Architektur des Innern erblickt [31]. Sie ist so harmonisch, daß der hl. Bernhard von Clairvaux, der hier den zweiten Kreuzzug predigte, sie gewiß als Ausdruck des göttlichen Gesetzes und als Hilfe für Gottesdienst und Kontemplation empfunden haben muß. Jedenfalls hat sie diese Wirkung auf mich. Mir fällt kein anderer romanischer Innenraum ein, der so licht ist, der dieses Gefühl für göttliche Vernunft besitzt. Und es kommt einem ganz selbstverständlich vor, daß diese Romanik schließlich in eine herrliche Frühgotik mündet.

Den Namen des Architekten von Vézelay kennen wir ebensowenig wie die höchst individuellen Bildhauer von Moissac und Toulouse. Diese Namenlosigkeit wird im allgemeinen als Zeichen christlicher Demut des Künstlers verstanden – oder aber als ein Hinweis auf seinen niederen Stand. Ich glaube jedoch, es ist nur ein Zufall, denn wir kennen tatsächlich eine ganze Reihe von Namen mittelalterlicher Architekten, darunter auch den des Baumeisters von Cluny. Und die Art, in der sie ihre Inschriften angebracht haben, zeugt nicht gerade von übermäßiger Bescheidenheit. Eine der berühmtesten ist genau in die Mitte des Hauptportals der Kathedrale von Autun gesetzt, unter die Füße Christi. «Gislebertus hoc fecit». Einer der Seligen sieht voller Bewunderung zu dem Na-

34 Gislebertus, Die Heiligen Drei Könige. Autun, Kathedrale

35 Meister von Saint-Gilles, *‹Der heilige Ägidius zelebriert die Messe in der Abteikirche von Saint-Denis›*

men Gislebertus auf. Er muß als sehr bedeutender Mann gegolten haben, wenn er seinen Namen an eine so auffallende Stelle setzen durfte. Später wäre es nicht der Name des Künstlers, sondern der des Stifters gewesen. Tatsächlich war Gislebertus wichtig für Autun, weil er etwas tat, was im Mittelalter einzigartig und auch in anderen Zeiten sehr selten war: er führte die ganze Ausschmückung der Kathedrale selber aus. In der Regel schuf der Hauptmeister das Relief über dem Hauptportal sowie einige der wichtigsten Statuen und überließ die übrigen Arbeiten seinen Gehilfen. Gislebertus scheint dagegen alles mit eigener Hand gemeißelt zu haben, einschließlich fast aller Kapitelle des Innenraums.

Diese außerordentliche Meisterleistung stimmte mit seinem Charakter als Künstler überein. Er war kein nach innen gekehrter Visionär wie der Meister von Moissac, kein Perfektionist wie der Meister von Saint-Étienne in Toulouse. Er war extrovertiert. Er liebt es, eine Geschichte zu erzählen, und seine Stärke liegt in seiner dramatischen Kraft. Die Reihe der Verdammten unter den Füßen ihres Richters in der Predella des Tympanons ist ein Crescendo der Verzweiflung. Sie sind in einer Weise auf ihre wesentlichen Züge reduziert, die sie in die Nähe der heutigen Kunst rückt: eine Ähnlichkeit, die erschreckend bestätigt wird durch die gigantischen Hände, die den Kopf eines Sünders emportragen, als wäre er ein Stück Schutt von einem Bauplatz. Dasselbe gilt von den Kapitellen. Sie haben nicht den zwingenden Rhythmus der schönsten cluniazensischen Kunst; aber dafür werden sie auch nicht so sehr von den Einwänden des hl. Bernhard getroffen. Natürlich sind sie mit reichen und glanzvollen Ornamenten geschmückt, aber letztlich ist es doch nur das Erzählen vom Menschen, worauf es ankommt. Selbst in dem abstrakt wirkenden Bildnis der Heiligen Drei Könige [34], die unter einer herrlichen Bettdecke schlafen, ist die Geste des Engels entscheidend, die sanfte Art, wie er seinen einen Finger auf die Hand des schlafenden Königs legt. Wie alle Geschichtenerzähler hatte Gislebertus eine Vorliebe für das Schreckliche, das er auf seine eigene Weise schilderte. So verweilt er mit Genuß bei dem abstoßenden Selbstmord des Judas [33]. Aber ebenso schuf er eine Eva, den ersten weiblichen Akt seit der Antike, der ein Gefühl für die Freuden des Körpers vermittelt.

Gislebertus war wahrscheinlich in Cluny beschäftigt gewesen, und mit Sicherheit hat er in Vézelay gearbeitet. Als er um 1125 nach Autun kam, war er ein reifer Mann, der seinen Stil gefunden hatte; Autun war die Krönung seiner Laufbahn, daher die auffallende Inschrift. Zu der Zeit, als sein Werk vollendet war – sagen wir um 1135 –, war eine neue Kraft in der europäischen Kunst entstanden: die Abtei von Saint-Denis.

Die königliche Abtei von Saint-Denis war auch in früheren Zeiten schon berühmt gewesen, aber die Rolle, die sie in der westlichen Zivilisation spielte, verdankte sie den Fähigkeiten einer außerordentlichen Persönlichkeit, des Abtes Suger. Er war einer der ersten Männer des Mittelalters, den man sich in modernen, fast möchte ich sagen: transatlantischen Begriffen vorstellen kann. Seine Herkunft liegt völlig im dunkeln, er war ungewöhnlich klein, aber seine Vitalität war überwältigend. Sie erstreckte sich auf alles, was er unternahm – als Planer, als Bauherr, als Staatsmann. Er war sieben Jahre lang Regent von Frankreich und ein großer Patriot; er scheint auch der erste gewesen zu sein, der die heute so vertrauten Worte sprach: «Die Engländer sind durch Sitten und Naturgesetz dazu bestimmt, den Franzosen untertan zu sein, und nicht umgekehrt.» Er redete gern von sich, kannte keine falsche Bescheidenheit, und so erzählt er die Geschichte, wie seine Bauleute ihm versicherten, daß sich Balken von der Länge, wie er sie für ein bestimmtes Dach brauchte, nicht auffinden ließen, da es keine so hohen Bäume gäbe. Worauf er seine Zimmerleute mit in den Wald nahm («Sie lächelten», sagt er, «und hätten gelacht, wenn sie es gewagt hätten»), und im Laufe eines einzigen Tages hatte er zwölf Bäume von der nötigen Größe gefunden, sie fällen und zur Baustelle schaffen lassen. Jetzt sehen Sie, warum ich das Wort ‹transatlantisch› gebrauchte.

Wie mehrere Pioniere der Neuen Welt, zum Beispiel Van Horne, der Erbauer der Kanadisch-Pazifischen Eisenbahn, liebte Suger leidenschaftlich die Kunst. Eines der faszinierendsten Dokumente des Mittelalters ist sein Bericht über die Arbeiten, die unter seiner Aufsicht in Saint-Denis ausgeführt wurden – der goldene Altar, die Kreuze, die kostbaren Kristallarbeiten. Sugers großes Goldkreuz war fast acht Meter hoch; es war mit Juwelen besetzt und mit Emaileinlegearbeiten verziert, die von einem der besten Kunsthandwerker jener Zeit, Godefroid de Huy, stammen. Während der Französischen Revolution ist das alles zerstört worden. Eine ungefähre Vorstellung von dem Altar in Saint-Denis vermittelt uns ein Bild des 15. Jahrhunderts vom Meister von Saint-Gilles in der National Gallery in London [35]. Von den heiligen Gefäßen sind einige erhalten geblieben, die meisten aus halbedlen Materialien aus dem Osten gefertigt, so zum Beispiel ein ägyptischer Krug aus Porphyr [Farbtafel 6], der sich jetzt im Louvre befindet. Suger erzählt uns, daß er ihn in einem Schrank fand, wo man ihn vergessen hatte; er ließ, vielleicht durch ein Stück byzantinischer Seide angeregt, einen Adler daraus machen.

Sugers inneres Verhältnis zu all diesen Dingen war zu einem großen Teil die Liebe des großen Sammlers zu Glanz, Pracht und zur Antike; hinzu kam die Freude am Erwerb. Er beschreibt, wie einige Zisterzienser (die nichts von Prachtaufwand hielten) ihm eine große Anzahl von Edelsteinen brachten – Hyazinthe, Saphire, Rubine, Topase, Smaragde –, die dem unfähigen englischen König Stephan von Blois gehört hatten, und wie es ihm gelang, sie für 400 Pfund zu erwerben (Gott sei Dank!), obwohl sie viel mehr wert waren. Aber wie üblich läßt sich auch hier der Vergleich mit einem modernen Sammler nicht aufrechterhalten, denn alles, was Suger tat, geschah einzig und allein zum Ruhme Gottes. Und er war nicht nur ein Sammler – er war auch ein schöpferischer Mensch. Sein Wirken beruhte auf einer philosophischen Grundlage, die für die westliche Zivilisation von großer Bedeutung ist.

Sie entstand aus einer typisch mittelalterlichen Verwirrung heraus. Der heilige Dionysius, der Schutzheilige der Abtei Saint-Denis, wurde mit dem Athener Dionysios Areopagites verwechselt, den Paulus bekehrt hatte, und diesen Griechen Dionysios hielt man – völlig zu Unrecht – für den Autor eines philosophi-

 Farbtafel 7: Tod der Maria. Aus einem Glasfenster der Kathedrale von Chartres

MON SEVL DESIR

36 Westfassade der Kathedrale von Chartres

37 Gott als Geometer (Illustration einer Handschrift)

schen Traktats über die himmlische Hierarchie. Suger hatte diesen Traktat, den Pseudo-Dionysios, aus dem Griechischen übersetzen lassen, und hieraus konnte er eine theoretische Rechtfertigung für seine Liebe zur Schönheit ableiten. Er argumentierte, daß wir zum Verständnis des absoluten Schönen, das Gott ist, nur durch die Wirkung kostbarer und schöner Dinge auf unsere Sinne gelangen könnten. Er sagte: «Der dumpfe Sinn erhebt sich zur Wahrheit durch das, was stofflich ist.» Für das Mittelalter war das eine revolutionäre Auffassung. Sie bildete den geistigen Hintergrund für all die erhabenen Kunstwerke des nächsten Jahrhunderts und ist in der Tat bis heute die Grundlage unseres Glaubens an den Wert der Kunst geblieben.

Neben dieser mehr theoretischen Revolution war Sugers Saint-Denis auch der Anfang mehrerer neuer Entwicklungen in der Praxis – in der Architektur, der Skulptur, der Glasmalerei. Auf Grund ihrer engen Verbindung mit dem Königshaus wurde die Abteikirche während der Französischen Revolution böse zugerichtet; in der Zeit danach wurde sie dagegen allzu gründlich restauriert. Aber noch heute läßt sich erkennen, daß Suger den gotischen Stil der Architektur einführte, wenn nicht gar erfand – nicht nur den Spitzbogen, sondern auch die Licht-

38 Hauptportal der Kathedrale von Chartres

fülle hoher Fenster, das, was wir heute Obergaden und Triforium nennen. «Leuchtend», sagt er, «ist das edle Gebäude, das von neuem Licht durchflutet wird», und mit diesen Worten nimmt er die architektonischen Bestrebungen der nächsten beiden Jahrhunderte vorweg. Man weiß, daß von ihm die Idee der Fensterrose stammte, und einige wenige Stücke seiner Glasmalerei können wir noch in Saint-Denis bewundern . . . Am beeindruckendsten ist der (wie ich fürchte, stark restaurierte) Stammbaum Christi, der in Gestalt eines wahrhaften Baumes aus der Seite Jesses wächst; und wie so viele andere symbolisch-historische Themen der gotischen Kunst scheint auch dieses von Suger erfunden zu sein. Viele andere seiner Neuerungen sind aus Saint-Denis verschwunden: so zum Beispiel seine Vorhallen mit Reihen aufrecht stehender Figuren, die nun alle durch Säulen ersetzt sind. Und das Äußere, rauchgeschwärzt von den Fabriken in diesem Vorort von Paris, erweckt nicht den Eindruck von Heiligkeit. Um uns eine Vorstellung von der ursprünglichen Wirkung machen zu können, müssen wir nach Chartres gehen [36].

Auf irgendeine wunderbare Weise hat Chartres die Zeiten überdauert. Feuer und Krieg, Revolution und Restauration haben der Kathedrale nichts anzuhaben vermocht. Selbst die Touristen haben ihre Atmosphäre nicht zerstört, wie es ihnen in so vielen anderen Tempeln des menschlichen Geistes von der Sixtinischen Kapelle bis Elephanta gelungen ist. Noch immer kann man den Hügel zur Kathedrale hinauf mit der geistigen Einstellung des Pilgers hinaufsteigen; und der Südturm ist mehr oder weniger immer noch so, wie er bei seiner Vollendung im Jahre 1164 gewesen ist. Ein Meisterwerk harmonischer Proportionen. Wurde diese Harmonie mathematisch errechnet? Scharfsinnige Gelehrte haben nachträglich ein auf Vermessungen beruhendes Proportionssystem entwickelt, das aber so verwirrend ist, daß ich ihm nur schwer Glauben schenken kann. Wir dürfen allerdings nicht vergessen, daß für den mittelalterlichen Menschen die Geometrie Ausdruck des Göttlichen war. Gott war der große Geometer [37], und diese Vorstellung beflügelte den Architekten. Darüber hinaus war Chartres das Zentrum einer philosophischen Schule, die sich mit Platon und vor allem mit seinem geheimnisvollen *‹Timaios›* beschäftigte, nach dem man das gesamte Universum als eine Art meßbarer Harmonie interpretieren zu können glaubte. So spiegeln die Proportionen von Chartres vielleicht eine kompliziertere Mathematik wider, als man annehmen möchte.

Eine dieser Proportionen war ganz gewiß nicht berechnet, und das war das Verhältnis der Westfront zu den Türmen. Ursprünglich lag die Westfront viel weiter zurück, aber kurz nach der Erbauung gaben die Fundamente nach, und sie wurde Stein für Stein wieder abgetragen und weiter nach vorn verlegt. Daher rührt eine gewisse Flachheit in der berühmten Fassade, die mich immer etwas bekümmert. Aber letztlich war es eines der vielen Wunder, die uns Chartres erhalten haben, denn als die Kathedrale 1194 niederbrannte, hielt die zwischen dem Schiff und der Westfront entstandene Vorhalle das Feuer von der Fassade ab und rettete sie.

Das Hauptportal von Chartres ist eine der schönsten Versammlungen von ge-

39 Kathedrale von Chartres, Könige und Königinnen

meißelten Figuren, die es auf der ganzen Welt gibt [38]. Je länger wir sie betrachten, desto bewegender wirken auf uns die dargestellten Ereignisse, desto lebendiger die Einzelheiten. Das erste, was vermutlich jedem auffällt, ist die Reihe der Säulenfiguren. In naturalistischen Begriffen, als Körper gesehen, sind sie unmöglich, und daß man sie trotzdem akzeptiert, ist ein Triumph der Kunst. Seit dem Schatzhaus der Knidier in Delphi hatte man Figuren als Säulen verwendet, aber nie so schmale und überlange Figuren wie hier – ausgenommen vielleicht in Saint-Denis, denn manches deutet darauf hin, daß der Meister dieser Figuren für Suger gearbeitet hat, bevor er nach Chartres kam. Er war nicht nur ein Bildhauer von genialer Begabung, sondern auch von großer Originalität. Er muß seine Arbeit zu einer Zeit aufgenommen haben, als der Stil von den gewaltsam gewundenen Rhythmen von Cluny und Toulouse beherrscht wurde; und er hat einen Stil geschaffen, der so still und verhalten und klassisch war wie die griechischen Bildwerke des 6. Jahrhunderts.

Der Mann, der den Pfeiler von Souillac gemeißelt hat, war zwar ein großer Künstler, doch können wir ihn nicht als repräsentativ für die Zivilisation bezeichnen. Bei dem Meister von Chartres kommen uns solche Zweifel nicht. Wir sehen, daß sein klassischer Stil eine persönliche Schöpfung war, wenn wir die vom Meister selbst gearbeiteten Figuren, die sich alle am Mittelportal befinden, mit denen seiner Gehilfen vergleichen, die an den Seitenportalen arbeiteten. Was die Umrisse angeht, so vermochten sie dem Beispiel seiner Säulenfiguren zu folgen, aber bei den Faltenwürfen suchten sie wieder Zuflucht in den Locken und Spiralen der südlichen Romanik, die in diesem Zusammenhang sinnlos sind, während der Stil des Meisters in der Einfachheit und Genauigkeit jeder Falte absolut griechisch ist. War er wirklich griechisch – ich meine, griechischer Herkunft? Ist der Künstler ganz unabhängig zu diesen an Schilfrohr erinnernden Gewändern, diesen geraden Linien der kannelierten Falten, den Zickzack-Säumen und dem ganzen Spiel der Textur gelangt, die so eindeutig an archaische Figuren Griechenlands erinnern? Oder hatte der Meister von Chartres irgendwelche Bruchstücke früher griechischer Skulptur in Südfrankreich gesehen? Ich bin davon aus verschiedenen Gründen ganz fest überzeugt.

Es gab im 12. Jahrhundert weit mehr griechische Plastik zu sehen, als man gemeinhin annimmt. Nachahmungen finden wir in Dutzenden von Beispielen. Griechische Skulpturen gelangten sogar nach England: Heinrich von Blois, der Bischof von Winchester, ließ sich eine Schiffsladung von antiken Kunstgegenständen schicken. Und der Stil der griechischen Plastik war für Chartres deshalb besonders geeignet, weil hier zum erstenmal die beiden Begründer der griechischen Philosophie, Platon und Aristoteles, ernsthaft studiert wurden. Johannes von Salisbury, der kurz nach der Vollendung des Westportals Bischof von Chartres wurde, war ein wahrer Humanist, dem Erasmus vergleichbar. Im Bogen des rechten Portals sind die griechischen Philosophen mit ihren Attributen dargestellt: Aristoteles mit der strengen Figur der Dialektik, Pythagoras, der entdeckte, daß die musikalischen Intervalle mathematisch definiert werden konnten, mit der glockenläutenden Musica; und so weiter, den ganzen Bogen herum. Musik bedeutete den Menschen des 12. Jahrhunderts sehr viel, und rund um den Bogen des mittleren Portals hat ein wirklich ungewöhnlicher Künstler – vielleicht der Hauptmeister selbst mit einer schärferen Meißelführung im härteren Stein – die Ältesten der Offenbarung mit Musikinstrumenten dargestellt, von denen jedes so genau wiedergegeben ist, daß man es nachbauen und darauf spielen könnte.

Diese Figuren geben uns eine Vorstellung von dem unvergleichlichen Reichtum des Westportals und der dem ganzen Entwurf zugrunde liegenden Idee. Doch das Bedeutendste am Hauptportal im Hinblick auf die Zivilisation – bedeutsamer noch als seine in der griechischen Plastik liegenden Ursprünge – ist der Gesichtsausdruck der sogenannten Könige und Königinnen – niemand weiß genau, wer sie sind [39]. Man denke an die Menschen im 9. und 10. Jahrhundert: kräftig, leidenschaftlich, ernsthaft nach einer Art geistiger Erleuchtung strebend, aber im Grunde noch Barbaren, das heißt, Verkörperungen des Willens, die Züge geprägt von dem Bedürfnis, zu überleben. Zeigen dagegen die Könige und Königinnen von Chartres nicht eine neue Stufe im Aufstieg des westlichen Menschen? Ich bin davon überzeugt, daß diese Verfeinerung, der Ausdruck selbstlosen Losgelöstseins und die Geistigkeit dieser Köpfe, etwas vollkommen Neues in der Kunst ist. Neben ihnen sehen die Götter und Helden des antiken Griechenlands arrogant, seelenlos und sogar leicht brutal aus. Ich stelle mir vor, daß uns die Gesichter, die uns aus der Vergangenheit anblicken, den sichersten Aufschluß über die Bedeutung einer Epoche geben. Natürlich hängt auch etwas von der Einsicht und dem Verständnis des Künstlers ab, der sie darstellte. Wenn wir uns von den Köpfen des Hauptmeisters abwenden und nun die Figuren seiner altmodischeren Gehilfen betrachten, fühlen wir uns zurückversetzt in die leicht verzerrte Welt von Moissac. Aber gute Gesichter rufen gute Künstler hervor – und umgekehrt bedeutet ein Verfall der Porträtkunst meist auch einen Verfall der Gesichter, eine Theorie, die heute durch die Fotografien in den Tageszeitungen veranschaulicht wird. Die Gesichter am Westportal von Chartres gehören zu den offensten und – im wahrsten Sinn des Wortes – aristokratischsten Gesichtern, die Westeuropa je hervorgebracht hat.

Die alten Chroniken berichten uns einiges über die Menschen, deren Inneres in diesen Gesichtern enthüllt wird. Im Jahre 1144, so steht dort geschrieben, als die Türme wie durch wunderbare Kraft emporwuchsen, schirrten sich die Gläubigen selbst vor die mit Steinen beladenen Wagen und zogen sie vom Steinbruch bis vor die Kathedrale. Der Enthusiasmus breitete sich über ganz Frankreich aus. Von weit her kamen Männer und Frauen, schwerbeladen mit Lebensmitteln für die Handwerker – Wein, Öl, Korn. Darunter waren Adlige und ihre Damen, die mit den übrigen die Karren zogen. Es herrschte eine vollkommene Disziplin und eine tiefe Stille. Alle Herzen waren vereint, und jedermann vergab seinen Feinden. Dieses Gefühl der Hingabe an ein großes Ideal der Zivilisation schlägt uns noch überwältigender entgegen, wenn wir durch das Portal ins Innere treten [40]. Es ist nicht nur einer der beiden schönsten Innenräume der Welt (der andere ist die Hagia Sophia in Konstantinopel), sondern es hat noch eine ganz besondere Wirkung auf uns; und die Erbauer der Kirche würden als Erklärung dafür angegeben haben, daß hier die bevorzugte irdische Wohnstätte der Jungfrau Maria sei. Chartres enthielt die berühmteste Reliquie der Jungfrau, die Tunika, die sie bei der Verkündigung getragen hat; Karl der Kahle hatte sie 876 Chartres zum Geschenk gemacht. Von Beginn an hatte diese Reliquie Wunder gewirkt, aber erst im 12. Jahrhundert drang der Kult der Jungfrau in die Vorstellungswelt des Volkes ein. Ich vermute, daß in früheren Jahrhunderten das Leben einfach zu unempfindlich dafür gewesen war. Jedenfalls spielte die Jungfrau – wenn die Kunst auf irgendeine Weise als Wegweiser dienen kann, und hier sehe ich sie als meinen Wegweiser – eine sehr geringe Rolle im Geist der Menschen des ganzen 9. und 10. Jahrhunderts. Sie erscheint natürlich bei Ereignissen wie der Verkündigung und der Anbetung der Heiligen Drei Könige, aber Darstellungen der Jungfrau mit dem Kind als Gegenstand besonderer Verehrung sind in der ottonischen Kunst äußerst selten. Die früheste Kultstatue der Jungfrau mit Kind von einiger Größe ist eine bemalte Holzstatue in Saint-Denis, die etwa um 1130 entstanden sein muß. Die großen romanischen Kirchen waren den Heiligen geweiht, deren Reliquien sie besaßen – Saint-Sernin, Saint-Étienne, Saint-Lazare, Saint-Denis, Santa Maria Magdalena –, aber keine der Jungfrau. Dann, nach Chartres, wurden ihr die größten Kirchen Frankreichs geweiht – Paris, Amiens, Laon, Rouen, Reims.

Was war der Grund für diesen plötzlichen Wandel? Ich hatte immer angenommen, daß es mit den Kreuzzügen zusammenhängen mußte: daß die zurückkehrenden Krieger den weiblichen Tugenden der Sanftmut und des Mitgefühls Bewunderung entgegenbrachten als den Gegenpolen der männlichen Tugenden des Mutes und der körperlichen Stärke, deren Vertreter sie selbst waren. Ich bin dessen jetzt nicht mehr so sicher; andererseits spricht für meine Vermutung die Tatsache, daß die ersten Darstellungen der Jungfrau als Gegenstand der Verehrung in ausgeprägt byzantinischem Stil gehalten sind, so etwa auf der Seite einer Handschrift aus Citeaux, der Gemeinde des hl. Bernhard. Der hl. Bernhard gehörte zu den ersten, die von der Jungfrau als einem Ideal der Schönheit und einer Vermittlerin zwischen Gott und den Menschen sprachen. Dante legt ihm am Schluß des ‹*Paradieses*› zu Recht eine Hymne an die Jungfrau in den Mund, die ich zu den schönsten Werken der Dichtkunst überhaupt zähle.

Doch unabhängig vom Wirken des hl. Bernhard war ein starker Faktor bei der Ausbreitung des Jungfrauenkultes sicher die Schönheit und Pracht der Kathedrale von Chartres. Ihre Errichtung selbst war schon eine Art Wunder. Die alte Kirche war 1194 von einem furchtbaren Feuer zerstört worden: nur die Türme und die Westfront blieben erhalten, und die Einwohner von Chartres fürchteten, daß sie ihre kostbare Reliquie eingebüßt hätten. Dann aber, als die Trümmer weggeräumt waren, fand man sie unversehrt in der Krypta. So wurde klar, was die Jungfrau wollte – eine neue, noch prächtigere Kirche. Wieder berichten die Chronisten, daß die Menschen aus ganz Frankreich herbeieilten, um bei der Arbeit zu helfen, daß ganze Dörfer sich aufmachten, um die Handwerker mit Eßwaren zu versorgen; und diesmal gab es natürlich sehr viel mehr Hand-

 40 Inneres der Kathedrale von Chartres

werker, denn der Bau war größer und komplizierter; Hunderte von Maurern wurden dafür benötigt, von der kleinen Heerschar der Glashersteller gar nicht zu reden, die 170 riesige Fenster mit farbigem Glas ausstatten mußten. Es klingt vielleicht sentimental, aber ich kann mich des Gefühls nicht erwehren, daß dieser Glaube dem Innern von Chartres eine Einheit und einen Geist der Frömmigkeit verliehen hat, durch die es die anderen großen Kirchen Frankreichs wie Bourges und Le Mans noch übertrifft.

Wir müssen allerdings hinzufügen, daß aller Glaube in Frankreich die Kathedrale nicht hätte wieder aufbauen können, wenn das Bistum von Chartres nicht außerordentlich reich gewesen wäre. Nach dem Feuer beschlossen der Bischof und das Kapitel, das Einkommen von drei Jahren für den Wiederaufbau zu verwenden; auf heutige Verhältnisse übertragen betrug dieses Einkommen ungefähr sieben Millionen Mark im Jahr. Der Bischof hatte ein persönliches Einkommen von zweieinhalb Millionen Mark im Jahr. Da überdies das Bistum von Chartres, wie wir gehört haben, eng mit dem französischen Königshaus verbunden war, läßt sich dieses Wunder, wie die meisten Wunder, materiell gesehen, durchaus erklären, womit jedoch in Wirklichkeit gar nichts erklärt ist.

Der Bau zeigt den neuen Architekturstil, dem Suger mit Saint-Denis das Siegel seiner Autorität aufgedrückt hatte und den wir ‹gotisch› nennen. Nur mußte der Architekt in Chartres sich an die Fundamente des alten romanischen Baues halten, und das bedeutete, daß das gotische Gewölbe einen viel weiteren Raum überspannen mußte als je zuvor. Das war ein beträchtliches Konstruktionsproblem, und um es zu lösen, erfand der Architekt das Mittel der Strebebögen – einer der seltenen Glücksfälle, wo der Zwang der Notwendigkeit zu einer architektonischen Lösung von wunderbarer und phantastischer Schönheit geführt hat. Im Innenraum deutet nichts auf irgendwelche Schwierigkeiten oder irgendwelche komplizierten Berechnungen hin: der gesamte harmonische Raum scheint einem natürlichen Harmoniegesetz folgend der Erde entwachsen.

Es ist schon so viel über die Gotik geschrieben worden, daß man geneigt ist, sie als selbstverständlich hinzunehmen. Aber sie ist und bleibt eine der bewundernswertesten menschlichen Leistungen. Seit zivilisiertes Leben seinen ersten Ausdruck in der Architektur gefunden hat, sagen wir, seit den Pyramiden von Sakkara, stellte sich der Mensch die Bauten als auf dem Boden lastendes Gewicht vor. Er hatte ihre materielle Natur akzeptiert, und wenn er auch versuchte, sie mit den Mitteln der Proportion oder durch die Farbe kostbaren Marmors zu transzendieren, so fand er doch immer seine eigenen Grenzen in den Problemen von Stabilität und Gewicht, die ihn schließlich doch an die Erde fesselten. Erst mit den Erfindungen der gotischen Architektur – dem Bündelpfeiler mit seinen Diensten, die ohne Unterbrechung in das Gewölbe und den Spitzbogen laufen – konnte er den Stein gewichtslos erscheinen lassen: der gewichtslose Ausdruck seines Geistes.

Mit den gleichen Mitteln konnte er seinen Raum mit Glas umgeben. Suger sagte, er hätte das getan, um mehr Licht zu bekommen, aber er stellte fest, daß diese Glasflächen ein ideales Mittel waren, die Gläubigen zu beeindrucken und zu belehren – ein sehr viel besseres Mittel als die Wandmalereien, da sie eine Wirkung auf die Sinne ausübten, wie es Wandgemälde mit ihrer stumpfen Oberfläche nie vermochten. «Der Mensch kann sich durch die Sinne zur Anschauung des Göttlichen erheben.» An keinem anderen Ort wird dieser Ausspruch des alten Pseudo-Dionysios so wunderbar belegt wie in der Kathedrale von Chartres. Wenn wir die Glasgemälde betrachten, die uns ganz umgeben [Farbtafel 7], scheint es, als versetzten sie die Luft in Schwingungen. Es ist in erster Linie eine sinnlich-emotionelle Wirkung von höchster Kraft. Es zeigt sich, daß wir nur sehr schwer erkennen, was in den verschiedenen Fenstern dargestellt ist, selbst wenn wir eine Beschreibung zur Hilfe nehmen, die von einem gelehrten Ikonographen erarbeitet worden ist. Und ob die Gläubigen des frühen 13. Jahrhunderts genügend unterrichtet waren, um alle dargestellten Episoden verstehen zu können, scheint mir höchst zweifelhaft. Aber wir wissen auch, daß der Parthenon-Fries an seinem ursprünglichen Platz fast unsichtbar war, und wir müssen es hinnehmen, daß in einem nicht utilitaristischen Zeitalter die Menschen unter dem Druck eines mächtigen Gefühls bereit waren, Dinge um ihrer selbst willen oder, wie sie es ausgedrückt hätten, um der Ehre Gottes willen zu tun.

Chartres verkörpert das erste große Erwachen der europäischen Zivilisation. Es ist ebenfalls eine Brücke zwischen Romanik und Gotik, zwischen der Welt des Abälard und der Welt des hl. Thomas von Aquin, der Welt der ruhelosen Neugier und der Welt der Systeme und der Ordnung. Große Dinge sollten im nächsten Jahrhundert der Hochgotik vollbracht werden, große, konstruktive Leistungen im Denken wie in der Architektur. Aber sie alle gründeten sich auf die Fundamente des 12. Jahrhunderts. In dieser Zeit erhielt die europäische Zivilisation ihren Anstoß. Unsere intellektuelle Kraft, unsere Verbindung mit den großen Geistern Griechenlands, unsere Beweglichkeit und Aufgeschlossenheit, unser Gefühl des Mitleidens, unser Sinn für die Einheit des Christentums – das alles, und noch vieles mehr, entwickelte sich in jenen wunderbaren hundert Jahren zwischen der Weihe von Cluny und dem Wiederaufbau von Chartres.

3 Romanze und Realität

Ich bin in der Welt der Gotik, der Welt des Rittertums, des höfischen Lebens und der Romanzen, in einer Welt, die auch bei ernsthaften Dingen einen Sinn für das Spielerische entfaltete, in der sogar Krieg und Theologie zu einer Art Spiel werden konnten, und in der die Architektur einen Grad an Überschwenglichkeit erreichte, der in der Geschichte unübertroffen ist. Nach all den großen vereinheitlichenden Überzeugungen des 12. Jahrhunderts mag die Kunst der Hochgotik phantastisch und luxuriös erscheinen – das, was Veblen eine ostentative Verschwendung nannte. Aber dennoch brachten diese Jahrhunderte einige der größten Geister in der Geschichte des Menschen hervor, darunter Franz von Assisi und Dante. Hinter aller Phantasie der gotischen Vorstellungswelt blieb, auf zwei verschiedenen Ebenen, ein geschärftes Empfinden für die Wirklichkeit bestehen. Der mittelalterliche Mensch konnte die Welt sehr klar sehen, hielt jedoch ihre Erscheinungen nur für Symbole oder Zeichen einer idealen Ordnung, der einzig wahren Wirklichkeit.

Vor allem die Phantasie fällt uns auf; das wird uns im Cluny-Museum in Paris vor Augen geführt, das eine Serie von Wandteppichen beherbergt, bekannt unter dem Namen ‹*Die Dame mit dem Einhorn*› [Farbtafel 8] – eines der reizvollsten Beispiele gotischen Geistes. Es ist poetisch, phantastisch und weltlich. Dargestellt sind scheinbar die vier Sinne. Aber das wahre Thema ist die Kraft der Liebe, die sich alle Mächte der Natur dienstbar und unterwürfig machen kann, darunter auch die beiden Symbole von Lust und Wildheit, das Einhorn und der Löwe. Sie knien vor dieser Verkörperung der Keuschheit und tragen die Enden ihres Zeltes. Diese wilden Tiere stehen ihr bei, sind ihre Wappenhalter geworden. Und um diese allegorische Szene herum sehen wir, was die mittelalterlichen Philosophen die «natura naturans» nannten – Bäume, Blumen, Blätter in Hülle und Fülle, Vögel, Affen und jene ziemlich eindeutigen Symbole der sich selbst erschaffenden Natur: Kaninchen. Sogar gezähmte Natur gibt es dort in Gestalt eines kleinen Hundes, der auf einem Kissen sitzt. Das Ganze ist ein Bild weltlichen Glücks in höchster Verfeinerung, das, was die Franzosen «douceur de vivre» nennen und was häufig mit Zivilisation verwechselt wird.

Wir haben uns sehr weit von der mächtigen inneren Überzeugung entfernt, die Ritter und Damen veranlaßte, Steinkarren den Hügel hinaufzuziehen zum Bau der Kathedrale von Chartres. Aber wir können dennoch die Vorstellung der idealen Liebe und der unwiderstehlichen Kraft von Sanftmut und Schönheit, wie sie hier in symbolischer Form in der Huldigung der beiden wilden Tiere dargestellt ist, drei Jahrhunderte weit zurückverfolgen; wir können diese Betrachtung sogar am Nordportal von Chartres beginnen lassen.

Dieses Portal wurde um 1220 ausgeschmückt, offenbar auf Kosten der furcht-

41 Die hl. Modesta, Nordportal der Kathedrale von Chartres

42 Taufbecken der Kathedrale von Winchester

baren Blanche de Castille, der Mutter des heiligen Ludwig. Vielleicht aus diesem Grunde, vielleicht aber auch, weil das Portal der Jungfrau geweiht war, sind viele der Figuren Frauen. Mehrere der in den Archivolten dargestellten Geschichten beziehen sich auf weibliche Gestalten des Alten Testamentes. Und an der Ecke der Eingangshalle steht eine der ersten bewußt anmutigen Frauen der westlichen Kunst [41]. Nur wenige Jahre zuvor stellte man sich die Frauen noch allgemein als kauernde, schlecht gelaunte Mannweiber vor, wie wir sie am Taufbecken der Kathedrale von Winchester sehen: es waren die Frauen, die die Wikinger nach Island begleitet hatten [42]. Dagegen nun diese Verkörperung der Keuschheit, diese Gestalt, die ihren Mantel rafft, ihre Hand erhebt und ihren Kopf mit einer Bewegung von leicht befangener Vornehmheit wendet, die später manieriert wirken sollte, hier aber unverfälscht bescheiden ist. Sie könnte Dantes Beatrice sein. Tatsächlich stellt sie eine Heilige dar, die «Sainte Modeste» genannt wurde. Sie ist noch etwas streng. Und wenn wir uns die Einzelheiten des Portals genauer ansehen – wunderbare Einzelheiten, in denen sich die ganze Vorstellungswelt des Jahrhunderts widerspiegelt –, finden wir Figuren von Frauen, deren Weiblichkeit wärmer und zugänglicher ist: Judith, die in ihrem Gebetsraum kniet und Asche auf ihr Haupt streut, und Esther, die sich dem König Ahasverus zu Füßen wirft. Hier finden wir, beinahe zum erstenmal in den bildenden Künsten, ein Gefühl für die menschlichen Beziehungen zwischen Mann und Frau.

Diese Gefühle waren natürlich schon lange Zeit Gegenstand der wandernden Dichter der Provence gewesen, der ‹Jongleurs› und Troubadoure, und jener traumhaften Romanze *‹Aucassin und Nicolete›*. Keine der zwei oder drei neuen Fähigkeiten, die der europäische Geist seit der Zivilisation Griechenlands und Roms erworben hat, erscheint mir so fremdartig und unerklärlich wie das Gefühl der idealen oder höfischen Liebe. Der Antike war es völlig unbekannt. Leidenschaft gab es, selbstverständlich auch Verlangen, ebenfalls stetige Zuneigung. Aber dieser Zustand völliger Unterwerfung unter den Willen einer mehr oder weniger unerreichbaren Frau, dieser Glaube, daß kein Opfer zu groß, daß es nicht übertrieben sei, ein ganzes Leben damit zu verbringen, einer Dame, wenn sie es so erwartete, den Hof zu machen oder um ihretwillen zu leiden – das alles wäre den Römern oder den Wikingern nicht nur absurd, sondern unglaublich erschienen; dennoch wurde eine solche Haltung jahrhundertelang nicht in Frage gestellt. Sie inspirierte eine unendliche Literatur – von Chrétien de Troyes bis Shelley –, von der ich das meiste für unlesbar halte. Noch bis 1945 bewahrten wir uns eine Reihe ritterlicher Gesten; wir zogen unseren Hut vor Damen, ließen ihnen den Vortritt und rückten ihnen bei Tisch die Stühle zurecht. Und wir ließen immer noch die Phantasievorstellung gelten, daß sie keusche und reine Wesen wären, in deren Gegenwart wir gewisse Geschichten nicht erzählen und gewisse Worte nicht aussprechen könnten.

Das alles ist nun vorüber, aber es hat lange gedauert, und diese Gewohnheiten hatten ja auch manches für sich. Wie war es dazu gekommen? Keiner weiß es. Die meisten Leute glauben, daß sie, wie auch der Spitzbogen, aus dem Osten kamen, daß Pilger und Kreuzritter in der islamischen Welt eine Tradition der persischen Literatur vorfanden, in der Frauen der Gegenstand überschwenglicher Höflichkeit und Verehrung waren. Ich weiß nicht genug über persische Literatur, um das bestätigen zu können. Ich glaube aber, daß die Kreuzzüge einen anderen, weniger direkten Einfluß auf die höfische Liebe hatten. Eine Schloßherrin muß schon eine ziemlich eigentümliche Stellung unter so vielen unbeschäftigten Männern innegehabt haben, die nicht immer nur auf die Jagd gehen konnten und natürlich nie etwas taten, was wir als Arbeit bezeichnen würden. Und wenn der Schloßherr für ein oder zwei Jahre fort war, hatte sie die Verantwortung zu tragen. Sie übernahm seine Aufgaben und empfing die Huldigungen, die in einer Feudalgesellschaft üblich waren; und der wandernde Ritter, der sie besuchte, brachte ihr die Mischung aus Ehrerbietung und Hoffnung entgegen, die wir in den Dichtungen der Troubadours finden. Die zahlreichen Spiegelkästchen aus Elfenbein und andere Hausgeräte des 14. Jahrhunderts unterstützen diese Theorie. Hier haben wir ein ganzes Repertoire des Flirts, mit der *‹Belagerung der Liebesburg›* [43] als Höhepunkt, in der die Damen, auf den Zinnen lehnend, den jungen Rittern nur schwachen Widerstand entgegensetzen, die in die Burg einzudringen versuchen. Die vergnügten Szenen in Rossinis Oper *‹Der Graf Ory›* sind nicht so unhistorisch, wie man meinen könnte. Ich sollte vielleicht hinzufügen, daß der Gedanke an Heirat ebensowenig im Spiel war wie heute. Die ‹Liebesheirat› ist eher eine Erfindung des späten 18. Jahrhunderts. Bei mit-

Farbtafel 9: Jungfrau und Kind (Elfenbein)

Droit et deuant soubz ce perron
De marbre noir comme charbon
Sourt la fontaine de fortune
Ou Il nya quelle nesune
Et la fist compasser et faire
Ung tirant Joyant de faulx affaire

43 Die Belagerung der Liebesburg (Elfenbein)

Farbtafel 10: Seite aus *‹Cœur de l'Amour Epris›* (1457)

44 Die Jungfrau mit dem Kind (Buchillustration)

45 Die Marien am Grabe (Elfenbein)

telalterlichen Heiraten ging es ausschließlich um das Vermögen, und Heirat ohne Liebe bedeutet, wie allgemein bekannt ist, zugleich Liebe ohne Heirat.

Und außerdem wird wahrscheinlich der Marienkult etwas damit zu tun gehabt haben. In diesem Zusammenhang klingt das fast wie eine Blasphemie, aber es bleibt die Tatsache, daß wir häufig kaum wissen, ob mittelalterliche Liebeslyrik an die Geliebte des Dichters oder an die Jungfrau Maria gerichtet ist. Die bedeutendste aller Dichtungen über die ideale Liebe, Dantes ‹*Vita Nuova*›, ist ein quasi religiöses Werk, und am Ende ist es Beatrice, die Dante in das Paradies einführt.

Aus all diesen Gründen ist es meiner Meinung nach erlaubt, den Kult der idealen Liebe mit der hinreißenden Schönheit und Zartheit zu verbinden, die wir in den Madonnendarstellungen des 13. Jahrhunderts finden [44]. Hat es je zartere Geschöpfe gegeben als die Damen auf den gotischen Elfenbeinen? Wie schwerfällig sind im Vergleich zu ihnen die großen Schönheiten aus anderen Epochen, in denen die Frauen verherrlicht wurden – wie zum Beispiel in der venezianischen Kunst des 16. Jahrhunderts. Vielleicht können nur Botticelli und Watteau mithalten. Diese subtile körperliche Schönheit wurde von einem neuen Rhythmus begleitet – dem neuen weichen Stil. Man hat vermutet, daß die anmutige Haltung einer gotischen Jungfrau durch die Kurve des Elfenbeinzahnes bedingt war, aus dem sie geschnitzt wurde [Farbtafel 9]. Das ist nicht unmöglich. Aber dieser fließende Rhythmus geht weit über die materielle Notwendigkeit hinaus. Auf der Elfenbeintafel mit den ‹Marien am Grab› stehen die Figuren in musikalischer Beziehung zueinander [45].

Haben die Damen des 14. Jahrhunderts nun auch wirklich so ausgesehen? Das ist schwer zu sagen, denn die Porträtkunst hatte sich erst gegen Ende des Jahrhunderts voll entwickelt. Aber nach dem Wunsch ihrer Verehrer und wohl auch ihrer Ehemänner sollten sie sicherlich so aussehen. Um so überraschender ist es dann, wenn man erfährt, daß diese feinen Wesen furchtbar schlecht behandelt wurden. Doch es muß so gewesen sein, denn es gibt ein Handbuch über die Behandlung von Frauen – richtiger: über die Erziehung von Töchtern – von einem Chevalier de la Tour-Landry, 1370 geschrieben und so erfolgreich, daß man es noch im 17. Jahrhundert als eine Art Leitfaden las. Eine Auflage wurde sogar mit Illustrationen von Dürer herausgegeben. In diesem Buch beschreibt der Ritter, der als außerordentlich freundlicher Mensch bekannt war, wie man mit ungehorsamen Frauen umgehen soll: daß man sie züchtigen und Hunger leiden lassen und an den Haaren zerren soll. Ich wage zu behaupten, daß sie sich zu wehren wußten – ihr zuversichtliches Lächeln erweckt den Eindruck, daß die gotischen Frauen sehr wohl für sich selbst sorgen konnten.

Die höfische Liebe war nicht nur Gegenstand von Gedichten, sondern auch von langen – sehr langen – Geschichten in Prosa und Versen. Und das erinnert mich an etwas anderes, um das die gotischen Jahrhunderte das europäische Bewußtsein bereichert haben: den ganzen Komplex von Vorstellungen und Gefühlen, die um die Wörter ‹romantisch› und ‹Romanze› kreisen. Präziser kann man es nicht ausdrücken, denn es liegt im Wesen der Romantik, sich einer Definition

46 Reliquiar mit heiligem Dorn

zu entziehen. Wir können die Romanze nicht einmal als gotische Erfindung bezeichnen. Ich vermute, daß sie, wie schon das Wort sagt, aus dem Romanischen kommt und in jenen südlichen Gegenden von Frankreich entstanden ist, wo die Erinnerungen an die römische Zivilisation nicht gänzlich erloschen, als sie von der phantastischeren Vorstellungswelt der Sarazenen überlagert wurden. Aber die ritterlichen Romanzen der gotischen Zeit, von Chrétien de Troyes im 12. Jahrhundert bis zu Malory im 15. Jahrhundert, deren Allegorien und Personifikationen, endlose Reisen und nächtelange Vigilien, Zaubereien und Mysterien alle durch das Band der höfischen Liebe verbunden sind, waren eine besondere Eigenart des mittelalterlichen Geistes [Farbtafel 10]. Zweihundert Jahre lang war der *‹Roman de la Rose›* neben Boethius und der Bibel das meistgelesene Buch in Europa. Heute kenne ich nur wenige Menschen, die ihn ganz gelesen haben – es sei denn aus Studiengründen. Aber natürlich war der Einfluß dieser Romanzen auf die Literatur des 19. Jahrhunderts – vor allem in England – von entscheidender Bedeutung: Keats' *‹The Eve of St Agnes›* und sein *‹La Belle Dame sans Merci›*, ganz zu schweigen von Wagners *‹Tristan und Isolde›*, dem zentralen Meisterwerk des späten 19. Jahrhunderts. Auch wenn wir die gotischen Romanzen nicht mehr lesen, so spielen sie doch eine bedeutende Rolle in unserer Vorstellungswelt.

Vier Brüder waren die größten Förderer der Künste und Wissenschaften in der gotischen Zeit: Karl V., König von Frankreich, dessen lange Nase uns wohlbekannt ist – eines der ersten Beispiele, daß königliche Gesichtszüge nicht mehr idealisiert wurden; der Herzog von Burgund, der listigste und ehrgeizigste – schließlich auch der mächtigste – der Brüder; Ludwig von Anjou und der Herzog von Berry. Sie alle förderten die Kunst, ließen prächtige Bauten errichten, sammelten Bilder und Bücher, aber dem Herzog von Berry kommt eine Sonderstellung zu, denn ihm bedeutete die Kunst alles. Er war ein liebenswürdiger, genußsüchtiger Mann, dessen Verhalten Frauen gegenüber wenig von den Idealen der Ritterlichkeit beeinflußt war. Er soll gesagt haben: «Je mehr, desto lustiger, man darf nur nicht die Wahrheit sagen.» In einer Illustration aus einem seiner Bücher scheint es so, als ließe der hl. Petrus ihn ohne die üblichen Formalitäten in den Himmel ein – seine Untertanen, denen er gnadenlos Steuern abverlangte, dürften dem wohl kaum zugestimmt haben. Er errichtete eine Reihe legendärer Filigranschlösser, deren Aussehen uns der Maler Paul von Limburg genau überliefert hat, und füllte sie mit Bildern und Teppichen, Juwelen und edelsteingeschmückten Kuriositäten – von seiner berühmten Sammlung von Bären und Hunden ganz zu schweigen: er hatte 1500 Hunde, was selbst mir zu viel ist. Die Schlösser sind mitsamt den Hunden und den Bären untergegangen, und die Teppiche sind von Motten zerfressen, bis auf eine Serie in Angers, die für Ludwig von Anjou angefertigt worden war. Aber von den Schätzen sind einige Reste erhalten geblieben, dem Namen nach Reliquiare, in Wirklichkeit aber reizende, ausgefallene Spielzeuge, die uns noch einen Nachgeschmack dieser phantastischen und luxuriösen Welt vermitteln [46].

Vor allem haben wir noch eine beträchtliche Anzahl seiner Bücher; und sie

47 Wilton-Diptychon

belegen, daß man ihn mit Recht einen schöpferischen Mäzen nennen kann – das heißt, er entdeckte nicht nur die begabtesten Künstler seiner Zeit, sondern ermutigte sie auch, neue Wege einzuschlagen. Karl V., sein Bruder, besaß eine große Bibliothek; seine Bücher waren vornehmlich belehrenden Inhalts und von gewöhnlichen Hofmalern ausgeschmückt. Die Künstler des Herzogs von Berry dagegen gehörten zu den scharfsichtigsten Geistern der Zeit. Was sagen sie uns nun über die Zivilisation des späten 14. Jahrhunderts? Zunächst einmal, daß die Zartheit und Feinheit des 13. Jahrhunderts länger als hundert Jahre andauerte. Sie überlebte die Pest und den Hundertjährigen Krieg und wurde völlig international. Der weiche Stil der gotischen Elfenbeinschnitzereien wurde noch süßer und weicher und – wenn man das sagen darf – ausgesprochen weichlich. Die Kraft und Spannung des frühen 14. Jahrhunderts geht nach 1380 verloren; statt dessen nimmt die Verfeinerung zu. Wie vielschichtig ist Jacquemart de Hesdins Bild eines Narren [Farbtafel 12]! Ähnliches gilt für das Selbstporträt des Herzogs,

48 Vogelzeichnungen aus einem Skizzenbuch des 14. Jahrhunderts

das ihn vor der Jungfrau Maria kniend zeigt. Er gibt nicht vor, mehr zu sein als ein Mensch dieser Welt, und die Jungfrau, mit ihren eigenen Träumereien beschäftigt, beachtet ihn überhaupt nicht. Ihre wellig fließenden Gewandfalten wirken wie ein Sinnbild ihrer milden, vielfältigen, sich nach innen kehrenden Gedanken.

Wie das Glück es wollte, ist uns dieser Kompositionstypus in einem englischen Königsporträt erhalten geblieben – dem sogenannten Wilton-Diptychon [47]. Dargestellt ist Richard II. mit seinen Schutzheiligen, die ihn der Jungfrau empfehlen. Die Himmelskönigin zollt ihm etwas mehr Aufmerksamkeit als dem Herzog von Berry, und die sie umgebenden Engel tragen in der Tat alle das Zeichen des Königs, den Weißen Hirsch und das sogenannte ‹Peascodcollar›. Wie zart ist das, und wie grob sind dagegen alle späteren Königsporträts! Und dennoch wurde Richard II. – wie wir alle wissen – brutal ermordet, und seine Liebe zur Kunst wurde ihm sicherlich nicht zu seinen Gunsten angerechnet: auch hier haben wir ein Beispiel dafür, daß im Mittelalter die Zivilisation noch keine feste Grundlage gewonnen hat.

49 ‹*Les Très Riches Heures du Duc de Berry*›: Der Herzog an der Tafel (Ausschnitt)

Die Handschriften des Herzogs von Berry veranschaulichen eine weitere Fähigkeit des menschlichen Geistes, die sich im vorangegangenen Jahrhundert entwickelt hatte: das entzückte Beobachten von Dingen der Natur – Blättern und Blumen, Tieren und Vögeln. Das Merkwürdige an der mittelalterlichen Einstellung zur Natur war, daß alle diese Dinge nur isoliert gesehen wurden. Man sah ganz buchstäblich vor Bäumen den Wald nicht. Schon in der Mitte des 13. Jahrhunderts hatten gotische Bildhauer Gefallen an Blättern und Blumen gefunden, und die Kapitelle außen an dem Kapitelhaus von Southwell zeugen von einer ganz erstaunlich genauen und intensiven Beobachtung. Von Vögeln scheint das Mittelalter besessen gewesen zu sein. Sie sind Gegenstand eines der frühesten mittelalterlichen Skizzenbücher [48] und füllen die Bordüren von Handschriften. Wenn wir einen Geistlichen des 14. Jahrhunderts nach dem Sinn all dieser Vögel fragen könnten, würde er vermutlich sagen, sie stellten Seelen dar, weil sie in der Lage seien, zu Gott aufzufliegen. Aber das ist keine hinreichende Erklärung, warum die Künstler sie mit einer solchen besessenen Genauigkeit gezeichnet haben; ich glaube, der Grund liegt darin, daß sie zu Symbolen der Freiheit geworden waren. Unter der feudalistischen Herrschaft waren Menschen und Tiere an den Boden gebunden: nur wenige Leute konnten sich frei bewegen – nur Künstler und Vögel. Vögel waren lustig, hoffnungsvoll, frech und beweglich – und außerdem stimmte die Zeichnung ihrer Gefieder mit mittelalterlicher Heraldik gut zusammen.

Die früheren Manuskripte der Bibliothek Jean de Berrys zeigen diese isolierende und symbolisierende Naturbetrachtung, bei der Blumen und Bäume nebeneinander auf einer ebenen Fläche ausgebreitet sind. Doch später entdeckte der Herzog und Mäzen Jean de Berry einen Künstler – vielmehr eine Gruppe von Künstlern –, genannt die «Brüder von Limburg», die in wahrhaft genialer Weise die Natur so sahen wie wir heute, nämlich als Teil einer umfassenden visuellen Erfahrung. Zweifellos sind die meisten ihrer Werke verlorengegangen, aber wenigstens ein Buch ist erhalten geblieben, das Stundenbuch Jean de Berrys, *‹Les Très Riches Heures›*, das zu den Wundern der Kunstgeschichte zählt [Farbtafel 11]. Hier sind Frauen und Männer dargestellt, die ihre Felder bestellen, die mähen, eggen, säen, mit einer Vogelscheuche im Hintergrund – und plötzlich stellen wir fest, daß das durch all die dunklen Jahrhunderte hindurch so gewesen ist (denn schließlich haben die Menschen auch damals Brot gegessen) und daß es ohne eine Veränderung bis zum letzten Krieg so weiterging.

Neben diesen Schilderungen des Landlebens im mittelalterlichen Frankreich geben die Illustrationen ein lebendiges Bild vom Leben am Hofe. Zunächst kommt eine Darstellung des Herzogs beim Essen. Da ist er, mit seinem berühmten goldenen Salzgefäß, das in den Inventaren erwähnt wird, und mit zweien seiner kleinen Hunde daneben auf dem Tisch [49]. Sein Hofmeister steht hinter ihm und sagt zu einem schüchternen Bittsteller «Approche, approche»; über solche Leutseligkeit heben seine Höflinge, darunter ein Kardinal, die Hände vor Erstaunen. Die kriegsähnliche Szene im Hintergrund ist nur ein Wandteppich

50 Sassetta, *‹Die mystische Vermählung des heiligen Franz›*

– der Herzog machte sich nichts aus Kriegen. Die Damen sind bei diesem großen Diner nicht anwesend; aber im April setzen sie ihre Osterhauben auf und lassen sich ein wenig den Hof machen, was so heißt, weil man nur bei Hofe die Zeit für derartige angenehme Präliminarien hatte. Im Mai setzt jedermann Blätterkronen auf und reitet aus. Was für ein Traum! Keine Gesellschaft ist je eleganter, anmutiger, empfindsamer gewesen.

Diese französischen und burgundischen Höfe waren in Angelegenheiten der Mode und der Manieren Vorbild für das gesamte übrige Europa. Die Vorstellung hielt sich eine lange Zeit: «In Höflichkeit sollte sie vor allem unterrichtet werden», war noch 1916 Yeats' Wunsch für seine Tochter. Und bei der Erwähnung des Wortes ‹Zivilisation› denken die meisten Leute an irgend etwas Ähnliches. Man soll das auch nicht verachten. Aber es ist nicht genug, eine Zivilisation am Leben zu erhalten, denn es existiert nur in der Gegenwart. Es hängt ab von einer kleinen, unbeweglichen Gesellschaftsschicht, die nicht über ihre Grenzen hinausschaut, und wir wissen aus vielen Beispielen, daß solche Gesellschaftsschichten völlig versteinern können – in dem ängstlichen Bemühen, sich ihre eigene gesellschaftliche Ordnung zu erhalten. Es ist das große und wirklich einzigartige Verdienst der europäischen Zivilisation, daß sie nie aufgehört hat, sich zu entwickeln und zu verändern. Ihre Grundlage ist nicht eine sich gleichbleibende Vollkommenheit gewesen, sondern Einfallsreichtum und Ideen; und selbst das Ideal der Höflichkeit kann eine unerwartete Form annehmen.

In den Jahren, in denen das Nordportal von Chartres errichtet wurde, machte ein reicher Jüngling namens Giovanni Bernardone eine innere Wandlung durch. Er war und blieb immer der höflichste Mensch, tief beeindruckt von den französischen Idealen der Ritterlichkeit. Und eines Tages, als er zur Vorbereitung irgendeines ritterlichen Unternehmens seine besten Kleider angelegt hatte, begegnete er einem armen Herrn, dessen Not ihm größer als seine eigene erschien; er gab ihm seinen Mantel [51]. In derselben Nacht träumte er, daß er die himmlische Stadt wieder aufbauen sollte. Später gab er seinen Besitz so freizügig weg, daß sein Vater, ein reicher Kaufmann in der italienischen Stadt Assisi, ihn verstieß; woraufhin Giovanni die ihm verbliebenen Gewänder ablegte und sagte, er wolle nichts, absolut nichts mehr besitzen. Der Bischof von Assisi bedeckte seine Blöße und gab ihm einen Mantel; ein französisches Lied singend, zog Giovanni darauf in die Wälder.

Die nächsten drei Jahre verbrachte er in äußerster Armut, pflegte Aussätzige, die im Mittelalter sehr zahlreich waren, und baute mit eigenen Händen – denn er hatte seinen Traum wörtlich genommen – verlassene Kirchen wieder auf. Während der Messe hörte er eines Tages die Worte: «Ihr sollt nicht Gold noch Silber noch Erz in euren Gürteln haben, auch keine Tasche zur Weg-Fahrt, auch nicht zwei Röcke, keine Schuhe, auch keinen Stecken.» Ich vermute, daß er diese Worte zuvor schon oft gehört hatte, aber diesmal sprachen sie direkt zu seinem Herzen. Er warf Stock und Sandalen fort und machte sich barfuß auf den Weg. In allem, was er tat, nahm er die Worte des Evangeliums wörtlich und übersetzte sie in die Sprache der ritterlichen Dichtung und der Lieder fahrender Sänger,

51 Sassetta, *‹Der heilige Franz schenkt einem Edelmann seinen Mantel›*

die er stets auf den Lippen führte. Er sagte, er habe sich die Armut zur Herrin erwählt, und wenn er auf seine noch drastischeren Taten der Selbstverleugnung angesprochen wurde, antwortete er, er wolle ihr damit den Hof machen. Zum einen erkannte er, daß Reichtum verdirbt, zum anderen empfand er es als unhöflich, in der Gesellschaft eines Menschen zu sein, der ärmer war als er selbst.

Von Anfang an erkannte jedermann in dem hl. Franz – wie wir ihn nun nennen können – eine religiöse Kraft – nach meiner Meinung die größte, die Europa je hervorgebracht hat. Und als es ihm gelang, mit seinen ersten zwölf Schülern bei Innozenz III., dem härtesten Politiker in Europa (der nebenbei auch ein großer Christ war), vorgelassen zu werden, gab ihm der Papst die Erlaubnis, einen Orden zu gründen. Das war ein Zeichen ungewöhnlicher Einsicht, denn der

52 Assisi

hl. Franz war nicht nur ein Laie ohne theologische Schulung, sondern er und seine armen, zerlumpten Begleiter waren auch noch so aufgeregt, als sie auf dem Weg zum Papst waren, daß sie zu tanzen anfingen. Was für ein Bild! Schade, daß es in den frühen Darstellungen der Franziskus-Legende nicht wiedergegeben ist! Am überzeugendsten hat die Geschichte des hl. Franz [50 und 51] der sienesische Maler Sassetta dargestellt, allerdings zu einem sehr viel späteren Zeitpunkt; aber in Siena hielt sich die ritterliche, gotische Tradition länger als im gesamten übrigen Italien, und daher haben die munteren Bilder Sassettas einen lyrischen, fast visionären Charakter, der dem Franziskanertum eher entspricht als die gewichtigen Bilder Giottos. Aber diese haben eine größere Autorität, denn Giotto war der Zeit des hl. Franz nicht nur fast hundertfünfzig Jahre näher, sondern ihm und seinem Kreis wurde die Aufgabe übertragen, die große, dem hl. Franz geweihte Kirche in Assisi auszuschmücken. Und bei den späteren und – wie soll ich es ausdrücken? – weit weniger lyrischen Episoden im Leben des Heiligen sind Giottos Fresken von einer Menschlichkeit erfüllt, die über Sassetta hinausgeht. Was sie meiner Meinung nach nicht treffen, ist das Bild des Heiligen selbst. Sie stellen ihn zu feierlich und gebieterisch dar. Sie lassen nicht einen Funken der Freude erkennen, die er fast so hoch bewertete wie die Höflichkeit. Der Zufall will es, daß wir überhaupt nicht wissen, wie er aussah, die früheste Wiedergabe, die kurz nach seinem Tod entstanden sein muß, finden wir – sehr bezeichnend – auf einem französischen Emailkästchen. Das bekannteste frühe Gemälde wird dem ersten berühmten italienischen Maler, Cimabue, zugeschrieben. Es sieht ganz überzeugend aus, aber ich fürchte, es ist völlig übermalt und zeigt uns nur, wie nach der Vorstellung des 19. Jahrhunderts der hl. Franz ausgesehen haben sollte.

Der hl. Franz starb 1226 im Alter von 43 Jahren, ausgezehrt von seinen Selbstkasteiungen. Auf seinem Totenbett bat er den «armen Bruder Esel, meinen Körper» um Vergebung für die Härten, die er ihn hatte erleiden lassen. Er hatte miterlebt, wie die Gruppe seiner demütigen Gefährten zu einer großen Institution gewachsen war, und im Jahre 1220 hatte er, in seiner vollkommenen Schlichtheit, auf die Aufsicht über den Orden verzichtet. Er hatte erkannt, daß er zur Verwaltung nicht geeignet war. Zwei Jahre nach seinem Tode wurde er heiliggesprochen, und fast unmittelbar darauf begannen seine Anhänger mit dem Bau einer großen Basilika zu seinem Gedächtnis [52]. Ihre Unter- und Oberkirche, auf einen steilen Hügel gezwängt, sind sowohl eine ungewöhnliche technische Leistung als auch ein Meisterwerk gotischer Architektur. An ihrer Ausschmückung waren die hervorragendsten italienischen Maler des 13. und 14. Jahrhunderts, von Cimabue an, beteiligt, so daß sie zur reichsten und erinnerungsträchtigsten Kirche Italiens wurde. Ein merkwürdiges Denkmal für den kleinen, armen Mann, der den Ausspruch liebte: «Die Füchse haben ihre Löcher, und die Vögel in der Luft haben Nester: aber des Menschen Sohn hat keinen Platz, da er sein Haupt betten kann.» Aber natürlich konnte der Kult der Armut den hl. Franz nicht überdauern – er hielt nicht einmal zu seinen Lebzeiten an. Die Kirche lehnte ihn offiziell ab; denn die Kirche war bereits Teil des internationalen Banksystems, das sich im 13. Jahrhundert in Italien herausbildete. Die Schüler des hl. Franz, die an seiner Armutslehre festhielten – Fraticelli genannt –, wurden als Ketzer angeklagt und auf dem Scheiterhaufen verbrannt. Und siebenhundert Jahre lang hat sich der Kapitalismus seitdem ausgebreitet bis zu seinen heutigen ungeheuerlichen Ausmaßen. Man könnte fast glauben, der hl. Franz habe überhaupt keinen Einfluß gehabt, denn selbst die humanen Reformer des 19. Jahrhunderts, die seinen Geist manchmal beschworen, wollten die Armut nicht erhöhen oder heiligen, sondern sie abschaffen.

Und dennoch war sein Glaube, daß es notwendig ist, allen irdischen Gütern zu entsagen, um den Geist zu befreien, auch die Überzeugung aller großen Glaubenslehrer – im Osten wie im Westen gleichermaßen, ohne Ausnahme. Es ist ein Ideal, zu dem alle großen Geister immer wieder zurückkehren werden, so undurchführbar es in der Praxis auch sein mag. Indem der hl. Franz diese Wahrheit mit solcher Einfachheit und Anmut vorlebte, fügte er sie in das europäische Bewußtsein ein. Und indem er sich von der Anziehungskraft des Besitzes befreite, erreichte er eine innere Haltung, die im 18. Jahrhundert durch die Philosophie von Jean-Jacques Rousseau und William Wordsworth eine neue Bedeutung gewinnen sollte.

Nur weil er nichts besaß, konnte der hl. Franz in allen Dingen der Schöpfung aufrichtig seine Brüder sehen; nicht nur die lebenden Geschöpfe, sondern auch Feuer und Wind waren ihm Bruder und Schwester.

Diese Philosophie inspirierte sein Lied an die Einheit der Schöpfung, den ‹*Sonnengesang*›, und mit unwiderstehlicher Naivität findet sie ihren Ausdruck in einer Sammlung von Legenden, die als ‹*Fioretti*›, als «Blümlein» bekannt ist. Es gibt nicht viele Menschen, die sich durch die Argumentationen Abälards oder durch die ‹*Summa*› Thomas von Aquins hindurchfinden, aber jeder von uns kann sich an diesen heiligen Legenden erfreuen, die gar nicht einmal unwahr zu sein brauchen. Im heutigen Jargon ausgedrückt, gehören sie zu den höchsten Beispielen populärer Kommunikation – zumindest seit den Evangelien. Sie berichten uns zum Beispiel, wie der hl. Franz einen wilden Wolf, der die Einwohner von Gubbio in Schrecken hielt, zu einem Pakt überredete, nach dem der Wolf als Gegenleistung für regelmäßige Mahlzeiten die Bürger in Frieden ließ. «Gib mir deine Pfote», sagte der hl. Franz, und der Wolf gab ihm seine Pfote. Am berühmtesten ist die Predigt an die Vögel – jene Geschöpfe, die der gotischen Vorstellung so einzigartig bevorzugt erschienen. Auch nach sieben Jahrhunderten hat diese Episode nichts von ihrer naiven Schönheit verloren, weder im Text der ‹*Fioretti*› noch in Giottos Fresken.

Der hl. Franz ist eine Gestalt der reinen Gotik – der Zeit der Kreuzzüge und Burgen und der großen Kathedralen. Er gehört der Zeit des Rittertums an, auch wenn er es auf eine etwas merkwürdige Art deutete. Nun, sosehr wir auch jene Welt lieben mögen, sie muß uns heute doch – glaube ich – unendlich fremd und entfernt bleiben. Sie ist ebenso bezaubernd, lichtvoll und jenseitig wie die farbigen Glasfenster, die ihre Pracht zeigen – und in der normalen Bedeutung des Wortes ist sie auch ebenso unwirklich. Aber schon zu Lebzeiten des hl. Franz wuchs eine andere Welt herauf, Vorläuferin – sei es im Guten oder im Schlechten – unserer eigenen Welt: die Welt des Handels und des Bankwesens, der Städte, in denen nüchtern denkende Menschen lebten, deren Lebensziel es war, reich zu werden, ohne dabei an Ansehen zu verlieren.

‹Civis› – der Stadtbürger, das bürgerliche, ‹zivile› Leben: dies sollte vermutlich eine direkte Beziehung zu dem haben, was wir mit ‹Zivilisation› meinen. Die Historiker des 19. Jahrhunderts, die Wortspiele dieser Art liebten, glaubten jedenfalls daran und behaupteten sogar, daß die Zivilisation in den italienischen Republiken des 14. Jahrhunderts entstanden sei. Nun, was ich unter Zivilisation verstehe, kann in einem Kloster oder an einem Hof genausogut hervorgebracht werden, vielleicht sogar noch besser. Aber wie dem auch sei, das gesellschaftliche und wirtschaftliche System, das sich in den italienischen Städten, vor allem im Florenz des 13. Jahrhunderts, entwickelte, hatte eine sehr wesentliche Eigenschaft. Im Gegensatz zum System des Rittertums war es realistisch: und der Beweis dafür ist, daß es überlebt hat. Im Prinzip waren die Industrie- und Bankverhältnisse im Florenz der Zeit Dantes denen, die wir heute in der Londoner

Farbtafel 11: Brüder von Limburg, Der Monat August, aus ‹*Les Très Riches Heures du Duc de Berry*›

ixit in sipi
ens in cor
de suo nō
est deus.
e fol dist
en son cou
rage dieu
nest pas.

Lombard Street vorfinden, überraschend ähnlich, wenn man einmal von der doppelten Buchführung absieht, die erst im 14. Jahrhundert erfunden wurde. Die italienischen Republiken waren natürlich nicht im geringsten demokratisch, wie die vormarxistischen liberalen Historiker in ihrer Unschuld noch allgemein annahmen. Die Mittel zur Ausbeutung befanden sich in den Händen weniger Familien, die es sich erlauben konnten, im Rahmen eines Zunftsystems zu operieren, in dem die Arbeiter nicht das geringste zu sagen hatten.

Der italienische Kaufmann des 14. Jahrhunderts ist keine sympathische Erscheinung – er ist sogar noch weniger sympathisch als der alte, lasterhafte Jean de Berry. Was über die Sparsamkeit der Florentiner berichtet wird, klingt wie die Geschichten, die die Juden übereinander zu erzählen pflegten. Aber als Mäzene der Kunst ihrer Zeit waren die neuen Kaufleute – und hier stimmt die Parallele mit der Londoner Lombard Street nicht mehr – zumindest ebenso geschickt wie der Adel. Und so wie ihr Wirtschaftssystem sich bis heute gehalten und ausgebreitet hat, so finden wir auch in der von ihnen geförderten Malerei eine Art solider Wirklichkeit, die bis in Cézannes Zeit die westliche Kunst beherrschen sollte. Sie setzte sich durch, weil sie eine dritte Dimension einführte. Zweidimensionale Kunst – etwa in Wandteppichen – ist reizend. Sie schafft sich ihre eigene schwebende Welt. Sie erlaubt dem Künstler, seiner Phantasie freien Lauf zu lassen und große Flächen auszuschmücken. Aber aus irgendeinem Grunde kann sie sich nicht weiterentwickeln. Sie erreicht eine begrenzte Vollkommenheit und bleibt dort stecken. Aber sobald eine dritte Dimension eingeführt wird – Raum und Körperlichkeit –, sind die Möglichkeiten der Ausbreitung und Entwicklung unbegrenzt.

Wer seine Sehweise am Realismus, wie er in der europäischen Kunst von der Renaissance bis zum Kubismus existierte, geschult hat, wird Giottos Fresken in der Arena-Kapelle in Padua nicht sehr realistisch finden [Farbtafel 13] – kaum realistischer als gotische Wandteppiche. Aber soviel ist klar: statt eines dekorativen Durcheinanders finden wir hier Konzentration auf einige wenige einfache, körperlich wirkende, im Raum angeordnete Formen. Auf diese Weise konnte Giotto uns mit zwei verschiedenen, aber sich ergänzenden Mitteln ansprechen: er wandte sich an unser Gefühl für Körperlichkeit und unser Interesse an der Menschheit. Aus einem leicht ersichtlichen Grunde verlassen wir uns eher auf unseren Tastsinn als auf Sehvermögen, Gehör oder Geruchssinn. Als Dr. Johnson einen Philosophen widerlegen wollte, der die Existenz der Materie leugnete, kickte er einen Stein, womit er nach seiner Überzeugung die Sache bewiesen hatte. Mehr als irgendein Künstler vor ihm hatte Giotto die Gabe, seine Figuren plastisch erscheinen zu lassen. Es gelang ihm, sie in großen, faßlichen und überschaubaren Formen darzustellen; und mit tiefer Genugtuung spüren wir, daß man sie ganz und gar erfassen kann. Er stattete seine Figuren mit großer Lebendigkeit und Glaubwürdigkeit aus, damit wir das menschliche Drama, in das sie verwickelt sind, um so intensiver erleben. Sobald wir sozusagen Giottos Sprache erlernt haben, erkennen wir in ihm einen der größten Meister des gemalten Dramas, die je existiert haben.

Farbtafel 12: Jacquemart de Hesdin, ‹*Der Narr*› (Buchillustration)

53 Giotto, *‹Enrico Scrovegni bringt die Kirche der Madonna dar›*

54 Giotto, *‹Der Judaskuß›*

Wie entwickelte sich dieser sehr persönliche und originelle Stil? In seiner Jugend – Giotto wurde in der Nähe von Florenz um 1267 geboren – war die italienische Malerei im Grunde eine gröbere Version der byzantinischen Malerei. Ihr flacher, fließend linearer Stil wurde von traditionellen Bildvorstellungen bestimmt, die sich seit fünfhundert Jahren nur wenig verändert hatten. Giottos Leistung, sich von ihr zu lösen und seinen eigenen plastischen, raumbewußten Stil zu entwickeln, war eine der Großtaten begnadeter Originalität, wie sie sich in der Kunstgeschichte nur zwei- oder dreimal ereignet haben. Sonst können wir bei solchen drastischen Veränderungen meist bestimmte Ausgangspunkte, Vorbilder oder Vorläufer feststellen. Nicht so bei Giotto. Wir wissen absolut nichts über sein Leben vor dem Jahre 1304, in dem er einen kleinen, einfachen Bau in Padua, die Arena-Kapelle, ausschmückte und sie zu einem der für jeden Kunstbegeisterten heiligen Plätze der Welt verwandelte.

Der Auftrag kam von einem Geldverleiher namens Enrico Scrovegni, dessen Vater wegen Wuchers im Gefängnis gesessen hatte – das heißt, weil er Wucherzinsen berechnet hatte; bescheidene Zinssätze wurden inoffiziell geduldet. Es handelt sich hier also um einen der ersten Fälle, wo Neureiche Kunstwerke als eine Art von Wiedergutmachung in Auftrag gaben, ein Brauch, dem die Welt fast ebenso viel Gutes verdankt wie der Eitelkeit und der Genußsucht. Wir sehen ihn [53] – es ist vielleicht das erste gemalte Bildnis mit eindeutiger Porträtähnlichkeit –, wie er ein Modell seiner Kapelle drei Engeln darbietet und aus diesem Grund beim Jüngsten Gericht unter die Seligen aufgenommen wird.

Auch die übrigen großen Werke Giottos wurden für Bankiers gemalt, für die beiden einflußreichsten Familien der florentinischen Finanzkreise, die Bardi und die Peruzzi. Diese nüchternen Menschen sollten später einen verhängnisvollen Fehler begehen: sie erkannten nicht die tiefe Kluft, die zwischen ihrem bürgerlich wirtschaftlichen Denken und dem unverantwortlichen Handeln des nordeuropäischen Adels bestand, und liehen König Eduard III. von England Millionen Pfunde, mit denen er seinen Krieg gegen Frankreich finanzierte. 1339 stellte er ohne jedwede Erklärung seine Rückzahlungen ein – was waren schon Geldverleiher für den Vater des Schwarzen Prinzen? Das Ergebnis war einer der ersten klassischen Finanzkräche in der Geschichte des Kapitalismus.

Zwanzig Jahre vor der Katastrophe hatte Giotto in Santa Croce in Florenz zwei unmittelbar nebeneinander liegende Kapellen ausgemalt, die darauf hindeuten, daß sich seine Kunstfertigkeit ständig weiterentwickelte. Ich drücke das auf etwas umständliche Weise aus, denn beide Kapellen wurden im 19. Jahrhundert übermalt, eine völlig, die andere zum großen Teil. Übrig blieben die Kompositionen, Meisterwerke der Bildarchitektur; aber selbst wenn wir vieles der Restauration zuzuschreiben hätten, glaube ich doch, daß sie von Anfang an – wie soll ich sagen? – fast zu gut ausgearbeitet waren. Die kunstvollsten Partien sind der Grundstein für die besten Traditionen des europäischen Akademismus, Ausgangspunkt Raffaels, Poussins oder sogar Davids. In der besser erhaltenen Szene kehrt Giotto zur Geschichte des hl. Franz zurück. Es ist merkwürdig, daß jene Finanzmagnaten ausgerechnet das Thema des ‹poverello› wähl-

55 Domenico Michelino, Dante vor Florenz

ten; aber zu dieser Zeit war seine unglückliche Verbindung mit der Dame Armut schon längst vertuscht worden. Giottos Fresken geben die offizielle Version der Franziskus-Legende wieder, und auch ihr Stil hat etwas Offizielles. So bewundernswert sie auch sind, sie vermitteln mir das Gefühl, daß Giotto bereits der große alte Mann der Florentiner Malerei geworden war; und in seinen letzten Jahren brachte er, wie viele große alte Männer, überhaupt nichts mehr hervor. Um seine wahren Qualitäten zu entdecken, müssen wir zur Arena-Kapelle zurückkehren.

Wie ich schon sagte, war er der überragende Dramatiker des menschlichen Lebens in all seiner Vielfalt. Die Breite seiner Ausdrucksmöglichkeit reicht von der chaucerschen Szene der Hochzeit zu Kana, wo der Gastgeber, mit einem krugförmigen Körper, hinter seinen Krügen steht und voller Staunen den aus Wasser

entstandenen Wein kostet, bis hin zur lyrischen Schönheit des Hochzeitszuges der Jungfrau und der Zartheit des ‹*Noli me tangere*›. Am größten ist er da, wo das menschliche Drama am größten ist, wie in der Szene des Verrats im Garten Gethsemane [54]. Was für ein wunderbarer Einfall, daß Judas seinen Mantel um Unsern Herrn legen sollte! Schließlich die ‹*Beweinung Christi*› [Farbtafel 13] – die die sorgfältig konstruierten Kompositionen des späteren Giotto vorausnimmt, die aber noch mit jener Leidenschaft und Spontaneität gemalt ist, die den späteren Gemälden zu fehlen scheint.

Wenn ich auch Giotto für einen der größten Maler halte, so hatte er doch seinesgleichen. Aber fast im selben Jahr wie er und im selben Teil Italiens wurde ein Mann geboren, der einzigartig ist – der größte philosophische Dichter, der je lebte: Dante [55]. Da sie Zeitgenossen und Landsleute waren, meint man immer, es müsse möglich sein, in Giottos Bildern die bildlichen Entsprechungen zu Dante sehen zu können. Sie scheinen einander gekannt zu haben, und Giotto könnte Dantes Porträt gemalt haben. Aber in Wirklichkeit bewegte sich ihre Vorstellungskraft auf ganz verschiedenen Ebenen. Giotto war vor allem an Menschlichkeit interessiert: er empfand Mitgefühl mit den menschlichen Wesen, und seine Figuren bleiben, allein durch ihre Körperlichkeit, auf der Erde. Menschlichkeit finden wir natürlich auch bei Dante – bei Dante gibt es alles. Aber er hatte gewisse Eigenschaften, die Giotto fehlten: philosophische Kraft, Zugang zu abstrakten Ideen, moralischen Zorn, die heroische Verachtung für alles Niedrige, die später bei Michelangelo wiederkehren sollte, und vor allem einen Sinn für das Unirdische, eine visionäre Schau des himmlichen Glanzes.

In gewisser Weise stehen Giotto und Dante an der Verbindungsstelle zweier Welten. Giotto gehörte zur neuen Welt der soliden Realitäten, die von den Bankiers und Wollkaufleuten geschaffen worden war, für die er arbeitete. Dante gehörte der früheren gotischen Welt an, der Welt Thomas von Aquins und der großen Kathedralen. Bei den Meisterwerken gotischer Skulptur, wie dem Westportal von Bourges, kommt man Dante näher als in der Arena-Kapelle. Und auch in der italienischen Kunst ist der Mann, der dem Danteschen Geist am nächsten kommt, ein von gotischer Kunst zutiefst beeinflußter Bildhauer: Giovanni Pisano.

Giovanni Pisano war einer der großen tragischen Dramatiker der Skulptur, wie wir an den Reliefs zweier Kanzeln in Pisa und Pistoia [56] sehen können. Wie Dantes ‹*Inferno*› stellen auch sie eine schreckliche Welt dar, die von Haß, Grausamkeit und Leiden beherrscht ist. Aber sie unterscheiden sich von Dante darin, daß die Figuren allgemeineren Charakter haben. Dante belebte sein Werk mit den Personen, die er kannte; alle Menschen, die er bei seinen Auseinandersetzungen mit der Florentiner Politik bemitleidet, gehaßt oder bewundert hatte, sind auf lebendige Weise in der unbegreiflichen Umgebung der Hölle gegenwärtig. Niemand besaß ein schärferes Auge; und es reichte über den Menschen hinaus bis in die Natur – zu Blumen, Tieren und Vögeln. Giovannis Bühne dagegen ist so leer wie die Bühne des griechischen Dramas. Da findet sich kein Hinweis auf die Natur, kein Versuch, dem Auge zu gefallen, nichts, wo der Blick entspan-

56 Giovanni Pisano, Detail von der Kanzel in Pistoia

nen kann. Für mich gibt es keine ergreifendere Darstellung des Leidens als Giovanni Pisanos Relief des bethlehemitischen Kindermordes in Pistoia.

> Io no piangeva; si dentro impetrai
> Piangevar elli.
>
> Ich weinte nicht, so sehr war ich zu Stein geworden.
> Sie weinten.

Aber Giovanni Pisanos tragisches Empfinden war nur eine der vielen Seiten im Werke Dantes; die zweite Hälfte seines Gedichtes – von der Mitte des ‹*Purgatorio*› an – enthält Momente körperloser Seligkeit, denen kein Künstler der Zeit gerecht zu werden vermochte. Außerdem waren die Maler des 14. Jahrhunderts nicht in der Lage, Dantes Gefühl für das Licht widerzuspiegeln. Wie alle Helden dieses Kapitels stellte sich Dante das Licht als Symbol des geistigen Lebens vor, und in seinem großen Werk beschreibt er genau und in kurzer Form das Licht in seinen verschiedenen Wirkungen – das Licht der Morgendämmerung, das Licht über dem Meer, das Licht auf den Blättern im Frühling. Aber all diese schönen Beschreibungen, die zu dem gehören, was viele von uns am meisten an Dante schätzen, sind Gleichnisse: sie werden eingeleitet mit den Worten «wie wenn». Sie sollen nur eine Vision göttlicher Ordnung und himmlischer Schönheit illustrieren und unseren erdgebundenen Sinnen zugänglich machen.

MONTISFERETRI · ACDVRANTIS · COMES
EPVGNAVIT · SEXTES · SIGNA · CONTV

4 Der Mensch – das Maß aller Dinge

Die Menschen, die aus Florenz die reichste Stadt Europas gemacht hatten, die Bankiers und Wollkaufleute, lebten in trutzigen Häusern, die gegen Parteifehden und Volksaufstände gewappnet waren. Sie lassen nichts von der großartigen Epoche in der Geschichte der Zivilisation ahnen, die als Renaissance bekannt ist. Es scheint keinen einsichtigen Grund zu geben, warum sich aus den dunklen, engen Gassen plötzlich diese leichten, sonnigen Arkaden erhoben, von deren runden Bögen man gesagt hat, daß sie unter ihren geraden Gesimsen in ihrem Frohsinn um die Wette liefen. Mit ihrem Rhythmus und ihren Proportionen, mit ihrem offenen, weltzugewandten Charakter stehen sie in starkem Widerspruch zu dem strengen gotischen Stil, der ihnen vorausgegangen war und sie bis zu einem gewissen Grade noch immer umgibt. Was war geschehen? Die Antwort enthält ein Satz des griechischen Philosophen Pythagoras: «Der Mensch ist das Maß aller Dinge.» Die Pazzi-Kapelle [58], um 1430 von dem großen Florentiner Brunelleschi erbaut, zeigt einen Stil, der als Architektur des Humanismus bezeichnet worden ist. Brunelleschis Freund und Kollege Leon Battista Alberti richtete an den Menschen die folgenden Worte: «Dir ist ein anmutigerer Körper gegeben als anderen Tieren, die Fähigkeit gewandter und vielfältiger Bewegungen, dazu die schärfsten und feinsten Sinne, Witz, Vernunft, Erinnerung wie einem unsterblichen Gott.» Nun, es ist sicher nicht richtig, zu sagen, wir seien anmutiger als andere Tiere, und wir fühlen uns im Augenblick auch nicht wie unsterbliche Götter. Aber die Florentiner um 1400 taten das. Daß ein Höhepunkt der Zivilisation auf Selbstvertrauen beruht, wird durch kein Beispiel besser belegt als durch die florentinische Geisteshaltung im frühen 15. Jahrhundert. Dreißig Jahre lang waren die Geschicke der Stadt, die in materieller Hinsicht einen Niedergang erlebt hatte, von einer Reihe der intelligentesten Persönlichkeiten geleitet worden, die je eine demokratische Regierung an die Macht gebracht hat. Seit Salutati waren die Florentiner Kanzler Gelehrte gewesen, Männer, die an die ‹Studia humanitatis› als Weg zu einem glücklichen Leben glaubten, die glaubten, daß eine freie Intelligenz der Förderung öffentlicher Angelegenheiten nützlich sei, und die vor allem an Florenz glaubten.

Der zweite und größte dieser humanistischen Kanzler, Leonardo Bruni, verglich die bürgerlichen Tugenden des republikanischen Florenz mit denen des republikanischen Rom. Später ging er noch weiter und verglich es mit Athen zur Zeit des Perikles. Mittelalterliche Philosophen waren dagegen geneigt, ihre eigene Rolle im Zusammenhang der Geschichte etwas düsterer zu sehen: «Wir sind Zwerge», sagte Johannes von Salisbury, «die auf den Schultern von Riesen stehen.» Aber Bruni sah in der Florentiner Republik eine Wiederbelebung der Tugenden Griechenlands und Roms. Und auf seinem Grabmal in Santa Croce

57 Hof des Palazzo Ducale, Urbino

58 Brunelleschi, Pazzi-Kapelle bei Santa Croce, Florenz

59 Rossellino, Grabmal des Leonardo Bruni, Florenz

60 Botticelli, *‹Der heilige Augustinus›*

stehen die Worte: «Die Geschichte ist in Trauer» [59]. Diese Inschrift wird von zwei geflügelten Gestalten getragen, die man, da sie sich in einer Kirche befinden, als Engel bezeichnen könnte, die aber in Wirklichkeit Siegesgöttinnen von einem römischen Triumphbogen sind; und über ihnen wird von zwei kaiserlichen Adlern die Bahre Brunis getragen. Zwar zeigt die Lünette eine Madonna, doch der wichtige Teil des Grabmals ist ganz mit klassischen Symbolen ausgestattet und bringt ein Ideal zum Ausdruck, das im Florenz des 15. Jahrhunderts an die Stelle vom Gedanken des Rittertums trat – Ruhm als der höchste Lohn einer hervorragenden Persönlichkeit.

Bruni und seine Freunde hatten diese Ideale aus dem Werk der griechischen und römischen Schriftsteller abgeleitet. So gern man auch etwas Neues über die Renaissance sagen möchte, so bleibt doch die alte Überzeugung bestehen, daß sie zum großen Teil auf dem Studium der antiken Literatur beruhte. Natürlich hatte schon das Mittelalter sehr viel mehr von der klassischen Antike übernom-

61 Bibliothek im Kloster San Marco, Florenz

men, als man gemeinhin vermutet. Aber die Quellen waren begrenzt, die Texte unzuverlässig und die Interpretation oft zu phantasievoll. Nahezu der erste, der die klassischen Schriftsteller mit wirklichem Verständnis las, war Petrarca, diese komplexe Persönlichkeit des 14. Jahrhunderts, dieser Mann, mit dem scheinbar der Humanismus anbrach und dessen Vorliebe für Gegensätze, für Natur und Politik, für Ruhm und Einsamkeit, für Rhetorik und Selbstenthüllung ihn uns als ersten modernen Menschen erscheinen lassen – bis wir seine Werke lesen. Petrarca hat nie Griechisch gelernt, wohl aber sein jüngerer Zeitgenosse Boccaccio, und damit gewann das florentinische Denken eine neue und erneuernde Kraft und ein neues Vorbild. Als Bruni Florenz mit Athen verglich, *hatte* er Thukydides gelesen. Die ersten dreißig Jahre des 15. Jahrhunderts waren in Florenz die heroische Zeit der Gelehrsamkeit, es wurden neue Texte entdeckt und alte Texte neu herausgegeben, und die Gelehrten wirkten als Lehrer, Staatsmänner und moralische Führer. Es gibt viele Darstellungen von Gelehrten in ihren Arbeitsstuben – meistens in der Gestalt der Kirchenväter Hieronymus oder Augustinus. Sie scheinen sich in ihren schön möblierten Studierstuben ganz behaglich zu fühlen, zwischen den in Regalen aufgetürmten Büchern und den vor ihnen aufgebauten Texten und der Himmelskugel, die ihnen bei der Betrachtung des Universums als Hilfsmittel diente. Der leidenschaftliche Ernst des hl. Augustinus von Botticelli [60] galt zweifellos der Kontemplation Gottes. Aber der Gelehrte, der die Wahrheit in klassischen Texten suchte, gab sich kaum weniger intensiv seinen Studien hin.

Um diese kostbaren Texte beherbergen zu können, von denen jeder einzelne eine neue Offenbarung enthalten mochte, die den Gang des menschlichen Denkens verändern konnte, erbaute Cosimo de' Medici die Bibliothek von San Marco [61]. Sie wirkt auf uns friedlich und entrückt – aber die ersten Studien, die dort getrieben wurden, waren nicht im geringsten lebensfremd. Es war die humanistische Entsprechung zum Cavendish-Laboratorium. Die Handschriften, die unter diesem harmonischen Gewölbe ausgepackt und studiert wurden, konnten mit explosiver Kraft den Lauf der Geschichte – nicht der politischen, sondern der Geistesgeschichte – verändern.

Zwar beeinflußte das Studium des Griechischen und Lateinischen auch die Denkweise, den Stil und das moralische Urteilsvermögen der Florentiner, aber der Einfluß auf ihre Kunst reichte nicht sehr weit – er bestand hauptsächlich aus unzusammenhängenden Zitaten. Und ihre Architektur ist – wie wir in der Pazzi-Kapelle sehen – überhaupt nicht antik. Woher kam dieser helle, sparsame Stil, der so ganz anders ist als das, was es vorher und nachher gab? Ich glaube, er war in der Tat die Erfindung von einem Einzelnen – Brunelleschi. Aber natürlich kann ein architektonischer Stil keine Wurzeln schlagen, sofern er nicht irgendein Bedürfnis der Zeit befriedigt. Brunelleschis Stil entsprach den Erwartungen der klarsichtigen und geistig offenen Männer, die in dem Augenblick auf der florentinischen Szene erschienen, als Handel und Bankwesen etwas von ihrer strengen Form verloren und das Leben – die volle Entfaltung der menschlichen Fähigkeiten – wichtiger wurde als Geldverdienen.

Menschen, die die berühmten Anfänge der Renaissance-Architektur – die Pazzi-Kapelle und die Alte Sakristei von San Lorenzo – zum erstenmal sehen, sind häufig enttäuscht, daß sie so klein sind. Verglichen mit den großen Denkmälern der Romanik und Gotik sind sie wirklich klein. Sie versuchen nicht, uns durch Größe oder Wuchtigkeit zu beeindrucken oder niederzuschmettern, wie es jede auf Gott gerichtete Architektur tut. Alles ist dem Maßstab der vernünftigen Bedürfnisse des Menschen angepaßt. Sie zielen darauf ab, daß jeder einzelne Mensch sich in stärkerem Maße seiner Kräfte als ein vollkommenes moralisches und geistiges Wesen bewußt wird. Diese Bauten sind eine Bestätigung der Würde des Menschen.

Die Würde des Menschen! Worte wie diese kommen uns heute nur schwer über die Lippen. Aber im Florenz des 15. Jahrhunderts entsprach ihr Sinn noch einer frischen und belebenden Überzeugung. Gianozzo Manetti, ein Humanist der Tat, der auch die Schattenseiten der Politik kennengelernt hatte, schrieb ein

 Farbtafel 13: Giotto, ‹*Beweinung Christi*›

62 Donatello, ‹*Der heilige Georg*›
Farbtafel 14: Masaccio, ‹*Petrus heilt die Kranken durch seinen Schatten*›

63 Masaccio, *‹Der Zinsgroschen›*

Buch mit dem Titel *‹Über die Würde und Größe des Menschen›*. Und dieses Konzept wurde von Brunelleschis Freunden veranschaulicht. Die Kaufmannskirche von Or San Michele ist von Donatellos lebensgroßen Heiligenfiguren umgeben: der hl. Markus, von dem Michelangelo sagte: «Dem Wort eines solchen aufrichtigen Mannes muß ein jeder Glauben schenken»; der hl. Georg – dieser Soldat von 1914 [62]. Sie lassen ein Ideal der Menschheit erkennen, das über jenen weltlichen Tätigkeiten herrscht. Von einem anderen Mitglied dieser Freundesgruppe, von Masaccio, stammt das größte Zeugnis für die Würde des Menschen: die Fresken-Serie in der Carmine-Kirche. Was für Charaktere: Menschen von moralischem und geistigem Gewicht [63], ohne alle leichtfertigen Neigungen, unendlich weit entfernt von den lustigen Höflingen Jean de Berrys – die nur dreißig Jahre älter waren. Sie haben den Ausdruck von verhaltener Kraft und Selbstvertrauen, den man oft bei den Vätern und Begründern einer Zivilisation findet – man denke nur an die Ägypter der ersten vier Dynastien. Aber diese Menschen sind außerdem vom Gedanken der christlichen Nächstenliebe bewegt. Wenn Petrus ernst durch die Straßen schreitet, heilt sein Schatten die Kranken [Farbtafel

64 Ghiberti, *‹Jakob und Esau›*. Baptisterium, Florenz

65 Piero della Francesca (?), ‹*Ideale Stadtansicht*›

14]. In dem gegenüberliegenden Fresko geben Petrus und seine Jünger einer armen Frau Almosen; diese Frau ist eine der großen, skulpturhaften Schöpfungen der Malerei.

‹Gravitas›, der schwere Schritt des moralischen Ernstes, wird langweilig, wenn er nicht vom leichten Gang der Intelligenz begleitet wird. An die Pazzi-Kapelle schließen sich die Kreuzgänge von Santa Croce an, die ebenfalls von Brunelleschi erbaut wurden. Ich hatte davon gesprochen, daß die gotischen Kathedralen Hymnen an das göttliche Licht seien. Diese Kreuzgänge verherrlichen aufs glücklichste das Licht der menschlichen Intelligenz, und wenn ich mich in ihnen aufhalte, fällt es mir gar nicht schwer, an den Menschen zu glauben. Sie besitzen die typischen Eigenschaften eines mathematischen Lehrsatzes: Klarheit, Einfachheit und Eleganz. Und ohne Zweifel gründet sich die frühe Renaissance-Architektur auf eine Leidenschaft für Mathematik, insbesondere für Geometrie. Natürlich haben auch mittelalterliche Architekten auf einer mathematischen Grundlage gearbeitet, doch scheint sie ungeheuer kompliziert gewesen zu sein, so kunstvoll wie die scholastische Philosophie. Die Architekten der Renaissance benutzten sehr viel einfachere geometrische Figuren – das Quadrat, den Kreis, Formen, die nach ihrer Meinung äußerste Vollkommenheit besaßen –, und sie hingen der Idee an, diese Formen müßten sich auf den menschlichen Körper anwenden lassen; so daß gewissermaßen das eine dem anderen Vollkommenheit

gewährleistete. Dieser Vorstellung begegnen wir bereits bei dem antiken Architekturtheoretiker Vitruv, und daher war sie auch den mittelalterlichen Baumeistern bekannt (es gab ein Manuskript von Vitruv in der Bibliothek von Cluny), wurde aber von ihnen anders interpretiert. Dutzende von Zeichnungen und Stichen demonstrieren diesen Lehrsatz; unter ihnen ist die Zeichnung von Leonardo da Vinci die berühmteste. Mathematisch gesehen ist dieser Lehrsatz, fürchte ich, ein Betrug; aber ästhetisch hat er einige Bedeutung, weil die Symmetrie des Körpers, und bis zu einem gewissen Grad das Verhältnis seiner Teile zueinander, unseren Sinn für normale Proportionen beeinflußt. Und philosophisch gesehen enthält er den Keim einer Idee, die uns retten könnte – wenn wir es fertigbrächten, daran zu glauben: daß wir nämlich durch ‹Proportion› die beiden Teile unseres Seins, den physischen und den geistigen Teil, miteinander versöhnen können.

Dieselbe Methode wurde auf die Malerei angewandt: mit Hilfe des Systems, das wir als Perspektive bezeichnen, glaubte man mit mathematischer Berechnung auf einer ebenen Fläche die genaue Position einer Figur im Raum wiedergeben zu können. Auch das scheint Brunelleschi erfunden zu haben, aber wir sehen es am besten in den Arbeiten seiner beiden Freunde Ghiberti und Donatello, deren Bildwerke in flachem Relief in Wirklichkeit eine Art Malerei sind. Ghibertis ‹*Jakob und Esau*› [64] auf der berühmten Tür des Baptisteriums in Flo-

66 ‹*Der Planet Merkur*› (Kupferstich)

67 Donatello, ‹*Die Verkündigung*›

renz zeigt, wie Perspektive dazu verwendet wurde, eine räumliche Harmonie zu erreichen, die fast eine musikalische Wirkung hat. Donatellos Relief mit der Darstellung des hl. Antonius von Padua, der das Bein eines Knaben heilt, zeigt die andere Anwendung der Perspektive als Mittel der Ausdruckssteigerung durch ein stärkeres Raumbewußtsein. Die Florentiner waren auf diese Erfindung äußerst stolz; sie meinten (zu Unrecht, wie sich zeigt), daß sie der Antike unbekannt gewesen sei, und bis 1945 war perspektivisches Zeichnen Teil jeder künstlerischen Ausbildung. Aber hat diese Erfindung irgend etwas mit der Zivilisation zu tun? Zuerst war das, glaube ich, der Fall. Die Überzeugung, daß man einen Menschen in einer wirklichkeitsgetreuen Umgebung darstellen, seine Position genau berechnen und Figuren in einer nachweisbar harmonischen Ordnung arrangieren konnte, war symbolischer Ausdruck einer neuen Idee über den Platz des Menschen in der Ordnung aller Dinge und über die Macht des Menschen hinsichtlich seines eigenen Schicksals.

Die Perspektive kam ins Spiel bei der Darstellung von Städten, und sei es auch nur, weil sich bei dem gepflasterten Boden und bei den sich verkürzenden Arkaden das System als nützlich erwies. Brunelleschis ursprüngliche Demonstra-

69 Alberti, ‹*Selbstbildnis*›

tionsdarstellung zeigte den Platz vor dem Dom von Florenz, mit dem Baptisterium in der Mitte; aber was an reinen Perspektiven erhalten geblieben ist, stellt imaginäre Städte dar, architektonische Harmonien, die vollkommene Szenerie für den Menschen als gesellschaftliches Wesen. Alberti hat in seinem großen Buch über die Baukunst die Notwendigkeit eines öffentlichen Platzes beschrieben, «wo junge Männer von dem Mutwillen und der Torheit abgelenkt werden mögen, die ihrem Alter eigen sind; und wo sich während der heißen Stunden des Tages die alten Männer in schönen Säulenhallen aufhalten und einander nützlich sein können». Ich glaube, daß Piero della Francesca, der soviel von Alberti übernommen hat, sehr wohl an diese und ähnliche Passagen gedacht haben kann, als er die harmonischste der idealen Stadtansichten malte [65]. Die frühe Florentiner Renaissance war eine städtische, zu Recht bourgeois genannte Kultur. Die Menschen verbrachten ihre Zeit auf den Straßen und Plätzen und in den Werkstätten und Läden. Ein guter Florentiner «sta sempre a bottega» – ist ständig im Laden –, wie einer ihrer Moralisten sagt. Und diese Geschäfte waren völlig öffentlich. Ein Stich des 15. Jahrhunderts [66] mit der Darstellung der vom Planeten Merkur

68 Donatello, ‹*David*›

bestimmten Tätigkeiten zeigt eine Werkstatt, die zur Straße hin offen ist, so daß jeder Passant sah, was gearbeitet wurde, und die rivalisierenden Künstler ihre scharfzüngigen Bemerkungen machen konnten.

Als Vasari, der Kunsthistoriker der Renaissance, sich bezeichnenderweise die Frage stellte, warum die Menschen gerade in Florenz, und nicht an einem anderen Ort, so vollkommen in den Künsten seien, war seine erste Antwort: «Der Geist der Kritik: die Luft von Florenz macht die Geister auf natürliche Weise frei und unzufrieden mit allem Mittelmäßigen.» Dieser rauhe, offene Wettbewerb zwischen den florentinischen Künstlern schraubte nicht nur den technischen Standard hoch, sondern bedeutete auch, daß jeder intelligente Mäzen die von ihm geförderte Kunst verstehen konnte. Unsere heutige Attitüde, uns als kunstverständig auszugeben, um nur ja nicht als Philister zu gelten, wäre den Florentinern absurd erschienen. Damals herrschte ein rauher Ton. Viele haben die Florentiner mit den Athenern verglichen, so wie Bruni es als erster im Jahre 1428 getan hat. Aber die Florentiner waren realistischer. Während die Athener das philosophische Gespräch liebten, waren die Florentiner hauptsächlich am Geldverdienen interessiert und liebten es, dummen Menschen schreckliche Streiche zu spielen. Dennoch hatten sie vieles mit den Griechen gemeinsam. Sie waren neugierig, äußerst intelligent und hatten in hohem Maße die Fähigkeit, ihre Gedanken anschaulich zu machen. Ich zögere, das oft mißbrauchte Wort ‹Schönheit› auszusprechen, aber ich weiß keinen Ersatz dafür. Wie die Athener, so liebten auch die Florentiner die Schönheit. Das ist für jeden, der sie kennt, eine immerwährende Quelle der Verwunderung. Ich vermute, daß ein Markttag im Florenz des 15. Jahrhunderts kaum anders verlief als heute – die gleichen Streitigkeiten, der gleiche rauhe Tonfall. Aber unmittelbar über den Köpfen dieser schreienden, feilschenden Bauern ist an der Kirche von Or San Michele Luca della Robbias *‹Jungfrau mit dem Kind›* zu sehen, die Quintessenz einer weichen, lieblichen Schönheit. Neben dem Bruni-Grabmal in Santa Croce befindet sich ein Steinrelief der Verkündigung von Donatello [67]. Dieser große Meister der Charakterdarstellung und des menschlichen Dramas, der es liebte, die gefurchte Braue der Gelehrten wiederzugeben, besitzt ebenfalls das florentinische Gefühl für Schönheit: der Kopf seiner Jungfrau erinnert uns an ein athenisches Grabrelief des 5. Jahrhunderts v. Chr., und die Form ihres Stuhles beweist, daß diese Ähnlichkeit nicht zufällig ist. Donatello zollte dem antiken Schönheitsideal einen noch unmittelbareren Tribut mit seinem Bronze-David [68], dessen Kopf dem Antinous, dem Liebling des Kaisers Hadrian, nachgebildet ist, wenngleich ihn ein schärferer florentinischer Akzent noch anziehender macht.

Einer der Orte, an denen man am besten die Luft des 15. Jahrhunderts atmen kann, ist das alte Gefängnis und Justizgebäude, der Bargello, der nicht nur große Werke florentinischer Erfinderkraft, wie den *‹David›*, beherbergt, sondern auch die Porträts berühmter Florentiner. Diese stolzen, individuellen Charaktere wollten für die Nachwelt genauso dargestellt werden, wie sie waren. Im 14. Jahrhundert waren nur wenige lebensgetreue Bildnisse geschaffen worden – von Dante, Petrarca, Karl V. von Frankreich, Jean de Berry. Aber das waren

70 Jan van Eyck, ‹*Hochzeitsbild des Giovanni Arnolfini*›

Ausnahmen. In der Regel wurden die Menschen des Mittelalters als Symbolfiguren ihres Standes dargestellt: so verwandelte der Maler der Spanischen Kapelle in Santa Maria Novella trotz der lebendigen Einzelheiten seine Päpste, Könige, Bischöfe in stereotype Figuren – in der ganzen gotischen Welt hätte man ihren Stand erkannt. Um ein Beispiel heranzuziehen: wir wissen nichts über das Leben der Erbauer der großen Kathedralen, aber über Brunelleschi wurde von einem Freund eine lange, detaillierte Biographie geschrieben, und überdies besitzen wir eine Replik seiner Totenmaske – ein Brauch, den die Florentiner nach dem Beispiel des alten Rom im späten 14. Jahrhundert eingeführt hatten. Alberti, die Zentralgestalt der Frührenaissance, hinterließ uns sein Selbstbildnis [69] auf zwei Bronzereliefs. Was für ein Gesicht! Stolz und lebhaft, wie ein willensstarkes, intelligentes Rennpferd. Alberti verfaßte außerdem eine Autobiographie, die, wie wir annehmen dürfen, nicht von falscher Bescheidenheit diktiert wurde. Er berichtet, daß die stärksten Pferde unter ihm zitterten, daß er weiter werfen und höher springen und härter arbeiten konnte als jeder andere. Er beschreibt, wie er jede Schwäche besiegte, denn «ein Mann kann alles tun, wenn er nur will». Das könnte das Motto der Frührenaissance gewesen sein.

71 Rossellino, ‹*Giovanni Chellini*›

72 Frontispiz des Gedichtbuches von Lorenzo I. de' Medici

Die realistische Porträtmalerei, die Verwendung der individuellen Gesichtszüge zur Offenbarung inneren Lebens war weder eine florentinische noch eine italienische Erfindung. Sie war in Flandern entstanden und dort im Werk des Jan van Eyck zu unmittelbarer Vollkommenheit gelangt. Niemand hat das menschliche Angesicht mit einem leidenschaftsloseren Auge betrachtet und das, was er darin entdeckte, mit zarterer Hand aufgezeichnet. Aber viele seiner Modelle waren Italiener – Arnolfini [70], Albergati –, die der internationalen Welt des Wollhandels, des Bankwesens oder der päpstlichen Diplomatie angehörten; und vielleicht konnten diese hochentwickelten und subtilen Charaktere nur in einer solchen Gesellschaft der Offenbarung ihrer Persönlichkeit zustimmen. Van Eycks Erforschung der Persönlichkeit macht bei dem Gesicht nicht halt. Er zeigt die Menschen in ihrer Umgebung, und in seinem Doppelporträt von Arnolfini und dessen Frau zeichnet er zärtlich die Einzelheiten ihres Alltags auf; die Holzpantinen, mit denen sie durch die schmutzigen Straßen Brügges gingen, den kleinen Hund von unbestimmbarer Rasse, den konvexen Spiegel und über allem den prächtigen Messingleuchter. Durch ein Wunder, das den Gesetzen der Kunstgeschichte trotzt, war van Eyck fähig, uns die beiden eingehüllt in ein Tageslicht zu zeigen, das der eigenen Erfahrungswirklichkeit so nahe kommt, als sei es von Vermeer van Delft beobachtet worden.

Nach dieser Sensibilität für Atmosphärisches haben die Florentiner nie gestrebt – ihr Sinn war auf die Skulptur gerichtet. Aber in ihren Porträtbüsten erreichten sie fast den flämischen Realismus. Wie stark ähneln diese florentinischen Edelmänner den zuversichtlichen Gesichtern, die wir auf viktorianischen Fotografien sehen! Antonio Rossellinos Büste von Giovanni Chellini [71] zeigt den Mann im Beruf: einen Arzt, dessen Züge von der Weisheit der Erfahrung geprägt sind – tatsächlich war er der Arzt Donatellos und rettete ihm das Leben; Benedetto da Maianos Porträt des Pietro Mellini zeigt einen Geschäftsmann, wie er in jedem Zeitalter gelebt haben könnte. In einem von Albertis Dialogen sagt jemand: «Ein Mann kann sich keiner freieren Arbeit widmen als dem Geldverdienen, denn was wir verkaufen, ist unsere Arbeit – die Güter werden nur weitergegeben.» Ja, das ist wirklich im Jahre 1434 geschrieben, nicht 1850; und wenn man Mellini in Kleider des 19. Jahrhunderts steckte, würde er absolut überzeugend aussehen.

Aber diese Atmosphäre des liberalen Materialismus ist weniger als die Hälfte der Geschichte. Von der Mitte des 15. Jahrhunderts an nahm das geistige Leben in Florenz eine neue Richtung, die sich von dem robusten bürgerlichen Humanismus um 1430 stark unterschied. Florenz war jetzt nur noch dem Namen nach Republik und wurde nun fast dreißig Jahre lang praktisch von dem außerordentlichen Lorenzo de' Medici regiert. Vater und Großvater, beides Bankleute, hatten ihm den Weg geebnet. Er selbst war kein Finanzmann – er verlor einen großen Teil des Familienvermögens. Aber er war ein genialer Politiker, der zwischen der Wirklichkeit und dem äußeren Pomp der Macht sehr wohl zu unterscheiden wußte. Das Frontispiz [72] seines Gedichtbandes zeigt ihn in den Straßen von Florenz, gekleidet wie ein einfacher Bürger und umgeben von jungen Mädchen, die seine Lieder singen. In welch einem Gegensatz steht diese bescheidene Druckseite zu den reichen Handschriften des Herzogs von Berry! In der Tat war Lorenzo de' Medici ein großer Dichter und ein bewunderungswürdiger Schutzherr anderer Dichter wie auch Gelehrter und Philosophen. An den bildenden Künsten war er nicht sehr interessiert: die Gemälde, die an seine Zeit erinnern, wurden von seinem Vetter Lorenzino in Auftrag gegeben. Es war auch Lorenzino, für den Botticelli die Werke malte, in denen der florentinische Sinn für Schönheit in seiner höchsten und eigentümlichsten Form erscheint: *‹Der Frühling›* [Farbtafel 15] und *‹Die Geburt der Venus›*. Das Thema des *‹Frühlings›* stammt von Ovid, aber dieser klassische Einfluß erhält durch Reminiszenzen an das Mittelalter eine neue Vielfalt. Die heidnischen Götter schweben vor einem Blätterhintergrund wie vor einem gotischen Wandteppich. Was für ein wunderbares Meisterwerk der versöhnlichen Vorstellungskraft! Und die Köpfe sind von einer Schönheit, die uns heute viel mehr bedeutet als die vollen, glatten, ovalen Gesichter der Antike. Das Thema der anderen großen Allegorie Botticellis, die *‹Geburt der Venus›*, ist von einem zeitgenössischen Dichter, Angelo Poliziano, übernommen. Er gehörte zu einer Gruppe feinsinniger Florentiner, die sich den späten griechischen Philosophen, den Neuplatonikern, verwandt fühlten. Es war ihr Ehrgeiz, diese heidnischen Philosophen mit dem Christentum zu versöhnen,

73 Urbino

und so hat Botticellis Venus nichts mit der liebestollen Dirne des Heidentums zu tun, sondern verschmilzt, blaß und in sich gekehrt, mit dem Bild der Jungfrau Maria.

Die Entdeckung des Individuums geschah im Florenz des frühen 15. Jahrhunderts. An dieser Tatsache ist nichts zu ändern. Aber die Renaissance verdankte im letzten Viertel des Jahrhunderts fast ebensoviel den kleinen Höfen Norditaliens – Ferrara, Mantua und vor allem Urbino [73], einer kleinen, abgelegenen Stadt im östlichen Vorgelände des Apennin. Man könnte behaupten, daß das Leben am Hofe von Urbino einen der Höhepunkte der westlichen Zivilisation darstellte. Der Grund lag darin, daß der erste Herzog von Urbino, Federigo da Montefeltro, nicht nur ein höchst kultivierter und intelligenter Mann war, sondern auch der größte General seiner Zeit, der sein Gebiet vor den benachbarten Raufbolden zu schützen wußte. Er war ein leidenschaftlicher Büchersammler; und das Porträt, das er für seine kostbare Bibliothek malen ließ, zeigt

74 Joos van Gent, *‹Federigo da Montefeltro›*

ihn, wie er in einer seiner Handschriften liest. Aber er ist in voller Rüstung, mit dem Hosenbandorden am Bein (den ihm Eduard IV. verliehen hatte), und zu seinen Füßen liegt sein Helm [74]. Sein Palast hatte zuerst den Charakter einer Festung, die auf einem unbezwingbaren Felsen stand; erst als er sich seine Sicherheit erkämpft hatte, konnte er ihm die zarte und feine Form geben, die ihn zu einem der schönsten Bauwerke der Welt macht.

Der Palast von Urbino hat seinen eigenen Stil. Der Hof mit seinen Arkaden [57] ist nicht so beschwingt und federnd wie Brunelleschis Klostergang, sondern ruhig und zeitlos. Die Räume [75] sind licht und luftig und so vollkommen proportioniert, daß es eine Freude ist, sie zu durchschreiten: es ist wirklich der einzige Palast der Welt, durch den ich einen Rundgang machen kann, ohne mich bedrückt und erschöpft zu fühlen. Es ist höchst seltsam, daß wir nicht wissen, wer ihn entwarf. Ein berühmter Festungsbauer namens Laurana errichtete den Unterbau, verließ aber Urbino, bevor der Wohntrakt des Palastes begonnen wurde. Wir können nur sagen, daß das Wesen des Herzogs selbst das ganze Ge-

Farbtafel 15: **Botticelli,** Die drei Grazien (Ausschnitt aus *‹Der Frühling›*)

bäude zu durchdringen scheint – und dieses Wesen kennen wir aus seiner Lebensgeschichte, die sein Buchhändler, Vespasiano da Bisticci, der seine Bibliothek ausstattete, geschrieben hat. Wieder und wieder verweist er auf den humanen Geist des Herzogs. Als er den Herzog fragte, was nötig sei, um ein Königreich zu regieren, antwortete dieser: «essere humano» – «menschlich zu sein». Wer auch immer den Stil erfand, dies ist der Geist, der den Palast von Urbino durchdringt.

Als Teil der Zivilisation wirkte der Palast von Urbino über das 15. Jahrhundert hinaus. Der Hauptarchitekt der Hochrenaissance, Bramante, stammte aus Urbino, und es ist durchaus denkbar, daß er an der Vollendung des Palastes mitgearbeitet hat. Der Hofmaler war ein törichter alter Narr namens Giovanni Santi, einer von denen, die auf Grund ihrer gefälligen Mittelmäßigkeit an den Höfen immer willkommen sind, selbst am Hofe von Urbino. Zweifellos pflegten die Hofdamen, wenn es sie nach einer neuen Stickvorlage verlangte, zu sagen: «Laßt uns nach dem lieben alten Herrn Santi schicken» – und der brachte, wenn er kam, immer seinen hübschen kleinen Sohn Raffaello mit. Und so erhielt Raffael, der zu einer der zivilisierenden Kräfte der westlichen Vorstellungswelt werden sollte, seine frühesten Eindrücke von Harmonie, Maß und guten Sitten am Hofe von Urbino.

Gute Sitten – das war ein weiteres Produkt von Urbino. Gemeinsam mit anderen italienischen Höfen – Ferrara und Mantua – war es das Ziel junger Männer, die ihre Erziehung vervollkommnen wollten. Sie wurden am Hofe von Urbino gelehrt, die klassischen Schriftsteller zu lesen, anmutig zu gehen, leise zu sprechen, Spiele zu spielen, ohne sich gegenseitig zu betrügen oder gegen das Schienbein zu treten – kurz, sich wie vornehme Herren zu betragen. Unter dem Sohn und Nachfolger Federigos, Guidobaldo, erhielt der Begriff des ‹Herrn› seine klassische Prägung, und zwar in einem Buch von Baldassarre Castiglione mit dem Titel *‹Il Cortegiano›* – der Höfling. Die Wirkung dieses Buches war unermeßlich. Kaiser Karl V. hatte nur drei Bücher neben seinem Bett stehen: die Bibel, Machiavellis *‹Der Fürst›* und Castigliones *‹Cortegiano›*. Es bestimmte über hundert Jahre lang für jedermann die Vorstellung vom guten Benehmen. In Wirklichkeit ist es weit mehr als ein Handbuch der Höflichkeit, denn Castigliones Ideal eines Herrn beruht auf echten menschlichen Werten. Ein Herr darf nicht die Gefühle anderer Menschen verletzen oder ihnen ein Gefühl der Unterlegenheit vermitteln, indem er sich selbst herausstreicht. Er muß sich ungezwungen und natürlich verhalten, doch soll er nicht nur ein reines Weltkind sein. Der *‹Cortegiano›* endet mit einem bewegenden Diskurs über die Liebe. So wie Botticellis *‹Frühling›* die Teppich-Welt des Mittelalters mit heidnischer Mythologie vereint, so verbindet Castigliones *‹Cortegiano›* das mittelalterliche Konzept des Rittertums mit dem platonischen Liebesideal.

Kein Zweifel also, daß der Hof von Urbino unter Federigo wie unter Guidobaldo einen Höhepunkt in der Geschichte der Zivilisation darstellt. Das gilt, wenn auch in geringerem Maße, ebenso für den Hof von Mantua. Dem Palast von Mantua fehlen die beschwingte Helligkeit und die Luzidität des Palastes von

Farbtafel 16: Mantegna, *‹Lodovico II. Gonzaga mit Gefolge empfängt seinen Sohn Francesco›* (Ausschnitt)

75 Inneres des Palazzo Ducale, Urbino

Urbino. Aber in einem Raum des Palastes wird uns mehr noch vielleicht als irgendwo anders eine Vorstellung vom zivilisierten Leben an den italienischen Höfen vermittelt. Dieser Raum wurde von dem Hofmaler Andrea Mantegna ausgemalt. An der Decke sehen wir die Büsten römischer Kaiser, aber die Szenen darunter beziehen sich nicht auf das klassische Altertum. Sie zeigen die Gonzaga-Familie in Lebensgröße (vielleicht die ersten lebensgroßen Porträts in der Kunst), mit ihren Hunden, ihren alten Dienstboten und einem Zwerg aus ihrer berühmten Zwergensammlung. Trotz der dominierenden Förmlichkeit der Herzogin atmet die ganze Gruppe einen auffallend natürlichen Geist [76]. Das kleine Mädchen fragt, ob es einen Apfel essen darf, aber die Mutter ist mehr an den Neuigkeiten interessiert, die der Herzog gerade von seinem Sekretär erfahren hat – es sind nämlich gute Nachrichten: ihr Sohn ist Kardinal geworden. In einer anderen Szene entbietet der Herzog, begleitet von seinen jüngeren Söhnen, ihm seinen Gruß. Was für ein angenehm ungezwungener Empfang! Eines der jüngeren Kinder hält die Hand des Vaters, und der kleine Junge ergreift die Hand

76 Mantegna, ‹*Die Familie Gonzaga*›

des älteren Bruders [Farbtafel 16]. Das Bild ist noch ganz frei von dem abscheulichen Pomp, der sich im nächsten Jahrhundert entwickeln und seinen Höhepunkt in Versailles finden sollte. Ich muß allerdings zugeben, daß auch Mantegna aus dem neuernannten Kardinal keinen sehr durchgeistigten Typus machen konnte. Was uns an die augenfällige Tatsache erinnert, daß die damalige Gesellschaftsordnung vollständig vom individuellen Charakter der Herrschenden abhing. In dem einen Staat herrschte Federigo da Montefeltro, der gottesfürchtige Vater seines Volkes, im Nachbarstaat Sigismondo Malatesta, der Wolf von Rimini, dessen Taten selbst der modernste Theaterproduzent nur zögernd auf die Bühne bringen würde. Und doch beschäftigten sie beide Alberti und ließen sich von Piero della Francesca malen.

Hier zeigt sich eine der Schwächen der Zivilisation während der Renaissance. Ihre zweite Schwäche bestand darin, daß sie von einer sehr kleinen Minderheit abhängig war. Selbst in der Republik Florenz hatten an der Renaissance nur verhältnismäßig wenige Menschen teil, und in Städten wie Urbino und Mantua war sie praktisch auf den Hof begrenzt. Das widerspricht unserem modernen Empfinden für Gleichheit, aber man fragte sich unwillkürlich, wie weit die Zivilisation sich wohl entwickelt hätte, wenn sie ganz und gar auf dem Willen des Volkes beruht hätte. Yeats zog das Beispiel Urbinos heran, als er ein Gedicht verfaßte an «einen reichen Mann, der der Städtischen Galerie in Dublin einen Geldbetrag versprach, sofern bewiesen werde, daß das Volk Bilder haben wolle».

Und Guidobaldo, als er droben
Jene Spiegel-Schule der Knickse erfand,
Wo Geist und Schönheit sich erproben,
Auf Urbinos windgekämmten Hängen:
Da hat er keine Kundschafter ausgesandt,
Um die Meinung der Schäfer besser zu kennen.

Man mag für Höfe nichts übrig haben, aber in einem gewissen Stadium hat der Mensch nur am Hofe die Freiheit, etwas Ungewöhnliches um seiner selbst willen zu tun, sei es, weil er es einfach wünscht oder weil es ihm die Mühe wert erscheint. Gerade durch die eigenwilligen und überflüssigen Taten von einzelnen entdeckt die Gesellschaft manchmal ihre Kräfte. Ich habe mich zum Beispiel oft gefragt, ob nicht die Holzarchitekturen, die man im 15. und 16. Jahrhundert bei Begräbnissen und Verlobungen hervorragender Bürger errichtete, den Architekten die Gelegenheit zu phantasievollen Experimenten gaben, zu denen bei den scharf kalkulierten Bauten von heute leider keine Möglichkeit besteht.

Wenn man so durch die prächtigen und reichen Räume des Palastes von Urbino geht, kann man sich trotzdem des Gedankens nicht erwehren, wie es wohl um die Leute auf den Feldern stand oder um jene Schäfer, mit denen Guidobaldo, wie Yeats zu Recht vermutet, bestimmt nicht über Fragen des Geschmacks und gute Sitten gesprochen hat. Ist es nicht denkbar, daß sie ihre eigene Art von Zivilisation hatten? Es gibt sicher so etwas wie das zivilisierte Land. Wenn wir über die toskanische Landschaft mit ihren Wein- und Olivenhängen und den dunklen senkrechten Akzenten der Zypressen blicken, haben wir den Eindruck von zeitloser Ordnung. Es muß eine Zeit gegeben haben, da alles nur Wald und Sumpf war – gestaltlos, formlos; und Chaos in Ordnung zu verwandeln ist ein Vorgang der Zivilisation. Aber wir wissen nichts über diese alte bäuerliche Zivilisation außer über die Bauernhäuser selbst, deren edle Proportionen die Grundlage der italienischen Architektur zu sein scheinen. Für die Menschen der Renaissance war die Landschaft kein Ort, wo man pflügt und umgräbt, sondern so etwas wie ein irdisches Paradies.

Als irdisches Paradies erscheint sie im ersten Beispiel europäischer Landschaftsmalerei, im Hintergrund von van Eycks *‹Anbetung des Lammes›* [Farbtafel 17]. Der Vordergrund ist mit mittelalterlicher Detailliertheit gemalt, aber wenn unsere Augen über das dichte Grün von Lorbeer und Stechpalme wandern, gleiten sie in eine strahlende Ferne. Hier ist das Bewußtsein für die Natur bereits mit Fernweh und der Hoffnung auf ein besseres Leben verbunden, und schon im späten Mittelalter stellten Maler vornehme Gruppen

77 Giorgione, ‹*Ländliches Konzert*›

dar, sogar die Jungfrau selbst, wie sie zwischen Blumen im Gras sitzen. In den ersten Jahren des 16. Jahrhunderts verwandelte dann der venezianische Maler Giorgione diese glückliche Naturverbundenheit in etwas eindeutig Sinnliches. Die Damen, in den gotischen Gärten durch voluminöse Gewänder geschützt, sind nun nackt; und in der Folge leitet Giorgiones ‹*Ländliches Konzert*› [77] ein neues Kapitel der europäischen Kunst ein. Giorgione gehörte zu den begnadeten Erneuerern, die unvorhersehbar den Lauf der Geschichte durcheinanderbringen. In diesem Bild hat er eine der trost- und freudespendenden Illusionen des zivilisierten Menschen wiedergegeben, den Mythos von Arkadien, der ungefähr zwanzig Jahre zuvor durch den Dichter Sannazaro volkstümlich gemacht worden war. Gewiß, es ist nur ein Mythos. Das Landleben hat damit nichts zu tun, und selbst bei einem Picknick machen sich Ameisen an die belegten Brote und Wespen schwirren um die Weingläser herum. Aber die falsche Vorstellung vom

78 Giorgione, ‹*Das Gewitter*›

Hirtenleben hatte bereits Theokrit und Vergil inspiriert, und sie war auch dem Mittelalter nicht unbekannt gewesen. Giorgione hat erkannt, daß sie von Grund auf heidnisch war. Der angenehme Gegensatz von Licht und Schatten, die raschelnden Blätter, das Geräusch des aus einem Brunnen rieselnden Wassers und dazu der Klang einer Laute – das alles sind sinnliche Freuden, die nach den Formen und Rhythmen der antiken Skulptur verlangen. Dieses Arkadien ist ebensosehr ein Tribut an die Antike wie die republikanischen Tugenden der Florentiner Humanisten, und es ist ebensosehr Teil der Wiederentdeckung des Menschen: des Menschen in seiner sinnlichen und weniger in seiner geistigen Wesensart.

Die Ausgewogenheit unserer menschlichen Fähigkeiten und die Freude an ih-

79 Giorgione, ‹*Col tempo*› (Ausschnitt)

nen scheinen in Giorgiones Picknick den Grad der Vollkommenheit zu erreichen. Aber in der Geschichte haben alle Gipfel einer angeblichen Vollkommenheit auch einen bedrohlichen Zug; und Giorgione selbst legt ihn in dem geheimnisvollen Bild bloß, das unter dem Namen ‹*Das Gewitter*› [78] bekannt ist. Was um alles in der Welt geht hier vor? Was bedeutet diese halbnackte Frau, die ein Baby säugt, dieser aufflammende Blitz, diese zerbrochene Säule? Niemand weiß es; niemand hat es je gewußt. Zu Giorgiones Zeit wurde das Bild als «Soldat mit einer Zigeunerin» beschrieben. Aber was immer es bedeuten mag, sicherlich zeigt es kein Vertrauen in die Erleuchtung menschlicher Vernunft.

«Ein Mann kann alles tun, wenn er nur will.» Wie naiv erscheint Albertis Behauptung, wenn man an all die Ängste und Erfahrungen denkt, die ein jeder von uns mit sich herumschleppt; ganz zu schweigen von den äußeren Kräften, die sich unserer Kontrolle entziehen. Giorgione, der leidenschaftliche Verehrer körperlicher Schönheit, malte das Bild einer alten Frau [79] und nannte es ‹*Col tempo*› – mit der Zeit. Man kann noch erkennen, daß sie einst eine Schönheit gewesen sein muß. Es ist eines der ersten Meisterwerke des neuen Pessimismus – neu, weil ihm der Trost der Religion fehlte –, dem Hamlet den ein für allemal gültigen Ausdruck verleihen sollte.

Ich vermute, daß die Zivilisation der italienischen Frührenaissance eine zu schmale Grundlage hatte. Die wenigen hatten sich von den vielen zu weit entfernt, nicht nur was Wissen und Intelligenz anlangt – in dieser Hinsicht tun sie es immer –, sondern auch in den fundamentalen Voraussetzungen. Nachdem die ersten beiden Generationen der Humanisten gestorben waren, hatte ihre Bewegung kein rechtes Gewicht mehr, und es gab eine Reaktion, die vom Menschen als Wertmaßstab fortführte. Zum Glück hinterließen sie in der Bildhauerei, der Malerei und der Architektur eine Botschaft an alle Generationen, die Vernunft, Klarheit und harmonische Proportionen schätzen und an das Individuum glauben.

5 Der Held als Künstler

Die Szene wechselt von Florenz nach Rom, von der Stadt der nüchternen Männer, des scharfen Witzes, der Leichtfüßigkeit und der anmutigen Bewegung zur Stadt der Schwere, einer Stadt, die einem Komposthaufen aus menschlichen Hoffnungen und Ambitionen gleicht, die ihres Schmuckes beraubt und kaum zu entziffern ist, eine Wildnis kaiserlichen Glanzes, in der doch nur ein Kaiser der Antike, Marc Aurel, die Jahrhunderte in irdischem Glanz überdauert hat. Der Maßstab hat sich geändert. Ich stehe im Hof des Vatikans, an dessen einem Ende der Architekt Bramante einen Sonnenfang errichtet hat, bekannt als das Belvedere, von wo aus der Papst den Blick auf die alte Stadt genießen konnte. Es hat die Form einer Nische, doch ist er nicht für eine lebensgroße, sondern für eine riesige Statue bestimmt, und tatsächlich hat man es immer als «il nicchione» bezeichnet, als die Riesennische. Sie ist das äußere und sichtbare Zeichen der großen Wandlung, die die Zivilisation der Renaissance um das Jahr 1500 herum erfahren hat. Das hier ist nicht mehr die Welt freier und geschäftiger Menschen, sondern eine Welt von Giganten und Helden.

In der Nische steht ein bronzener Pinienzapfen, der so groß ist, daß er einen Menschen aufnehmen könnte. Er stammt aus jener früheren Riesenwelt, der Antike, und bildete wahrscheinlich die Spitze von Hadrians Grabmal. Aber im Mittelalter glaubte man, er habe die Stelle bezeichnet, an der die Rennwagen im Hippodrom kehrtmachten, und da in diesem Hippodrom viele christliche Märtyrer ihren Tod fanden, errichtete hier die christliche Kirche ihren Hauptsitz. Gewaltige, wolkige Vorstellungen, verglichen mit dem scharfen Denken in Florenz. Aber in Rom waren sie doch nicht so wolkig, denn dort gab es die gewaltigen Bauwerke der Antike [80] – und zwar sehr viel mehr, als wir heute dort antreffen. Auch wenn sie drei Jahrhunderte lang gewissermaßen als Steinbrüche gedient haben, und wir heute größere Maßstäbe gewohnt sind, so erscheinen sie doch immer noch überraschend groß. Auf die Menschen des Mittelalters wirkte dieser gigantische Maßstab niederschmetternd. Sie meinten, daß diese Bauten das Werk von Dämonen sein müßten oder betrachteten sie im besten Fall gleichsam als Naturerscheinungen – wie Gebirge – und bauten ihre Hütten in ihnen, wie jemand einen Hohlweg oder schützenden Abhang vorteilhaft ausnutzt. Rom war eine Stadt von Kuhherden und streunenden Ziegen, in der nur einige wenige Festungstürme errichtet wurden, von denen aus die alten Familien ihre sinn- und endlosen Fehden führten – endlos im wörtlichen Sinne, denn sie streiten sich noch heute.

Aber um 1500 herum war den Römern klargeworden, daß diese Riesenbauten von Menschen stammten. Die lebhaften und intelligenten Persönlichkeiten, die eine vor Lebenskraft und Selbstvertrauen berstende Renaissance hervorbrachten,

80 Thermen der Hadriansvilla, Tivoli bei Rom

waren nicht geneigt, sich von der Antike niederschmettern zu lassen wie die Menschen des Mittelalters. Sie wollten sie in sich aufnehmen, ihr gewachsen sein und sie meistern. Sie machten sich daran, sich ihre eigenen Giganten und Heroen zu schaffen.

Die Szene wechselt auch aus politischen Gründen nach Rom. Nach Jahren des Exils und der Not ist der regierende Pontifex an den Sitz seiner weltlichen Macht zurückgekehrt. Die Zeit wird im allgemeinen als Niedergang des Papsttums bezeichnet, doch waren die Päpste Männer von ungewöhnlichem Geschick, die ihre internationalen Verbindungen, ihren ausgedehnten Staatsapparat und ihren wachsenden Reichtum im Interesse der Zivilisation nutzten. Nikolaus V., ein Freund Albertis und der Humanisten, erkannte als erster, daß das päpstliche Rom die Größe des heidnischen Roms zu neuem Leben erwecken konnte. Pius II., ein Dichter und Liebhaber der Natur und der Schönheit in all ihren Formen, opferte dennoch sein ganzes Leben dem Bemühen, das Christentum vor den Türken zu retten. Selbst Sixtus IV., der wirklich so brutal und verschlagen war, wie er auf dem Wandgemälde Melozzo da Forlìs [81] aussieht, gründete die vatikanische Bibliothek und ernannte den großen Humanisten Platina zu ihrem ersten Vorsteher. Auf demselben Wandbild sehen wir zum erstenmal den prächtigen Kopf des jungen Kardinals, der mehr als jeder andere der Hochrenaissance ihre heroische Richtung geben sollte: Giuliano della Rovere. Wie ein Löwe sieht er aus, verglichen mit den eselhaften päpstlichen Sekretären! Und als er unter dem Namen Julius II. Papst wurde, vermochte er dank seiner Großmut und seiner Willensstärke drei geniale Männer zu inspirieren und zu drangsalieren – Bramante, Michelangelo und Raffael. Wäre er nicht gewesen, hätte Michelangelo nicht die Sixtinische Decke gemalt und Raffael nicht die päpstlichen Gemächer ausgeschmückt; und wir wären ohne zwei der größten sichtbaren Manifestationen geistiger Stärke und humanistischer Philosophie geblieben.

Diese prachtvolle, überragende Persönlichkeit hatte sich einen Plan in den Kopf gesetzt, der so kühn und so phantastisch war, daß mich noch heute allein der Gedanke daran leicht nervös macht. Er beschloß, die alte Peterskirche niederzureißen [82]. Sie war eine der ältesten und größten Kirchen der westlichen Welt

81 Melozzo da Forlì, ‹*Papst Sixtus IV. empfängt Platina*›

82 Inneres von Alt-St. Peter

– und sicherlich die verehrungswürdigste, denn sie stand an der Stelle, an der Petrus angeblich das Martyrium erlitten hatte. Julius beschloß, sie niederzureißen und etwas viel Prächtigeres an ihre Stelle zu setzen. Seine Vorstellungen von dem neuen Bauwerk waren von zwei Renaissance-Idealen geprägt. Es sollte sich auf ‹vollkommene› Formen gründen – auf Quadrat und Kreis; und es mußte in einem Maßstab und einem Stil errichtet werden, der die großartigen Ruinen der Antike noch übertraf. Und so beauftragte er Bramante, einen Bauplan zu entwerfen. Er kam nicht sehr weit damit. Große Bewegungen in der Kunst dauern wie Revolutionen nicht länger als ungefähr fünfzehn Jahre. Danach erstirbt die Flamme langsam, zumal das Volk ohnehin ein gemütliches Glühen vorzieht. Julius II. war nur zehn Jahre lang Papst – von 1503 bis 1513; die Peterskirche wurde erst ungefähr ein Jahrhundert nach seinem Tod vollendet und wurde im Laufe dieser Zeit zum Ausdruck einer ganz anderen Philosophie. Aber den ersten Schritt zu dieser sichtbaren Verbindung von Christentum und Antike unternahm Julius, als er beschloß, die alte Basilika niederzureißen.

83 Mantegna, ‹*Triumphzug Cäsars*›, Die Vasenträger

84 Michelangelo, ‹*David*›

Antike: die Florentiner im 15. Jahrhundert hatten interessiert auf die Zivilisation Roms und Griechenlands zurückgeblickt. Sie suchten nach antiken Autoren, lasen sie mit größter Leidenschaft, und ihre Briefe faßten sie in lateinischer Sprache ab. Es war ihr größter Stolz, eine Prosa wie Cicero zu schreiben. Doch obwohl ihr Denken von antiker Literatur beherrscht war, blieb ihre Vorstellungswelt der Gotik verhaftet. Natürlich haben Donatello und Ghiberti ihre Werke mit zahlreichen Zitaten aus der antiken Skulptur versehen. Aber wenn sich der Durchschnittsmaler daranmachte, eine Szene der antiken Literatur darzustellen, dann tat er es im Kostüm seiner eigenen Zeit, mit zierlichen, phantastischen Bewegungen, die nicht das geringste Bewußtsein vom physischen Gewicht und von den fließenden Rhythmen der Antike zeigten. Und es ist merkwürdig, daß die Humanisten, die sich über den Text eines Autors wie Livius so viel Gedanken machten, ein Bild vom Tode Julius Cäsars, auf dem die Gestalten eindeutig wie Gecken des 15. Jahrhunderts gekleidet sind, als korrekte Darstellung empfanden. Solange diese eher komisch anmutende Diskrepanz zwischen dem geschriebenen Wort und dem Bild vorherrschte, konnte die Antike nicht ihre humanisierende Kraft auf die Vorstellungswelt ausüben.

In einer Serie großer Dekorationsdarstellungen vom ‹*Triumphzug Cäsars*› [83], die Mantegna etwa 1480 für den Hof von Mantua anfertigte, wurde der Sehnsucht nach der Antike vermutlich zum erstenmal eine mehr oder weniger überzeugende sichtbare Form gegeben. Es ist das erste Werk romantischer Archäologie. Mantegna hat leidenschaftlich die Ruinen alter römischer Städte durchstöbert, um Belege für die Form jeder Vase und jeder Trompete zu finden, und er hat sein Wissen von der Antike einem Gefühl für die Kraft und die Disziplin Roms untergeordnet. Aber der Mann, der die antike Kunst wirklich assimilierte und wiedererschuf und dabei ihre ganze Ausdruckskraft lebendiger und intensiver werden ließ, war Michelangelo. Er kam 1496 nach Rom und war so überwältigt von dem, was er sah, daß er Nachbildungen griechisch-römischer Skulpturen anfertigte, von denen eine (die inzwischen verloren ist) tatsächlich als antik verkauft wurde – die erste bekannte Fälschung.

1501 kehrte Michelangelo nach Florenz zurück. Ich sagte schon, daß der gigantische und der heroische Geist der Hochrenaissance nach Rom gehören. Aber in Florenz gab es eine Art Vorspiel. Die Medici, während der vergangenen sechzig Jahre die Herrscher von Florenz, waren 1494 vertrieben worden, und die Florentiner hatten unter dem Einfluß Savonarolas eine Republik errichtet – mit all den edlen, puritanischen Vorstellungen, die vormarxistische Revolutionäre bei Plutarch und Livius zu entdecken pflegten. Um ihre Leistungen zu symbolisieren, gab die Republik verschiedene Kunstwerke zu heroisch-patriotischen Themen in Auftrag. Darunter war auch eine gigantische Figur Davids, des Tyrannentöters. Der Auftrag wurde dem aufsehenerregenden jungen Mann erteilt, der gerade eben aus Rom zurückgekehrt war. Nur 25 Jahre trennen Michelangelos Marmorhelden [84] von der niedlichen kleinen Figur, die das äußerste an mediceischer Eleganz war, dem ‹David› Verrocchios: und hier stehen wir wirklich an einem Wendepunkt des menschlichen Geistes. Der ‹David› von Verrocchio

85 Michelangelo, Studie für *‹Die Schlacht von Cascina›*

ist leicht, geschmeidig, lächelnd – und bekleidet. Der von Michelangelo ist gewaltig, herausfordernd und nackt. Eine ganz ähnliche Fortentwicklung stellen wir später auf dem Gebiet der Musik zwischen Mozart und Beethoven fest.

Für sich gesehen könnte der Körper des David ein ungewöhnlich straffes und lebendiges Werk der Antike sein; nur wenn wir den Kopf betrachten, stellen wir eine geistige Kraft fest, wie sie die antike Welt nie gekannt hat. Ich möchte annehmen, daß diese Eigenschaft, die ich heroisch nenne, nicht Teil dessen ist, was sich die meisten Menschen unter Zivilisation vorstellen. Sie schließt Verachtung für alle Annehmlichkeiten ein und die Aufgabe aller Freuden, die nach unserer Auffassung zum zivilisierten Leben gehören. Sie ist der Feind des Glücks. Und dennoch spüren wir, daß die höchste Leistung des Menschen darin besteht, materielle Hindernisse zu verachten und den blinden Kräften des Schicksals Trotz zu bieten. Und da die Zivilisation letzten Endes auf der äußersten Aus-

Farbtafel 17: Jan van Eyck, *‹Die Anbetung des Lammes›* (Ausschnitt)

86 Michelangelo, Gefangener

Farbtafel 18: Michelangelo, ‹*Die Erschaffung Adams*›

weitung der menschlichen Geisteskraft beruht, müssen wir das Auftreten Michelangelos zu den großen Ereignissen in der Geschichte der westlichen Menschheit rechnen.

Im Gefolge dieser republikanischen Begeisterung erhielt Michelangelo den Auftrag, ein Bild für den Saal des Großen Rates zu malen, der gebildet worden war, als das neue demokratische System seinen Höhepunkt erreichte. Das Bild sollte eine heroische Begebenheit aus der Florentiner Geschichte darstellen, doch Michelangelos Sujet war wenig schmeichelhaft: eine Gruppe Florentiner Soldaten, die überraschend von Pisanern angegriffen werden; er wählte das Thema aus dem einfachen Grunde, weil diese badenden Soldaten ihm die Möglichkeit boten, nackte Figuren darzustellen. Er kam nur bis zur Vorzeichnung in voller Größe (was man den ‹Karton› nennt), und auch sie ist verlorengegangen, hatte aber eine unermeßliche Wirkung; die erhaltenen Vorstudien dafür [85] zeigen uns warum. Hier wurde zum erstenmal autoritativ dargelegt, daß der menschliche Körper – der in der Gotik der Gegenstand von Scham und Verhüllung gewesen war und den Alberti so übertrieben verherrlicht hatte – als Mittel zum Ausdruck edler Gefühle, lebenspendender Energie und gottgleicher Vollkommenheit dienen konnte. Das war eine Vorstellung, die vierhundert Jahre lang – vielleicht können wir sagen: bis Picassos *‹Desmoiselles d'Avignon›* – einen kaum abzuschätzenden Einfluß auf den menschlichen Geist haben sollte. Natürlich war es ursprünglich eine griechische Idee; und anfangs wurde Michelangelo unmittelbar durch antike Fragmente inspiriert. Aber nicht für lange Zeit. Was ich das beethovensche Element nennen möchte – der Geist, von dem Davids Kopf zeugt –, sollte sich bald auch auf den Körper erstrecken.

Und das bringt uns nach Rom zurück und zu dem außergewöhnlichen Papst. Julius II. war nicht nur für die katholische Kirche ehrgeizig; er war ehrgeizig für Julius II., und in seinem neuen Tempel wollte er das größte Grabmal errichten, das seit den Zeiten Hadrians je ein Herrscher erhalten hatte. Es war ein überwältigendes Beispiel von *superbia*; und damals war auch Michelangelo nicht frei von dieser Eigenschaft. Ich brauche hier nicht näher darauf einzugehen, warum das Grabmal nie errichtet wurde. Es gab Streit – Heroen ertragen nur schwer die Gesellschaft anderer Heroen. Auch ist es für uns nicht wichtig, wie das Grabmal aussehen sollte. Wichtig ist für uns nur, daß von den ausgeführten Figuren einige erhalten geblieben sind; und sie bereichern den europäischen Geist um etwas Neues – etwas, wovon weder die Antike noch die großen Zivilisationen Indiens und Chinas je geträumt hatten. Zwar ist es richtig, daß die beiden am weitesten vollendeten Statuen von antiken Vorbildern abgeleitet sind, aber Michelangelo hat sie aus Athleten in Gefangene verwandelt, von denen der eine kämpft, um sich zu befreien – von der Sterblichkeit? –, während der andere sich sinnlich ergeben hat [86], «halb verliebt in den sanften Tod». Michelangelo hatte eine griechische Skulptur, die Darstellung eines sterbenden Sohnes der Niobe, vor Augen. Diese beiden Figuren sind vollrund ausgearbeitet, aber die übrigen, die man gewöhnlich der gleichen Serie zurechnet, sind unvollendet [87]. In ahnungsvollem Erkennen, wie es uns die *‹Neunte Symphonie›* vermittelt, sehen wir

87 Michelangelo, Gefangener

88 Michelangelo, ‹*Gott scheidet das Licht von der Finsternis*›. Sixtinische Kapelle, Vatikan

ihre Körper gleichsam aus dem Marmor hervortreten und dann in ihn zurücksinken. Bis zu einem gewissen Grade ist der rohe Marmor wie ein Schatten in einem Bild Rembrandts – ein Mittel, um die Aufmerksamkeit auf die am tiefsten empfundenen Partien zu lenken; zugleich aber scheint er die Figuren gefangenzuhalten – tatsächlich werden sie immer als die Gefangenen bezeichnet, obwohl nichts auf Fesseln oder Ketten hindeutet. Wie bei den vollendeten Gefangenen spüren wir auch hier, daß sie ausdrücken, was Michelangelo im Innersten beschäftigte: der Kampf der Seele um die Befreiung von der Materie.

Zuweilen wird die Frage gestellt, warum die Italiener der Renaissance, mit ihrer intelligenten Neugier, die Geschichte des Denkens nicht in stärkerem Maße bereichert haben. Der Grund liegt darin, daß der tiefste Gedanke jener Zeit nicht in Worten, sondern in sichtbaren Bildern ausgedrückt wurde. Zwei erhabene Beispiele für diese Binsenweisheit sind in einem und demselben Gebäude in Rom geschaffen, keine hundert Meter voneinander entfernt, und in genau denselben Jahren: Michelangelos Decke der Sixtinischen Kapelle und Raffaels Fresken in dem als Stanza della Segnatura bekannten Raum. Beide verdanken wir einzig und allein Julius II. Jahrhundertelang haben die Kunstschriftsteller an Julius Kritik geübt, weil er Michelangelo vom Grabmal – das seinem Herzen doch am nächsten stand – abgehalten hat und ihn die Sixtinische Decke hat malen lassen, trotz seiner Erklärungen, daß er das Malen haßte. In meinen Augen war es eine geniale Eingebung. Nach dem ursprünglichen Plan für das Grabmal waren fast vierzig überlebensgroße Marmorfiguren vorgesehen. Wie hätte Michelangelo sie je vollenden sollen? Wir wissen, daß er den Marmor schneller bearbeitete als jeder andere Meister, doch selbst bei seiner heroischen Arbeitskraft hätte er zwanzig Jahre für das Grab gebraucht, eine Zeitspanne, in der sich sein Geist ständig verändern und weiterentwickeln mußte. Sein Entschluß, sich bei den Deckengemälden nicht nur auf einzelne Figuren zu konzentrieren, sondern ganze Episoden zu illustrieren, gab ihm jedoch die Freiheit, seine Gedanken über menschliche Beziehungen und menschliches Schicksal zu vertiefen. Doch waren es wirklich *seine* Gedanken? Für die meisten großen, gedankenbefrachteten Gemälde der Renaissance hatten Dichter und Theologen die Ideen geliefert. Aber in einem Brief erwähnt Michelangelo, daß der Papst ihm gesagt habe, er könne tun, was er wolle; ich vermute daher, daß das Thema seiner Deckenbilder zu einem großen Teil eigenen Ideen entsprang, oder vielmehr: daß er es nach theologischen Quellen komponierte. Das ist einer der Gründe, warum es so schwer zu deuten ist. Alle Kunstschriftsteller geben andere Interpretationen, von denen keine ganz überzeugend ist. Aber eines ist sicher: die Sixtinische Decke vertritt leidenschaftlich die Einheit von Körper, Verstand und Geist des Menschen. Wir können sie unter dem Gesichtspunkt des Körpers bewundern – wie die Kritiker des 19. Jahrhunderts, deren erster Blick den sogenannten Athleten galt; oder unter dem Gesichtspunkt des Verstandes, wenn wir etwa die großen Verkörperungen intellektueller Kraft betrachten, die Propheten und Sibyllen. Aber sobald wir zu der Folge der Szenen aus der Genesis kommen, fühlen wir, glaube ich, daß es Michelangelo hauptsächlich um den Geist ging. Sie beginnen mit der Schöpfung und enden mit der Trunkenheit Noahs. Aber Michelangelo zwingt uns, sie in umgekehrter Reihenfolge zu lesen – und tatsächlich sind sie auch in umgekehrter Reihenfolge entstanden. Wenn wir den Raum betreten, ist über uns die Figur Noahs, ganz vom Körper beherrscht. Am anderen Ende, über dem Altar, sehen wir, wie der Allmächtige das Licht von der Finsternis scheidet [88]: der Körper ist in ein Symbol des Geistes verwandelt worden, und auch der Kopf mit seinen allzu deutlichen menschlichen Zügen ist nur noch schwer zu erkennen.

Zwischen diesen beiden Szenen steht die zentrale Episode, die Erschaffung Adams [Farbtafel 18]. Sie gehört zu jenen seltenen Werken von höchstem Rang, die auch solchen Menschen zugänglich sind, die normalerweise nicht auf Kunstwerke reagieren. Die Bedeutung des Bildes ist auf den ersten Blick klar und einleuchtend, und dennoch vertieft sich seine Wirkung, je länger wir es betrachten. Adam mit einem Körper von bis dahin unbekannter Herrlichkeit ruht auf der Erde in der Haltung all jener Flußgötter und Weingötter der antiken Welt, die der Erde verbunden waren und sich nicht von ihr zu lösen trachteten. Er streckt seine Hand aus, so daß sie fast die Hand Gottes berührt, und ein elektrischer Funke scheint von der einen zur anderen überzuspringen. Aus diesem herrlichen Körper hat Gott eine menschliche Seele geschaffen, und man könnte durchaus die ganze Sixtinische Decke als ein Gedicht über die schöpferische Kraft deuten, über diese gottgleiche Gabe, auf die der Mensch der Renaissance so viele Gedanken verwandte. Hinter dem Allmächtigen, im Schatten seines weiten Mantels, erkennen wir die Gestalt Evas, in den Gedanken des Schöpfers bereits gegen-

wärtig und – so hat man das Gefühl – bereits eine mögliche Quelle der Beunruhigung.

Auf die Erschaffung Adams folgen – noch immer in umgekehrter Reihenfolge – Darstellungen des Allmächtigen in den früheren Phasen der Schöpfung. Sie bilden eine Art Crescendo, die Bewegung beschleunigt sich von einer Szene zur anderen. Zunächst trennt Gott Wasser und Erde. «Und der Geist Gottes schwebte auf dem Wasser.» Ich weiß nicht, warum diese Worte in uns ein solches Gefühl des Friedens hervorrufen, aber sie tun es, und Michelangelo hat dieses Gefühl in einer ruhigen Bewegung und einer segnenden Geste wiedergegeben. In der folgenden Szene, der Erschaffung von Sonne und Mond, segnet oder beschwört er nicht, sondern befiehlt, als erforderte der Umgang mit diesen feurigen Elementen seine ganze Autorität und Eile, und rauschend verläßt er die Szene nach links, um die Planeten zu erschaffen. Schließlich sind wir wieder bei der Trennung von Licht und Finsternis. Von allen Versuchen des endlichen Menschen, sich ein Bild der unendlichen Energie zu machen, scheint mir dieser der überzeugendste zu sein, man könnte vielleicht sogar sagen: der realistischste, denn Fotografien der Entstehung von Sternen zeigen ziemlich die gleiche wirbelnde Bewegung.

Michelangelos prophetische Kraft vermittelt einem das Gefühl, er könnte zu jeder Epoche gehören, und vor allem vielleicht zur Epoche der großen Romantiker, deren mehr oder weniger bankrotte Erben wir immer noch sind. Diese Eigenschaft unterscheidet ihn am schärfsten von seinem brillanten Rivalen. Raffael war ein Mensch seiner Zeit. Er verarbeitete und verband alles, was die besten zeitgenössischen Geister empfanden oder dachten. Was ihn über alle hinaushebt, ist seine Fähigkeit, zu harmonisieren – darum ist er heute aus der Mode gekommen. Aber wenn man den Versuch unternimmt, die europäische Zivilisation zu beschreiben, muß er mit an erster Stelle genannt werden. Die Gedanken, denen er in den päpstlichen Gemächern sichtbaren Ausdruck verlieh, waren eine so allumfassende Synthese wie die ‹Summen› der großen mittelalterlichen Theologen.

Vermutlich wurde Raffael durch seinen Landsmann Bramante, der anscheinend in relativ vertrautem Verkehr mit Julius II. stand, in den päpstlichen Dienst eingeführt. Der Anblick einer einzigen Zeichnung von Raffael hätte Julius zweifellos schon erkennen lassen, daß Gott ihm ein weiteres Genie gesandt hatte. Dennoch war es ein kühnes Unterfangen, einen jungen Mann von 27 Jahren, der sich nur einmal in der Wandmalerei versucht hatte und durch nichts belegen konnte, daß er große Ideen bildlich zu gestalten imstande war, mit der Ausschmückung der Räume zu beauftragen, in denen sich das Leben des Papstes abspielen, er seine Entscheidungen treffen und seinen Gedanken nachgehen sollte.

Die Stanza della Segnatura sollte die Privatbibliothek des Papstes werden. Raffael kannte die Bibliothek in Urbino, wo die Bücherregale von Bildnissen der jeweiligen Dichter, Philosophen und Theologen bekrönt wurden, und er beschloß, diese Idee noch weiterzuführen. Er wollte nicht nur die Gestalten malen,

89 Raffael, ‹*Die Schule von Athen*›

90 Raffael, *‹Der Parnaß›*

deren Bücher sich in den Regalen darunter befanden, sondern er wollte auch ihre Beziehungen untereinander darstellen und den Zusammenhang, in dem sie zu der Gesamtdisziplin standen, der sie angehörten. Ganz sicher hatte er die Unterstützung der gelehrten und kultivierten Männer, aus denen sich die päpstliche Kurie zu etwa einem Drittel zusammensetzte. Aber die erhabene Gesellschaft, die diese Fresken bevölkert, wurde nicht von einer Kommission ausgewählt.

Jede Einzelheit in den Gruppen ist durchdacht. So steht zum Beispiel von den beiden Mittelfiguren der *‹Schule von Athen›* [89] Platon als Idealist auf der linken Seite und deutet hinauf zur göttlichen Inspiration. Weiter links von ihm sehen wir die Philosophen, die sich auf Intuition und die Gefühle berufen. Sie stehen der Figur Apollons näher und führen hinüber zur nächsten Wand mit dem Parnaß. Auf der rechten Seite ist Aristoteles, der Mann des praktischen Verstandes, und hebt mäßigend seine Hand; ihm folgen nach rechts die Vertreter der rationalen Bereiche – der Logik, Grammatik und Geometrie. Merkwürdigerweise hat Raffael sein Selbstporträt in diese Gruppe eingefügt, und zwar neben dem Porträt Leonardo da Vincis. Unter ihnen ist ein Geometer [Farbtafel 20] – vermutlich Euklid. Wahrscheinlich handelt es sich um ein Porträt Bramantes; und daß er hier erscheint, wäre ganz natürlich, zumal das Bauwerk, in dem diese Vertreter der menschlichen Vernunft versammelt sind, Bramantes Traum vom neuen St. Peter darstellt. Raffael sollte später Architekt werden – und zwar ein sehr guter Architekt –, aber 1510 kann er ein solches Bauwerk noch nicht entworfen haben: es gehört zu den Kunstwerken, deren Raumeffekte die Wirklichkeit am weitesten übersteigern. Vielleicht hat es Bramante entworfen, aber Raffael hat es sich völlig zu eigen gemacht. Wie alle großen Künstler entlieh er Motive von anderen Meistern, verarbeitete sie aber stärker als die meisten anderen. Man hat das unbestimmte Gefühl, daß die Haltungen seiner Figuren von hellenistischen Skulpturen inspiriert worden sind, doch ist jede Figur in den Stanzen reiner Raffael – genauer gesagt: jede Figur bis auf eine. Der mürrische Philosoph, der allein im Vordergrund sitzt, erscheint nicht auf dem großen Karton für das Fresko (der wie durch ein Wunder erhalten geblieben ist); wir können sehen, woher er kommt – von der Sixtinischen Decke. Michelangelo ließ niemanden hinein, während er dort arbeitete, doch Bramante hatte einen Schlüssel und nahm eines Tages, als Michelangelo nicht da war, Raffael mit hinein. Wer fragt danach? Der große Künstler nimmt sich, was er braucht.

Während die menschliche Vernunft in der Erde verwurzelt ist, schwebt auf der gegenüberliegenden Wand die göttliche Weisheit über den Köpfen der Philosophen, Theologen und Kirchenväter, die versucht haben, sie zu deuten. In diesen beiden dahinfließenden Gruppen sind die Erforscher der offenbarten Wahrheit, was ihre Beziehungen untereinander und ihre Beziehung zum philosophischen Schema des ganzen Raumes anbelangt, mit der gleichen Sorgfalt angeordnet, die auch die ‹*Schule von Athen*› auszeichnet. Soweit Zivilisation darin besteht, durch Imagination die besten Gedanken der Zeit zu erfassen, stellen diese beiden Wandgemälde einen Höhepunkt der Zivilisation dar. Die dritte Wand mit dem Fresko des Parnaß offenbart eine andere Seite vom Charakter Raffaels. Michelangelo hatte kein Interesse am anderen Geschlecht; für Leonardo da Vinci waren Frauen nur reproduktive Mechanismen. Aber Raffael liebte die Mädchen ebenso sehr wie irgendein Venezianer, und seine Musen [90] verkörpern einen Zug sinnlicher Poesie, der auf seine Weise für die Zivilisation genauso wichtig ist wie Raffaels gedankliche Abstraktionen.

Die Räume des Vatikans waren noch unvollendet, als Julius II. 1513 starb, und sein Nachfolger, Leo X., war alles andere als ein Heroe. Michelangelo kehrte nach Florenz zurück. Raffael blieb in Rom, strapazierte seine Arbeitskraft und auch seinen unvergleichlichen Einfallsreichtum. Er gab Zeichnungen und Entwürfe an eine Gruppe brillanter junger Männer weiter, die danach Wandgemälde und Architekturdekorationen anfertigten – die übrigen Stanzen, die Lünetten der Farnesina, die Loggien, die Villa Madama und ein sehr heidnisches Badezimmer für Kardinal Bibbiena, ganz zu schweigen von der ‹*Transfiguration*›, einem prophetischen Werk, das den Akademismus des 17. Jahrhunderts vorwegnimmt, ein Werk, an dem er selbst gearbeitet haben muß: die Arbeit eines halben Jahrhunderts – vollbracht in drei Jahren. Darunter befinden sich Meisterwerke, die die europäische Vorstellungswelt bereichert haben, so die größte Beschwörung

91 Raffael, *‹Triumphzug der Galatea›*

des Heidentums in der Renaissance, der ‹*Triumphzug der Galatea*› [91] in der Villa Farnesina. Noch fünfzehn Jahre vorher war die heidnische Antike sehr unbeholfen behandelt worden, mit zaghaften, eckigen Gebärden: nun aber wird sie vollkommen verstanden. Als die Dichter der Renaissance anfingen, lateinische Verse zu schreiben – sehr schöne lateinische Verse übrigens –, standen ihnen zahllose Vorbilder zur Verfügung. Aber welch staunenswerte Einbildungskraft brauchte Raffael, um aus Steinbrocken und Sarkophagfragmenten eine Szene wiederzuerschaffen, die den großen, verlorenen Gemälden der Antike sehr ähnlich sein muß.

Raffaels andere große Leistung dieser Jahre ist fragwürdiger, obwohl ihr Einfluß auf den europäischen Geist unvergleichlich viel größer war. Wir sehen sie am deutlichsten in den Entwürfen [Farbtafel 19] einer Teppichserie für die Sixtinische Kapelle mit Darstellungen aus dem Leben der Apostel. Die Apostel waren arme Leute, ihre Zuhörer Durchschnittsmenschen. Raffael hat sie alle auf einförmige Weise schön und edel dargestellt. Es ist vielleicht reizvoll für uns, unsere täglichen Verrichtungen ruhen zu lassen und uns für kurze Zeit auf diese hohe Ebene zu begeben. Aber die Konvention, daß die Ereignisse der biblischen oder weltlichen Geschichte sich immer nur unter menschlichen Prachtexemplaren, unter schönen und eleganten Gestalten abgespielt haben, hielt sich noch lange Zeit – bis in die Mitte des 19. Jahrhunderts. Nur sehr wenige erstrangige Künstler – vielleicht nur Rembrandt und Caravaggio – waren so unabhängig, daß sie sich dagegen auflehnten. Und ich glaube, daß die Konvention, die ein Element der sogenannten großen Manier war, einen schwächenden Einfluß auf den europäischen Geist ausübte. Sie schwächte unser Gefühl für Wahrheit, sogar unser Gefühl für moralische Verantwortlichkeit, und führte, wie wir heute sehen, zu einer fürchterlichen Reaktion.

Im Herbst 1513, schon bald nach dem Tod Julius' II., traf in Rom ein weiterer Gigant ein und ließ sich im Belvedere des Vatikans nieder – Leonardo da Vinci. Geschichtsschreiber pflegten ihn als einen typischen Renaissance-Menschen zu bezeichnen. Das ist falsch. Falls Leonardo da Vinci zu irgendeiner Epoche gehört, so ist es das späte 17. Jahrhundert; aber tatsächlich gehört er keiner Epoche an, er paßt in keine Kategorie, und je mehr wir über ihn wissen, desto geheimnisvoller wird er. Natürlich hatte er bestimmte, für die Renaissance typische Eigenschaften. Er liebte Schönheit und anmutige Bewegung. Er teilte oder antizipierte sogar die Megalomanie des frühen 16. Jahrhunderts: das Pferd, das er als Denkmal für Francesco Sforza entwarf, war acht Meter hoch; er machte Pläne für eine Umleitung des Arno, die sich selbst mit den Mitteln der modernen Technologie nicht durchführen ließen. Und nicht zuletzt besaß er in höchstem Maße die Gabe seiner Zeit, alles, was das Auge sah, wiederzugeben und zu verdichten.

Aber über all diesen Gaben dominierte eine besessene Leidenschaft, die kein typisches Merkmal der Renaissance war – Neugier. In seiner unnachgiebigen Neugier war er einmalig in der Geschichte. Bei allem, was er sah, fragte er nach dem Warum und dem Wie. Warum findet man Meeresmuscheln in den Bergen? Warum werden in Flandern Schleusen gebaut? Wie fliegen die Vögel? Woher

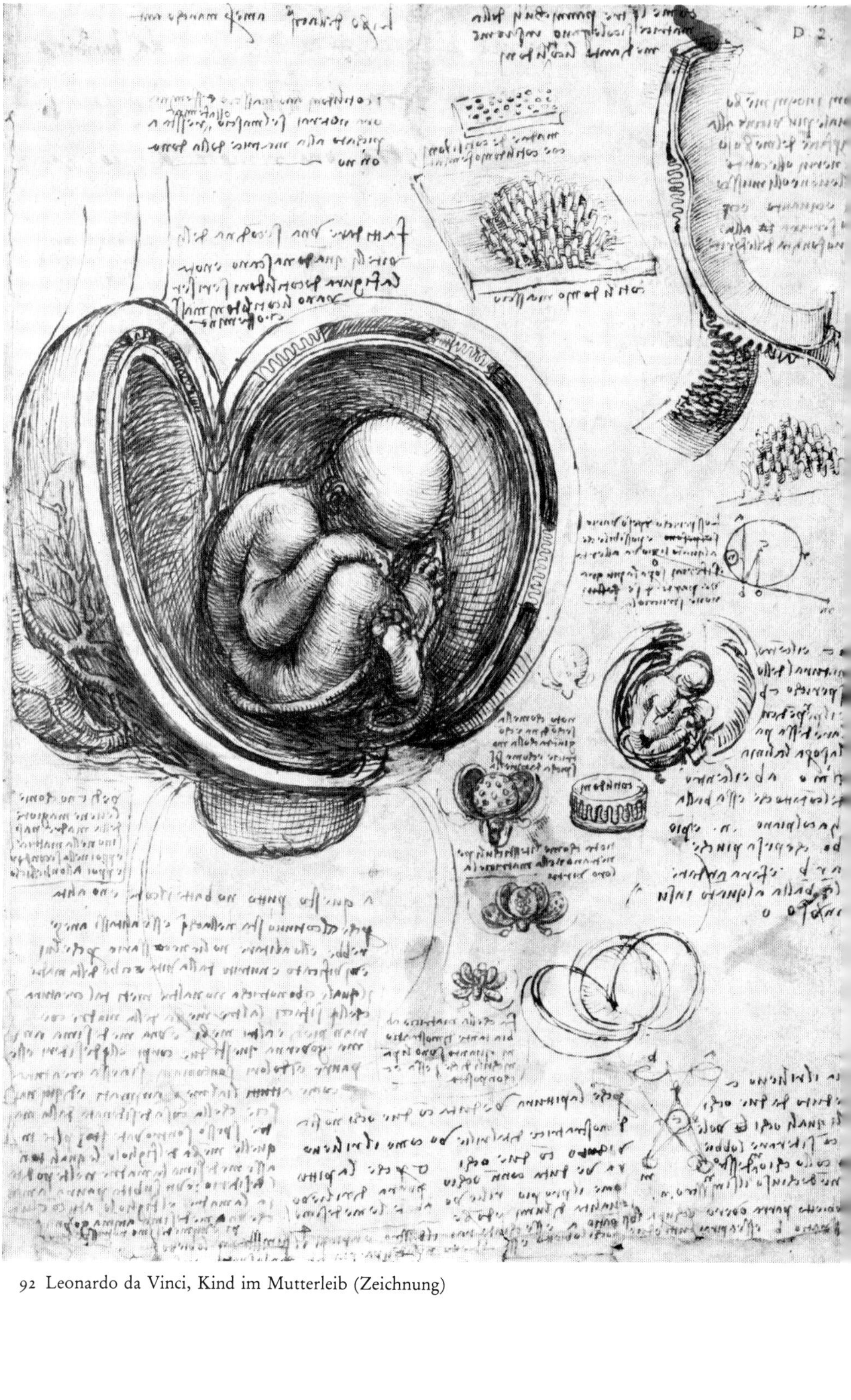

92 Leonardo da Vinci, Kind im Mutterleib (Zeichnung)

93 Leonardo da Vinci, ‹*Die Sintflut*› (Zeichnung)

kommen Risse in Mauern? Wie entstehen Wind und Wolken? Wie beeinflußt ein Wasserstrom den anderen? Mach es ausfindig; schreib es auf; wenn du es sehen kannst, zeichne es. Schreib es ins reine. Stell dieselbe Frage wieder und wieder und immer wieder. Leonardo da Vincis Neugier wurde von einer unglaublichen Geisteskraft begleitet. Wenn man die Tausende von Worten in seinen Notizbüchern liest, ist man völlig erschöpft von dieser Energie. Ein «Ja» war für ihn keine Antwort. Er konnte nichts auf sich beruhen lassen – er fällt mit Zweifeln darüber her, stellt es von neuem fest, antwortet imaginären Gegnern. Die beharrlichste all dieser Fragen betrifft den Menschen; nicht den Menschen aus Albertis Wunschtraum, mit «Witz, Vernunft und Erinnerung wie ein unsterblicher Gott», sondern den Menschen als Mechanismus. Wie geht er? Er beschreibt, wie man einen Fuß auf zehn verschiedene Weisen zeichnen kann,

94 Riemenschneider, ‹*Adam*›
Farbtafel 19: Raffael, ‹*Petri reicher Fischzug*›

6 Protest und Kommunikation

Der strahlende Höhepunkt menschlicher Leistung, den Michelangelo, Raffael und Leonardo verkörperten, dauerte noch nicht einmal zwanzig Jahre. Darauf folgte (außer in Venedig) eine Zeit der inneren Unruhe, die häufig zu Katastrophen führte. Zum erstenmal seit dem großen Tauwetter wurden die Werte der Zivilisation in Frage gestellt und verworfen, und einige Jahre lang sah es so aus, als wäre der von der Renaissance gewonnene Boden – die Entdeckung des Individuums, der Glaube an den menschlichen Genius, das Gefühl der Harmonie zwischen Mensch und Umgebung – wieder verlorengegangen. Aber das war ein unumgänglicher Prozeß, und aus der Verwirrung und Brutalität, die Europa im 16. Jahrhundert beherrschten, ging der Mensch mit neuen Fähigkeiten und mit erweiterten Denk- und Ausdrucksmöglichkeiten hervor.

Wir betreten einen Raum der Würzburger Marienfeste, der die Schnitzwerke Tilman Riemenschneiders beherbergt, vielleicht des besten deutschen Holzschnitzers der Spätgotik. In Deutschland war die Kirche im 15. Jahrhundert reich, die Landbesitzer waren reich, und die Kaufleute der Hanse waren ebenfalls reich. Und so waren die Bildhauer von Bergen bis hinunter nach Bayern emsig damit beschäftigt, große, kunstvolle Schreine und Altäre anzufertigen und Werke wie die berühmte Gruppe des hl. Georg in der alten Kirche von Stockholm zu schaffen – hier hat ein Handwerker der späten Gotik seine ganze Phantasie und sein geradezu verwirrendes technisches Können entfaltet.

Die Figuren Riemenschneiders [94] lassen sehr deutlich den Charakter des Menschen nördlich der Alpen gegen Ende des 15. Jahrhunderts erkennen. Da ist zunächst eine ernste, ganz persönliche Frömmigkeit, völlig verschieden von der milden, konventionellen Frömmigkeit, wie wir sie zum Beispiel bei Perugino finden. Und dann eine ernste Einstellung zum Leben selbst. Obwohl überzeugte Katholiken, ließen sich diese Menschen nicht mit äußeren Formen und Zeremonien abspeisen, die damals ziemlich irreführend als «Werke» bezeichnet wurden. Sie glaubten, daß es so etwas wie Wahrheit gebe, und die wollten sie erlangen. Was sie von den päpstlichen Legaten hörten, die in dieser Zeit sehr viel in Deutschland herumreisten, überzeugte sie nicht davon, daß man in Rom dieses Verlangen nach Wahrheit teilte; und mit einer groben und etwas bäurischen Halsstarrigkeit hielten sie an ihrem Ziel fest. Viele dieser ernsten Männer dürften von den zahllosen Konzilen gehört haben, die während des ganzen 15. Jahrhunderts die Organisation der Kirche zu reformieren versucht hatten. Daran fühle ich mich erinnert, wenn ich an einer Sitzung der UNO teilnehme: die Zeit vergeht über Verfahrensdebatten, die Reden werden um ihrer Wirkung im eigenen Land willen gehalten, und das Ergebnis steht schon im voraus fest. Diese ernsten Männer des Nordens forderten etwas Wesentlicheres.

Farbtafel 20: Raffael, ‹*Die Schule von Athen*›

95 Raffael, ‹*Porträt eines Kardinals*›

So weit, so gut. Doch offenbaren diese Gesichter auch einen gefährlichen Zug, einen Hang zur Hysterie. Das 15. Jahrhundert war das Jahrhundert der Erwekkungsbewegungen gewesen, die in den Randbezirken der katholischen Kirche stattgefunden hatten. Sie hatten schon im späten 14. Jahrhundert begonnen, als es den Anhängern des Johannes Hus beinahe gelungen war, die höfische Zivilisation in Böhmen auszulöschen. Selbst in Italien hatte Savonarola seine Zuhörer dazu überreden können, alle äußeren Zeichen ihrer ‹Eitelkeiten› in einem Freudenfeuer zu verbrennen; darunter befanden sich auch Bilder Botticellis: ein hoher Preis für eine religiöse Überzeugung. Die Deutschen waren noch viel leichter in Erregung zu versetzen. Vergleiche haben oft etwas zu sehr Vereinfachendes, aber ich glaube, daß man eines der berühmtesten deutschen Porträts, Dürers ‹*Oswald Krell*› [Farbtafel 21], durchaus mit Raffaels ‹*Porträt eines Kardinals*› im Prado [95] vergleichen kann. Der Kardinal ist nicht nur ein Mensch von höchster

96 Hans Holbein d. J., ‹*Erasmus*›

Kultur, sondern zugleich eine ausgewogene und unabhängige Persönlichkeit. Oswald Krell ist am Rande der Hysterie. Diese starrenden Augen, dieser Blick nach innen gekehrter Befangenheit, diese innere Unruhe, von Dürer wunderbar wiedergegeben durch die Unruhe der Flächen in der Modellierung – wie deutsch ist das alles! Und was für eine Plage ist es für die übrige Welt gewesen!

In den neunziger Jahren des 15. Jahrhunderts zeigten sich diese destruktiven Züge im Nationalcharakter jedoch noch nicht. Noch herrschte ein internationaler Geist. Die deutschen Buchdrucker arbeiteten in Italien; Dürer war in Venedig; und im Jahre 1498 kam ein armer Gelehrter nach Oxford, der zum Sprecher der nördlichen Zivilisation und zum größten Internationalisten seiner Zeit werden sollte: Erasmus. Erasmus war Niederländer – er stammte aus Rotterdam –, doch siedelte er sich nie wieder in den Niederlanden an, teils, weil er dort in einem Kloster gelebt und das Leben dort gehaßt hatte, teils – wie er wiederholt sagte –,

97 Hans Holbein d. J., Thomas More und seine Familie (Zeichnung)

weil die Leute dort zu viel tranken; er selbst hatte einen empfindlichen Magen und pflegte nur eine besondere Sorte Burgunder zu trinken. Sein ganzes Leben lang wanderte er von Ort zu Ort, um der Pest (dieser größte aller Schrecken hielt während des frühen 16. Jahrhunderts alle freien Menschen in Bewegung) zu entfliehen oder der Ruhelosigkeit, die ihn überkam, sobald er zu lange an einem Ort blieb. In den früheren Jahren seines Lebens scheint es ihm jedoch in England gefallen zu haben. Wenn wir daran denken, welche barbarischen und ungeordneten Zustände im England des 15. Jahrhunderts herrschten, kommen uns die Universitäten von Oxford und Cambridge als überraschende Schöpfungen vor; und ich vermute, daß es in Oxford, als man dort Erasmus willkommen hieß, einige (nicht sehr viele) fromme und aufgeklärte Menschen gab. Natürlich muß die ganze Atmosphäre, wenn man an Florenz oder gar Padua denkt, etwas Provinzielles und Biederes gehabt haben. Und dennoch hatte um das Jahr 1500 diese Art Naivität ihren Wert, und Erasmus, der alles andere als naiv war, erkannte das.

Erasmus hatte das religiöse Leben zur Genüge kennengelernt und wußte daher, daß die Kirche nicht nur in ihren Institutionen, sondern auch in ihrer Lehre reformiert werden mußte. Die treibende Kraft der Zivilisation in Europa war auf Grund gelaufen, gescheitert an traditionellen Formen und Interessen. Und er wußte, daß die Lehren eines Mannes wie Colet, der nichts weiter wollte, als daß die Menschen die Bibel lasen und sie für wahr hielten, zu größerer Hoffnung auf Reform berechtigten als die erlesene florentinische Intelligenz. Es gab gute Gründe dafür, daß Erasmus Colet bewunderte. Aber aus welchem Grund zollten Colet und seine Freunde dem armen, kränklichen und verschrobenen jungen Gelehrten aus Rotterdam soviel Ehre? Nun, Erasmus war ganz sicher ein intellektueller Charmeur. Sein Charme wird in seinen Briefen offenbar und muß unwiderstehlich gewesen sein. Dank eines seltenen Glücks können wir Erasmus' Briefe durch bildliche Belege ergänzen: er war befreundet mit dem größten Porträtmaler seiner Zeit, mit Hans Holbein dem Jüngeren. Holbeins Porträts [96] zeigen Erasmus in einer Zeit, als er bereits älter und berühmt geworden war, aber sie sind so eindringlich, daß wir uns Erasmus in jedem Alter vorstellen können. Wie alle Humanisten – ich möchte beinahe sagen, wie alle zivilisierten Menschen – legte Erasmus sehr viel Wert auf Freundschaft und wollte sich von Holbein Bilder seiner englischen Freunde malen lassen. So kam Holbein 1526 nach London und wurde in den Kreis um Sir Thomas More eingeführt. Der strahlende junge Mann, in den sich zwanzig Jahre früher Erasmus verliebt hatte, sollte bald darauf Lordkanzler werden; er war auch der Autor der ‹*Utopia*›, worin er in einem etwas wunderlichen Stil fast alles empfahl, wovon man in den neunziger Jahren des 19. Jahrhunderts in der Gesellschaft der Fabier überzeugt war.

Holbein malte ein großes Bild von Sir Thomas More und seiner Familie. Es ist leider verbrannt, doch sind die Vorzeichnung [97] und mehrere Kopfstudien erhalten geblieben. Erasmus pflegte die Familie Mores mit der platonischen Akademie zu vergleichen. Die einzelnen Familienmitglieder sehen nicht gerade überwältigend intellektuell aus, wohl aber wach und verständig, sensible Menschen, wie sie in jeder Epoche gelebt haben könnten. Thomas More selbst, ein edler Idealist, war zu gut für die Welt der Taten, in der er sich zuweilen verirrte. Wie kurzlebig die Zivilisation sein kann, zeigt sich daran, daß er als Autor der ‹*Utopia*› Erfolg hatte, daß er sogar wider seinen Willen Erster Minister der Krone wurde in der Zeit zwischen dem Tod Richards III. und den Justizmorden Heinrichs VIII., deren vornehmstes Opfer er dann freilich selbst wurde.

Holbein malte auch andere Mitglieder aus dem Kreis um Erasmus in England, und ich muß sagen, daß einige von ihnen, wie die Erzbischöfe Warham und Fisher, nicht so aussehen, als hätten sie irgendwelche Illusionen über die Vergänglichkeit der Zivilisation am Hofe Heinrichs VIII. gehabt. Sie sehen geschlagen aus, und das waren sie auch. Bei seiner Rückkehr in die Schweiz stieß Holbein auf Gesichter, die innere Ruhe ausstrahlen. Gibt es ein Bild mit einer intimeren Darstellung des Familienlebens als das Porträt seiner Frau und seiner Kinder in Basel? Es ist nicht verwunderlich, daß es im viktorianischen Zeitalter so beliebt war. Das gleiche gilt von seinem Meisterwerk, der Madonna des Bürgermeisters

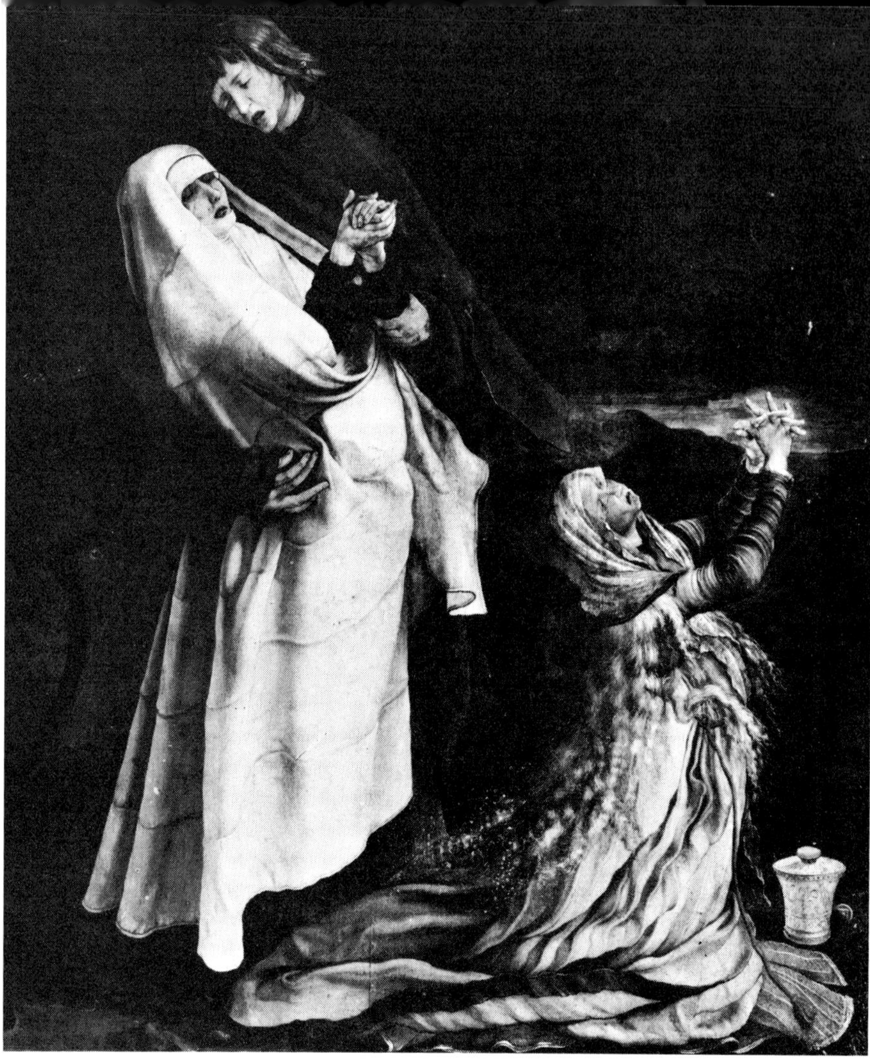
98 Matthias Grünewald, ‹*Isenheimer Altar*› (Ausschnitt)

Meyer [Farbtafel 22]. Im 19. Jahrhundert hielt man es für das größte Bild der Renaissance im Norden. Heute würde wohl jeder Grünewalds Isenheimer Altar vorziehen [98], dessen tiefempfundene Tragik selbst das Wort Zivilisation auf unseren Lippen ersterben läßt. Aber wenn wir Ausschau halten nach einer vernünftigen, gottesfürchtigen Gesellschaft, so finden wir sie widergespiegelt in Holbeins Bildern. Und vor dem Original in Darmstadt überkommt uns ein Gefühl der Frömmigkeit, das jedes Bedürfnis nach materieller Sicherheit überwindet.

Im Jahre 1506 ging Erasmus nach Italien. Zur Zeit des berühmten Streites zwischen Michelangelo und Papst Julius II. war er in Bologna; als Raffael die Arbeit in den päpstlichen Gemächern aufnahm, war er in Rom. Aber das scheint ihn alles nicht sehr beeindruckt zu haben. Er war hauptsächlich daran interessiert, daß Aldus Manutius, der berühmte venezianische Drucker und Pionier schön gedruckter volkstümlicher Ausgaben, seine Werke herausgab. Im letzten Kapitel bin ich hauptsächlich auf die Erweiterung des menschlichen Geistes durch das Bild eingegangen, hier beschäftige ich mich mit der Ausdehnung des Geistes durch das Wort. Sie wurde durch die Erfindung der Buchdruckkunst ermöglicht. Im 19. Jahrhundert hielt man die Erfindung der Buchdruckkunst für den Anfang vom Ende der Zivilisation. Es stimmt, daß Griechenland im 5. Jahrhundert v. Chr., Chartres im 12. und Florenz im frühen 15. Jahrhundert sehr gut ohne die Buchdruckkunst ausgekommen sind; und wer will behaupten, man sei damals weniger zivilisiert gewesen, als wir es sind? Aber letzten Endes glaube ich doch, daß die Buchdruckkunst mehr Gutes als Schlechtes bewirkt hat; frühe Pressen, wie die im Plantin-Haus in Antwerpen, kommen uns vor wie Werkzeuge der Zivilisation. Vielleicht rühren die Zweifel, die uns bewegen, mehr von der späteren Entwicklung des Handwerks her.

Die Buchdruckkunst war natürlich schon lange vor Erasmus erfunden worden. Gutenbergs Bibel wurde zwischen 1450 und 1455 gedruckt. Aber die ersten gedruckten Bücher waren aufwendig und teuer. Die Drucker meinten noch mit den Schreibern der alten Handschriften wetteifern zu müssen. Viele Bücher wurden auf Pergament gedruckt und wie Handschriften mit Buchmalereien geschmückt. Priester und Volksaufklärer brauchten fast dreißig Jahre, um zu erkennen, welch ungeheuer wirksames Instrument ihnen in die Hände gegeben war – so wie die Politiker zwanzig Jahre brauchten, um den Wert des Fernsehens zu erkennen. Erasmus war der erste, der den Vorteil der Druckerpressen voll ausnutzte. Sie sind für seinen Erfolg im Positiven wie im Negativen verantwortlich, denn in gewisser Weise war er der erste Journalist. Er brachte alle Voraussetzungen dafür mit: einen klaren, eleganten Stil (natürlich auf lateinisch, so daß er zwar überall, aber nicht von jedem gelesen werden konnte), eine Meinung zu allem und jedem, nicht zuletzt die Gabe, die Dinge so darzustellen, daß man sie auf verschiedene Weise deuten konnte. Er produzierte ständig Pamphlete, Anthologien und Vorworte; und nur wenige Jahre vergingen, und schon folgte jeder, der über irgend etwas eine eigene Meinung hatte, seinem Beispiel.

Schon früh in seiner Karriere als Journalist hatte er ein Meisterwerk geschaffen: das ‹*Lob der Torheit*›. Er schrieb es, während er bei seinem Freund Thomas More weilte; nach seinen eigenen Angaben brauchte er nur eine Woche dafür, und das dürfte wohl stimmen. Er besaß eine erstaunliche Gewandtheit im Schreiben, und diesmal war er mit Leib und Seele engagiert. Man fühlt sich an Voltaires ‹*Candide*› erinnert. Jedem, der intelligent ist, erscheinen Menschen und menschliche Institutionen im Grunde unerträglich dumm, und es gibt Zeiten, da man seinen aufgestauten Ärger und seine Ungeduld nicht länger zurückhalten kann. Erasmus' ‹*Lob der Torheit*› war ein solcher Ausbruch, der vor nichts haltmachte, weder vor Päpsten, Königen und natürlich auch nicht vor Mönchen und Gelehrten, noch vor Krieg und Theologie – vor nichts. Eine Randzeichnung von Holbein [99] zeigt Erasmus an seinem Schreibtisch; über diese Zeichnung hat Erasmus geschrieben, wenn er wirklich so schön wäre, hätte er sicherlich eine Frau gefunden. Ganz überzeugend ist das nicht. Er geht sehr weit – und man wundert sich, daß dies toleriert wurde. Interessant sind gewisse Ähnlichkeiten mit Leo-

99 Hans Holbein d. J., Erasmus. Aus Erasmus' Exemplar seines Buches *‹Lob der Torheit›*

nardo – denn auch Erasmus spottet über die Philosophen: «Wie köstlich phantasieren auch sie, wenn sie ihre zahllosen Welten bauen, wenn sie Sonne, Mond und Sterne mitsamt den Sphären auf Daumenbreite und Fadendicke ausmessen, wenn sie den Blitz, den Wind, die Finsternisse und andere unerklärliche Erscheinungen erklären, ohne zu stocken, als hätten sie der Natur beim Weltbau als Geheimschreiber gedient oder eben noch im Rate der Götter gesessen – und dabei macht sich die Natur über sie samt ihren Mutmaßungen von Herzen lustig.» Normalerweise ist die Satire negativen Charakters; es gibt aber Zeiten in der Geschichte der Zivilisation, in denen sie einen positiven Wert hat, Zeiten, in denen eine zähe Mixtur aus Konformismus und Selbstgefälligkeit den freien Geist unterdrückt. Zum erstenmal in der Geschichte wurde mit dem *‹Lob der Torheit›* Tausenden von Lesern in ganz Europa ein Werk intellektueller Aufklärung zugänglich gemacht, das die Menschen veranlaßte, ihren Geist anzustrengen, selbständig zu denken und alles in Frage zu stellen.

Aber nicht Witz und Satire machten Erasmus zehn Jahre lang zum berühmtesten Mann Europas; vielmehr war es der Anklang, den er bei den ernsten, frommen, wahrheitssuchenden Geistern fand, wie wir sie in Riemenschneiders Aposteln verkörpert sehen. Nach dem *‹Lob der Torheit›* widmete er sich theologischen Fragen und übersetzte das Neue Testament aus dem Griechischen (bis

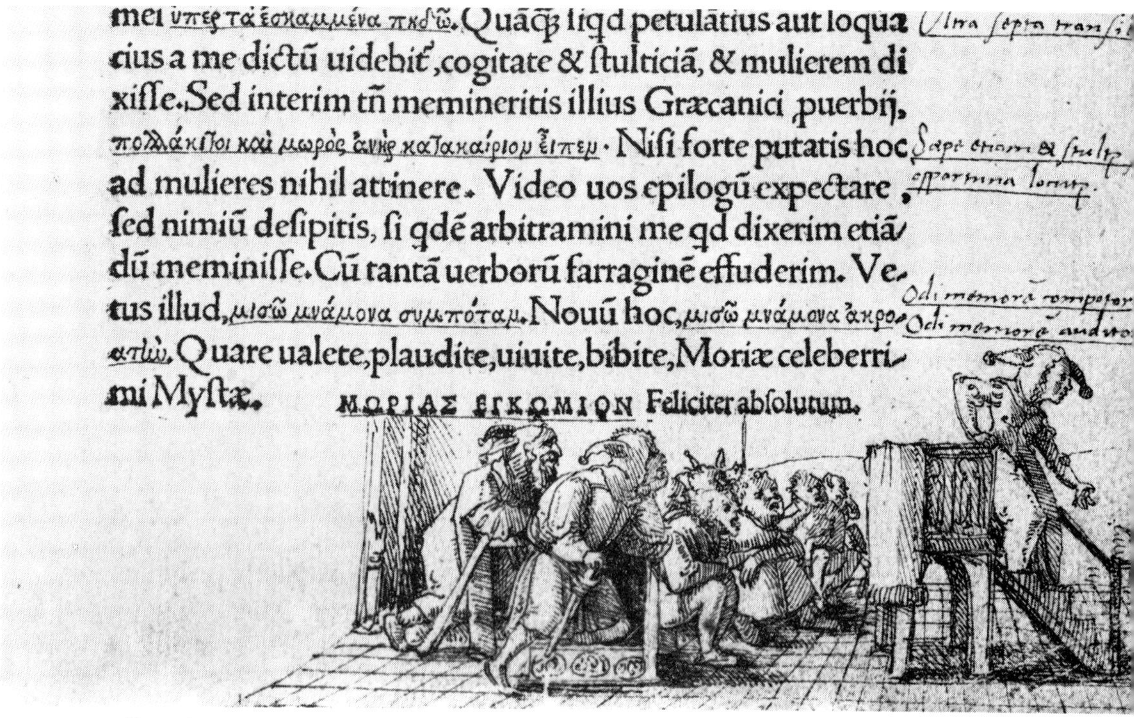

100 Hans Holbein d. J., Zeichnung aus Erasmus' Exemplar seines Buches *‹Lob der Torheit›*

dahin war es natürlich nur von der lateinischen Vulgata her bekannt, die eine Anzahl von Fehlern enthielt). Tausenden von ernsthaften Menschen im Norden wie auch in Spanien schien er eine vernünftige Lösung für alles, was sie verwirrte, zu bieten. Durch seine Gelehrsamkeit, durch seine Intelligenz und durch die Klarheit seines Stils brachte er ihnen die Wahrheit näher.

Während der Zeit, in der Erasmus Aufklärung und Information durch das Wort verbreitete, nährte eine andere Entwicklung der Buchdruckkunst die Vorstellungskraft: der Holzschnitt. Gewiß, der des Lesens unkundige Gläubige war jahrhundertelang durch Wandgemälde und Glasfenster unterrichtet worden, aber die ungeheure Verbreitung von Bildern, die der gedruckte Holzschnitt ermöglichte, schuf für diese Art der Kommunikation eine ganz andere Grundlage und sicherte ihr eine intimere Wirkung. Wie so oft fiel die Erfindung zusammen mit dem Auftreten einer großen Persönlichkeit. Diese Persönlichkeit war Albrecht Dürer. Er war ein sehr eigenartiger Charakter. Er war geboren und aufgewachsen in der Meistersingerstadt Nürnberg; sein Vater war jedoch Ungar, und Dürer war ganz und gar nicht der fromme deutsche Handwerker, für den man ihn lange gehalten hat. So verfügte er über ein stark ausgeprägtes Selbstbewußtsein und war ungewöhnlich eitel. Sein Selbstporträt [102], das sich heute in Madrid befindet, mit den Ringellöckchen, die ein seine Empfindsamkeit be-

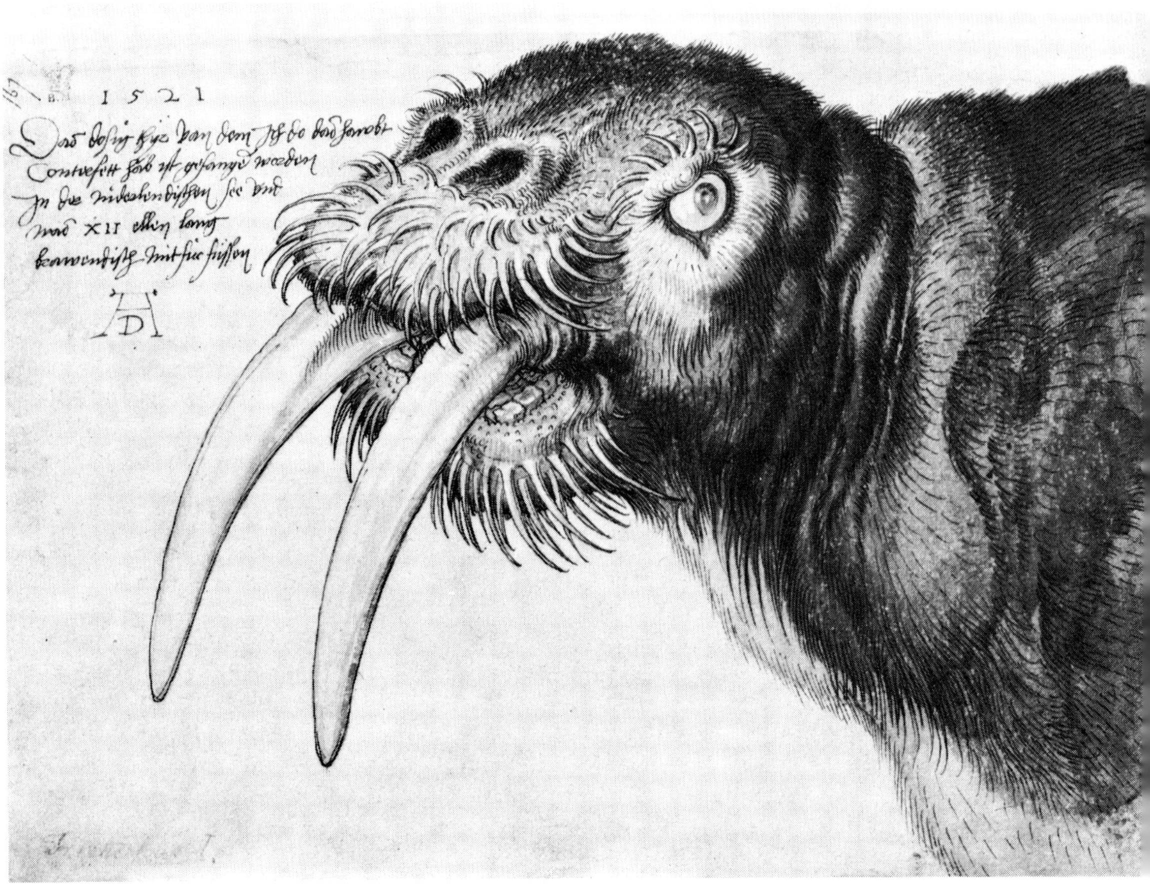

101 Albrecht Dürer, ‹*Das Walroß*› (Aquarell)

tonendes Gesicht rahmen, ist ein Meisterwerk der Eigenliebe; und zwei Jahre später ging er sogar noch weiter und stellte sich selbst in der traditionellen Haltung und mit den traditionellen Zügen Christi dar. Uns erscheint das ziemlich blasphemisch, und es hilft nichts, wenn Dürers Bewunderer erklären, er habe die schöpferische Kraft für eine göttliche Eigenschaft angesehen und seinen eigenen Genius ehren wollen, indem er sich selbst als Gott darstellte. Es stimmt zwar, daß es dem Geist der Renaissance entsprach, den Künstler als inspirierten Schöpfer zu sehen, und diese Einstellung ging auf die florentinischen Philosophen zurück. Leonardo spricht in seinem Malereitraktat ausführlich darüber; aber es ist unvorstellbar, daß Leonardo sich selbst als Christus dargestellt hätte.

Dennoch hatte Dürer manche Eigenschaften mit Leonardo gemein. So hatte auch er die Vision einer Sintflut, die die Menschheit ausrotten könnte; er reagierte darauf allerdings nicht mit trotziger Verachtung, sondern mit furchtsamem Gebet. Und außerdem teilte Dürer Leonardos Neugier, wenn auch nicht Leo-

102 Albrecht Dürer, ‹*Selbstbildnis*›

103 Albrecht Dürer, Gräser (Aquarell)

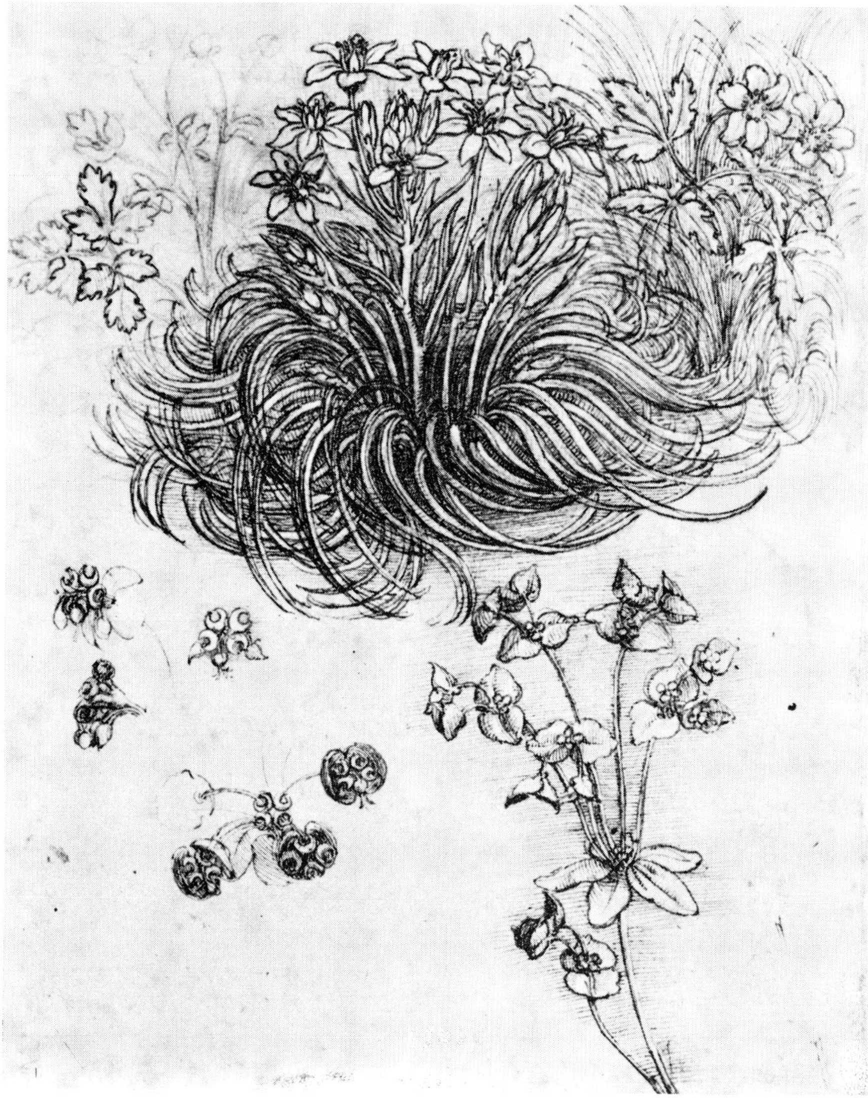

104 Leonardo da Vinci, Bethlehemstern (Zeichnung)

nardos Entschlossenheit, herauszufinden, wie die Dinge funktionierten. Er sammelte alle möglichen Raritäten und Kuriositäten, Gegenstände, wie sie hundert Jahre später zu den ersten Museumsgründungen führen sollten. Er nahm jede Reise auf sich, um solche Dinge in Augenschein zu nehmen, und starb dann auch an den Folgen einer solchen Reise nach den Niederlanden, wo er einen gestrandeten Wal sehen wollte (doch der Wal war in Verwesung übergegangen, bevor Dürer sein Ziel erreichte). Statt dessen sah er ein Walroß [101], an dessen stachliger Schnauze er seine Freude hatte. Kein Mensch hat jemals Gegenstände der Natur, Blumen, Gräser und Tiere mit größerer Genauigkeit dargestellt; und doch fehlt ihnen meiner Meinung nach etwas – das innere Leben. Vergleichen wir sein berühmtes Aquarell des Rasenstücks [103] mit einer Zeichnung Leonardos [104]: wie sehr vermissen wir in ihm bewußte Konzentration und das Gespür für organisches Leben; es wirkt wie der Hintergrund eines Glaskastens, in dem ein ausgestopftes Tier ausgestellt ist.

Aber wenn Dürer auch nicht versuchte, so tief in das innere Leben der Natur zu blicken wie Leonardo und ihre erschreckende Unabhängigkeit zu erfassen, so bewegte ihn doch zuinnerst das Geheimnis der menschlichen Seele. Die besessene Beschäftigung mit der eigenen Persönlichkeit war Teil eines leidenschaftlichen, allgemeinen psychologischen Interesses, und das ließ ihn eines der größten prophetischen Dokumente der westlichen Menschheit schaffen, den Stich, dem er den Titel ‹*Melencolia I*› [105] gab. Im Mittelalter verstand man unter Melancholie nichts weiter als eine einfache Verbindung von Faulheit, Langeweile und Verzagtheit, eine Haltung, die in einer unwissenden Gesellschaft weit verbreitet gewesen sein muß. Aber Dürers Deutung ist alles andere als vereinfachend. Diese Figur ist die Menschheit in ihrer am höchsten entwickelten Form, mit Flügeln, die sie aufwärts tragen können. Sie sitzt in der Haltung von Rodins ‹*Denker*› da und hält in ihrer Hand noch den Zirkel, Symbol des Messens, mit dem die Wissenschaft die Welt erobern wird. Um sie herum sind alle Sinnbilder konstruktiver Tätigkeit versammelt: eine Säge, ein Hobel, eine Kneifzange, eine Waage, ein Hammer, ein Schmelztiegel und zwei Elemente der Stereometrie, ein Polyeder und eine Kugel. Doch alle diese Konstruktionshilfsmittel hat sie beiseite gelegt und sitzt und sinnt über die Nichtigkeit aller menschlichen Bemühungen nach. Ihr besessener Blick spiegelt eine tiefe seelische Unruhe wider. Der deutsche Geist, der Dürer und die Reformation hervorgebracht hat, hat auch die Psychoanalyse entwickelt. Ich habe am Anfang die Feinde der Zivilisation erwähnt: hier, in Dürers prophetischer Vision, sehen wir noch einen weiteren Weg, wie Zivilisation zerstört werden kann – von innen her.

Dürers Bedeutung für seine eigene Zeit lag jedoch darin, daß bei ihm zu der ständigen Auseinandersetzung mit der realen Welt der Erscheinung noch eine äußerst fruchtbare Erfindungsgabe kam. Seine Holzschnitte und Kupferstiche sakraler Themen sind absolut überzeugend. Und mit zunehmendem Alter beherrschte er mit absoluter Vollkommenheit alle Techniken seiner Zeit, vor allem die Wissenschaft der Perspektive, die er nicht nur als intellektuelles Spiel auffaßte, wie es die frühen Florentiner getan hatten, sondern als ein Mittel, um die

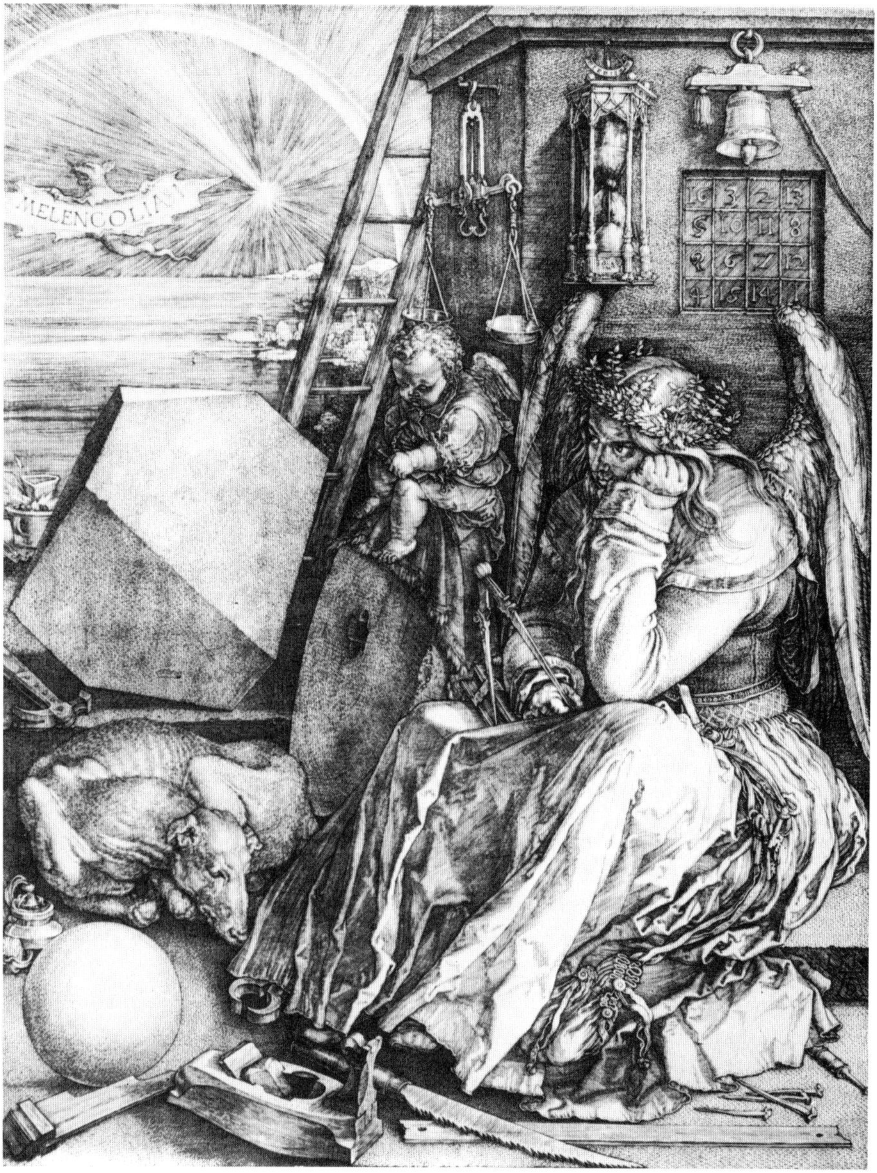

105 Albrecht Dürer, ‹*Melencolia I*› (Kupferstich)

Wirklichkeit stärker herauszuarbeiten. Mit seinen Holzschnitten verbreitete sich eine neue Art der Kunstbetrachtung, die nicht auf magische oder symbolische Werte, sondern auf Wirklichkeit und Genauigkeit gerichtet war. Ich zweifle nicht daran, daß die vielen einfachen Menschen, die seine Holzschnitte des Marienlebens [106] kauften, sie als angemessene Wiedergaben akzeptierten.

Dürer hatte Teil am intellektuellen Leben seiner Zeit. Im gleichen Jahr, in dem Erasmus seine Übersetzung der Briefe des hl. Hieronymus vollendete, stellte Dürer auf einem Stich den Heiligen [107] bei der Arbeit in einem typisch erasmischen Raum dar, der klar, ordentlich, sonnig und mit vielen Kissen geschmückt ist, wie man sie in Klöstern nicht kennt. Einen noch eindeutigeren Hinweis auf Erasmus enthält der Stich ‹*Ritter, Tod und Teufel*› [108]. Dürer dachte dabei ganz sicher an eines der meistgelesenen Bücher von Erasmus, das ‹*Handbüchlein des christlichen Streiters*›, denn in einem Tagebuch, das auf den Stich verweist, schreibt er: «O Erasme Roderadame, wo wiltu bleiben? Hör, du ritter Christj, reith hervor neben den herrn Christum, beschücz die wahrheit, erlang der martärer cron!» Nun, das war nicht Erasmus' Art; und der grimmig entschlossene Ritter in seiner schweren gotischen Rüstung, der, ohne die beiden ziemlich grotesken Schreckensgestalten neben sich zu beachten, vorwärtsdrängt, ist von dem großen Gelehrten mit seiner lebhaften Intelligenz und seinen nervösen Seitenblicken so grundverschieden wie nur möglich.

Fünfzehn Jahre lang wurde Dürers Anrufung des Erasmus von seinen Zeitgenossen in ganz Europa wiederholt, und man begegnet ihr noch heute in altmodischen Geschichtsbüchern. Warum nahm Erasmus nicht Stellung? Seine Antwort hätte gelautet, er wolle vor allem einen gewaltsamen Bruch vermeiden, der sich mitten durch die zivilisierte Welt ziehe. Erasmus glaubte nicht daran, daß eine Revolution das Volk in irgendeiner Weise glücklicher machen würde – und in der Tat tun Revolutionen das nur selten. Kurz nachdem Dürer ihn porträtiert hatte, schrieb er in einem Brief über die Protestanten: «Ich habe gesehen, wie sie von einer Predigt zurückkamen, als seien sie vom bösen Geist besessen. Alle Gesichter zeigten eine seltsame Wut und Wildheit.» Obwohl er uns so modern vorkommt, lebte er hinter seiner Zeit. Von seinem Wesen her war er ein Mann des vorangegangenen Jahrhunderts – er war, wie Pius II., ein Humanist im umfassendsten Sinn des Wortes. Das heroische Zeitalter, das in Florenz um 1500 entstand, war nicht seine Welt. Ungewöhnlich ist meiner Meinung nach die Tatsache, daß er so zahlreiche Anhänger hatte und daß ihm oder zumindest doch seinen Ansichten fast so etwas wie Erfolg beschieden war. Dies zeigt, daß viele Menschen sogar in Krisenzeiten sich nach Toleranz, Vernunft und einem normalen Leben sehnen – nach Zivilisation also. Aber leidenschaftlich emotionalen und biologischen Triebkräften gegenüber sind sie machtlos. Fast zwanzig Jahre nachdem der heroische Geist in den Werken Michelangelos sichtbar geworden war, manifestierte er sich in Deutschland in den Worten und Taten Martin Luthers.

Was immer auch Luther gewesen sein mag, bestimmt war er ein Held; und nach all dem Zweifeln und Zögern der Humanisten und den vagen Ausflüchten

106 Albrecht Dürer, Holzschnitt aus dem ‹*Marienleben*›

des Erasmus hören wir mit einem wahren Gefühl der Erleichterung Luther sagen: «Hier stehe ich.» Wir wissen, wie dieser feurige Geist aussah, denn Lucas Cranach, der Maler von Wittenberg, war einer der vertrautesten Freunde Luthers. Ihre Freundschaft war viel enger als die von Erasmus und Holbein. Jeder war Pate der Kinder des anderen, und Cranach malte Luther in allen Situationen seines so wechselvollen Lebens – den entschlossenen, geistig kämpfenden Mönch, den großen Theologen mit dem groben Bauernkinn und der michelangelesken Augenbraue [109], den emanzipierten Laien, gemalt um die Zeit seiner Hochzeit mit einer bewundernswerten und intelligenten Nonne (Cranach war Trauzeuge), und sogar in der Verkleidung, in der er inkognito auf die Wartburg entkam. Zweifellos war er eine äußerst beeindruckende Persönlichkeit, die «starke Persönlichkeit», auf welche die ernsten Deutschen immer warten.

Doch zum Schaden der Zivilisation beruhigte er sie nicht nur in ihren Zweifeln und machte ihnen Mut, sondern er setzte auch die bereits erwähnte latente Gewalt und Hysterie frei. Und außerdem gab es im Norden ein weiteres Charakteristikum, das der Zivilisation fundamental entgegengesetzt war: eine grobsinnliche, animalische Feindseligkeit gegenüber Vernunft und Schicklichkeit, eine Feindseligkeit, die der nordische Mensch aus den Zeiten des Waldlebens beibehalten zu haben scheint. Man betrachte den von Cranach gemalten alten Trollkönig [110], der so aussieht, als sei er der Erde entwachsen: das ist Luthers Vater Hans, der übrigens Bergmann war.

H. G. Wells hat einmal zwischen vom Gehorsam bestimmten und vom Willen bestimmten Gemeinschaften unterschieden; er glaubte, die ersteren hätten die stabilen Gesellschaften wie Ägypten und Mesopotamien hervorgebracht, die Urstätten der Zivilisation, während die letzteren die ruhelosen Nomaden des Nordens hervorgebracht hätten. Vielleicht hatte er recht, soweit irgendeine Verallgemeinerung dieser Art überhaupt richtig sein kann. Die vom Willen bestimmte Gemeinschaft, die wir Reformation nennen, war von Grund auf eine Volksbewegung. Am Schluß des Briefes, in dem Erasmus die mürrisch aus der Kirche kommenden Protestanten beschreibt, fügt er hinzu, daß keiner – außer einem alten Mann – seinen Hut gezogen habe. Erasmus hielt nichts von Formalitäten und Zeremonien in der Religion, aber soweit es um die Gesellschaft ging, dachte er anders; und das trifft, so merkwürdig es klingt, auch für Luther zu. Der große, als Bauernkrieg bekannte Volksaufstand erfüllte ihn mit Schrecken, und er drängte seine fürstlichen Herren, ihn mit größter Härte niederzuschlagen. Luther war gegen jede Art von Zerstörung, auch gegen die Zerstörung von Bildern. Aber die meisten seiner Anhänger waren Menschen, die der Vergangenheit nichts schuldeten – für die sie nichts anderes als unerträgliche Knechtschaft bedeutete. Und so bekam der Protestantismus zerstörerische Züge und wurde aus der Sicht derer, die lieben, was sie mit dem Auge betrachten, zu einer schrecklichen Katastrophe.

Wir wissen genug über den Bildersturm, über die Zerstörung dessen, was wir heute als Kunstwerke bezeichnen würden; wir wissen, daß selbst in der kleinsten Gemeindekirche jedes schöne Werk zerschlagen wurde – nicht nur Bilder, son-

107 Albrecht Dürer, ‹*Hieronymus im Gehäus*› (Kupferstich)

108 Albrecht Dürer, *‹Ritter, Tod und Teufel›* (Kupferstich)

109 Lucas Cranach d. Ä., *‹Martin Luther›* (Kupferstich)

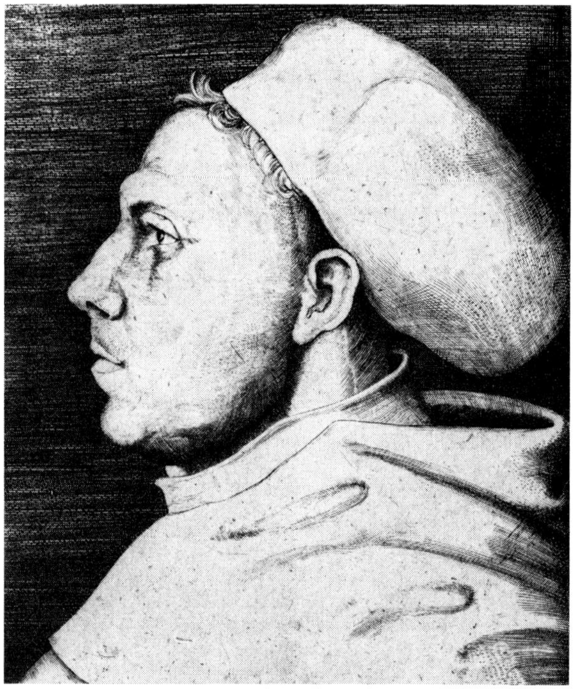

dern auch geschnitzte Deckel von Taufbecken und Altäre – alles, was erreichbar war, denn es lohnte sich für die Zerstörer nicht, sich über einzelne Dinge Gedanken zu machen. Die Folgen kann man in fast jeder alten Kirche und Kathedrale Englands und in vielen Kirchen Frankreichs und Deutschlands sehen. So wurden zum Beispiel in der Marienkapelle in Ely alle Glasfenster zertrümmert, und von der schönen Folge geschnitzter Szenen aus dem Marienleben wurden alle Köpfe abgeschlagen, vermutlich weil das mühelos möglich war. Das Motiv war meiner Meinung nach weniger religiöser Eifer als vielmehr ein innerer Drang, alles Anmutige zu zerstören und alles zu vernichten, was eine Geisteshaltung widerspiegelte, die der einfache Mann nicht teilen konnte. Allein die Existenz dieser unverständlichen Werte versetzte die Menschen in Wut. Aber dazu mußte es kommen. Sollte die Zivilisation nicht verwelken oder versteinern, wie die Gesellschaft im alten Ägypten, so mußte sie ihr Leben aus Wurzeln nähren, die tiefer reichten als jene Wurzeln, die die geistigen und künstlerischen Meisterleistungen der Renaissance ermöglicht hatten. Und so wurde schließlich eine neue Zivilisation geschaffen – aber es war nicht mehr eine Zivilisation des Bildes, sondern des Wortes.

Es gibt keinen Gedanken ohne Worte. Luther gab seinen Landsleuten Worte. Erasmus hatte nur in lateinischer Sprache geschrieben. Luther übersetzte die Bibel ins Deutsche und gab so den Menschen nicht nur die Möglichkeit, selber die Heilige Schrift zu lesen, sondern zugleich auch die Werkzeuge des Denkens. Und

110 Lucas Cranach d. Ä., *‹Luthers Vater›*

dank der Buchdruckkunst war die Bibel allgemein zugänglich. Die Bibelübersetzungen – von Calvin ins Französische, von Tyndale und Coverdale ins Englische – waren Marksteine in der Entwicklung des westlichen Geistes; wenn ich zögere zu sagen: in der Entwicklung der Zivilisation, so deshalb, weil sie auch den Nationalismus förderten; und wie ich schon sagte und immer wieder sagen werde, wurden fast alle Fortschritte in der Zivilisation in Zeiten des Internationalismus erreicht. Aber wie immer der Protestantismus sich auf die Dauer auswirken sollte, die unmittelbaren Ergebnisse waren sehr schlecht: nicht nur schlecht für die Kunst, sondern auch schlecht für das Leben. Überall im Norden zogen Raufbolde durchs Land und fielen unter jedem Vorwand über die Menschen her. Sie erscheinen ziemlich häufig in der deutschen Kunst des 16. Jahrhunderts [111], sehr selbstzufrieden und offenbar sehr bewundert. Alle destruktiven Elemente waren freigelassen. Dreißig Jahre früher hatte Dürer in einer Serie von Holzschnitten die Apokalypse illustriert [112]. Man könnte sa-

111 Urs Graf, ‹*Schweizer Landsknecht*›

gen, daß diese Holzschnitte die gotische Seite seines Wesens wiedergeben, denn die Apokalypse war ein beliebtes Thema des Mittelalters. Man kann sie aber auch als prophetische Darstellungen betrachten, denn sie zeigen mit erschreckender Genauigkeit die Greuel, die über Westeuropa kommen sollten, wobei jede der einander bekämpfenden Seiten sich als Werkzeug göttlichen Zornes bezeichnete. Feuer regnet vom Himmel auf Könige, Päpste, Mönche und auf die Armen, und wer dem Feuer entkommt, fällt dem rächenden Schwert zum Opfer. Es ist ein schrecklicher Gedanke, daß die sogenannten Religionskriege, in denen die Religion natürlich nur ein Vorwand für politische Ambitionen war – dennoch aber eine Art emotionaler Triebkraft beisteuerte –, hundertzwanzig Jahre lang andauern sollten und daß es in ihrem Verlauf zu so ungeheuerlichen Ereignissen wie der Bartholomäusnacht kam. Kein Wunder, daß die Kunst jener Zeit, die in unseren Tagen unter dem marktschreierischen Namen Manierismus unheilvoll wieder in Mode gekommen ist, den während der Renaissance erworbenen Glauben an die Würde und die höhere Bestimmung des Menschen verwerfen sollte. Nur den erregenden Reizen nachjagen: das ist das Motto der Manieristen, und wie alles, was gegen den inneren Anstand verstößt, ist es unwiderstehlich.

Was konnte ein intelligenter und aufgeschlossener Mensch im Europa des 16. Jahrhunderts tun? Er konnte sich still verhalten, in der Zurückgezogenheit arbeiten, sich nach außen hin konform geben und innerlich frei bleiben. Die Religionskriege ließen eine neue Figur in der europäischen Zivilisation erstehen, die uns allerdings aus der Geschichte Chinas schon vertraut ist: den intellektuellen Einsiedler. Petrarca und Erasmus waren auf der höchsten Ebene der Politik tätig gewesen. Sie hatten Fürsten als Ratgebern gedient. Ihr Nachfolger, der größte Humanist um die Mitte des 16. Jahrhunderts, zog sich in seinen Turm zurück (es war ein richtiger Turm, nicht der so oft beschworene ‹Elfenbeinturm›). Es war Michel de Montaigne, der seiner Vaterstadt Bordeaux ein recht gewissenhafter Bürgermeister war, doch nie nach größerer Macht strebte. Über die Wirkung der von der Reformation freigesetzten religiösen Überzeugungen gab er sich keinen Illusionen hin. «Indem sie versuchen, aus sich selbst Engel zu machen», sagte er, «verwandeln sich die Menschen in Tiere.»

Er wurde 1533 in Südfrankreich geboren. Seine Mutter war jüdische Protestantin, sein Vater, der eine hohe Bildung und ein beträchtliches Vermögen besaß, war Katholik. Aber Montaigne entfernte sich nicht nur von diesen beiden Glaubensrichtungen, er stand der christlichen Religion insgesamt absolut skeptisch gegenüber. Er sagte: «Ich würde gern in der einen Hand eine Kerze für den heiligen Michael und in der anderen Hand eine Kerze für seinen Drachen halten.» Seine *‹Essais›* sind ebenso mit Zitaten vollgestopft wie die Abhandlungen der sich bekämpfenden Priester, doch stammen diese Zitate nicht aus der Bibel, sondern aus den Werken griechischer und römischer Schriftsteller, die er anscheinend fast auswendig kannte. Aber weit entscheidender als diese klassische Gelehrtheit war seine unvergleichliche Losgelöstheit von Menschen und Dingen. Nur zwei Gefühle bewegten je sein Herz: die Liebe zu seinem Vater und die Freundschaft – wie die zwischen Tennyson und Hallam – mit einem Mann na-

 Farbtafel 21: Albrecht Dürer, *‹Oswald Krell›*
Farbtafel 22 (Rückseite): Hans Holbein d. J., *‹Die Madonna des Bürgermeisters Meyer›*

OSWOLT·KREL
1499

112 Albrecht Dürer, ‹*Die vier Apokalyptischen Reiter*› (Holzschnitt)

Farbtafel 23 (Vorderseite): Tizian, ‹*Paul III.*›
Farbtafel 24: Rubens, ‹*Die reuige Sünderin*›

mens La Boétie; als beide gestorben waren, zog er sich ganz in sich selbst zurück. Nur eine Sache beschäftigte seinen Geist: die Wahrheit. Aber seine Vorstellung von Wahrheit war grundverschieden von dem, was ernsthafte Menschen in Colets Predigten oder in Erasmus' Neuem Testament gesucht hatten. Sie umfaßte die Forderung, jede Frage stets von beiden Seiten zu betrachten, auch wenn diese andere Seite nach herkömmlichen Maßstäben noch so schockierend war. Es war eine Wahrheit, die auf dem Zeugnis der einzigen Person beruhte, die er ohne Scham oder Skrupel erforschen konnte: und das war er selbst. In der Vergangenheit hatte eine solche Selbsterforschung etwas Schmerzliches gehabt und war ein Akt der Buße gewesen. Montaigne sah darin ein Vergnügen, und so sagt er: «Kein Vergnügen hat irgendeinen Reiz, wenn ich es nicht mitteilen kann.» Zu diesem Zweck erfand er den Essay, der dreihundert Jahre lang, von Bacon bis Hazlitt, die allgemein akzeptierte Form humanistischer Kommunikation bleiben sollte.

Diese Selbsterforschungen markieren das Ende des heroischen Geistes der Renaissance. Wie Montaigne sagt: «Selbst wenn wir auf dem höchsten Thron der Welt sitzen, sitzen wir doch auf unserem eigenen Hinterteil.» Das Merkwürdige ist, daß die Leute auf den hohen Thronen es Montaigne nicht verübelten; im Gegenteil, sie suchten seine Gesellschaft. Hätte er länger gelebt, so hätte sein Freund Heinrich IV. ihn vielleicht gezwungen, Kanzler von Frankreich zu werden. Aber Montaigne zog es vor, in seinem Turm zu bleiben.

So sah die egozentrische Isolierung aus, in die die Religionskriege den zivilisiertesten Mann des späten 16. Jahrhunderts zwangen. Doch es gab ein Land,

113 Kirby Old Hall, Northamptonshire

114 Little Moreton Hall, Cheshire

in dem die Menschen auch nach 1570 ohne Furcht vor Bürgerkriegen oder plötzlichen Racheakten leben konnten, wenn sie nicht gerade Jesuiten waren – in England. Es läßt sich vermutlich darüber streiten, inwieweit man das elisabethanische England als zivilisiert bezeichnen kann. Gewiß finden wir hier kein wiederholbares Zivilisationsmuster wie im Frankreich des 18. Jahrhunderts. Es war brutal, skrupellos und kannte keine Ordnung. Wenn aber die Grundvoraussetzungen für eine Zivilisation intellektuelle Kraft, Freiheit des Geistes, Sinn für Schönheit und Sehnsucht nach Unsterblichkeit sind, dann war das Zeitalter von Marlowe und Spenser, Dowland und Byrd eine Art Zivilisation. Es brachte eine phantastische Architektur hervor [113], Paläste aus Glas und Stein mit reichen, in Schwarz und Weiß gehaltenen Mustern [114], Paläste, die nicht von Gräben umgeben, die ungeschützt und unerträglich zugig waren, aber so angelegt, daß sie den Menschen ein freies Verhältnis zur Natur und untereinander ermöglichten, was die Architektur unserer Tage von neuem zu erreichen versucht.

Das ist der Hintergrund Shakespeares. Natürlich kann ich der Größe Shakespeares im Rahmen dieser Ausführungen nicht gerecht werden. Aber erwähnen muß ich ihn schon deshalb, weil es kaum ein Phänomen gibt, das besser geeignet wäre, Zivilisation zu rechtfertigen, als die Tatsache, daß sie ein solches Genie hervorzubringen vermag. In der Freiheit seines Geistes, in der Fähigkeit, sich selbst zu verwirklichen, in seiner absoluten Unabhängigkeit von jeglichem Dogma verkörpert und erhellt Shakespeare das Stück Geschichte, das ich hier beschrieben habe. Seine reifsten Schauspiele sind – von allem anderen abgesehen – dichterische Verwirklichung der geistigen Redlichkeit Montaignes; wir wissen auch, daß Florios Übersetzung Montaignes einen tiefen Eindruck auf Shakespeare gemacht hat. Doch Shakespeares Skeptizismus war umfassender und unbequemer. Anders als bei Montaigne, der sich von allem löste, finden wir bei Shakespeare einen Geist leidenschaftlichen Engagements; und an die Stelle des Essays tritt die eindringliche Kommunikation auf der Bühne.

Du schuft'ger Büttel, weg die blut'ge Hand!
Was geißelst du die Hure? Peitsch dich selbst;
Dich lüstet heiß mit ihr zu tun, wofür
Dein Arm sie stäupt . . .
Kein Mensch ist sündig; keiner, sag' ich, keiner.

Das ist reiner Montaigne – aber doch ganz anders. Und außerdem war Shakespeare der erste und vielleicht der einzige überragende große Dichter, der keinen religiösen Glauben besaß, nicht einmal den Glauben der Humanisten an den Menschen. Im Gegensatz zu Albertis beschwörenden Worten (zitiert auf S. 107), steht der Monolog Hamlets:

Welch ein Meisterwerk ist der Mensch! Wie edel durch Vernunft! wie unbegrenzt an Fähigkeiten! in Gestalt und Bewegug wie bedeutend und wunderwürdig! im Handeln wie ähnlich einem Engel! im Begreifen wie ähnlich einem Gott! die Zierde der Welt! das Vorbild der Lebendigen! Und doch, was ist mir diese Quintessenz von Staube? Ich habe keine Lust am Manne –

Es hat nach Shakespeare große Pessimisten gegeben – Leopardi, Baudelaire –, aber wer anders hat so stark die absolute Bedeutungslosigkeit des menschlichen Lebens empfunden?

Morgen, und morgen, und dann wieder morgen,
Kriecht so mit kleinem Schritt von Tag zu Tag,
Zur letzten Sylb' auf unserm Lebensblatt;
Und alle unsre Gestern führten Narr'n
Den Pfad des stäub'gen Tod's. – Aus! kleines Licht! –
Leben ist nur ein wandelnd Schattenbild –
Ein armer Komödiant, der spreizt und knirscht
Sein Stündchen auf der Bühn', und dann nicht mehr

Vernommen wird; ein Märchen ist's, erzählt
Von einem Dummkopf, voller Klang und Wut,
Das nichts bedeutet.

Wie undenkbar wären solche Worte vor der Spaltung der Christenheit, vor dem tragischen Bruch gewesen, der auf die Reformation folgte! Und doch spüre ich, daß der menschliche Geist neue Größe gewonnen hat, als er sich dieser Leere gegenübersah.

7 Größe und Gehorsam

Ich bin wieder in Rom und stehe auf den Stufen der alten Kirche Santa Maria Maggiore. Um sie herum tost der höllische römische Straßenverkehr, aber in ihrem Innern [116] finden wir noch die alten Säulen der Basilika aus dem 5. Jahrhundert und darüber die Mosaiken mit Szenen aus dem Alten Testament, die beinahe ältesten Illustrationen zur Bibel, die noch existieren. Da man Alt-St. Peter abgerissen und den Lateran mit Stuck verkleidet hat, können wir nirgendwo in Rom einen ähnlich mächtigen Eindruck von der christlichen Kirche vor dem Einfall der Barbaren erhalten. Diese Größe hatte die römische Kirche einstmals erreicht und sollte sie nun wieder erreichen. Vom Dach von Santa Maria Maggiore aus blicken wir ringsum auf lange, gerade Straßen, und jede mündet in einem Platz mit einer berühmten Kirche – der Lateran, die Trinità dei Monti, Santa Croce in Gerusalemme –, und auf den Plätzen stehen ägyptische Obelisken, Zeichen der ersten Zivilisation und des ersten gottgelenkten Staates, den Rom überwunden hatte. Das ist das päpstliche Rom, wie es bis in unser Jahrhundert bestehen bleiben sollte, der großartigste städtebauliche Versuch, der je unternommen wurde. Das Erstaunlichste ist, daß Rom nur fünfzig Jahre zuvor, wie es schien, zutiefst gedemütigt und fast von der Landkarte ausgelöscht worden war. Die Stadt war geplündert und in Brand gesteckt, die Völker im Norden waren zu Ketzern geworden, und die Türken bedrohten Wien. Ein weitsichtiger Intellektueller (wie die französischen Intellektuellen von 1940) hätte damals die einzige Überlebenschance des Papsttums wohl darin gesehen, den Tatsachen ins Auge zu blicken und sich mit der Abhängigkeit vom Golde Amerikas abzufinden, das von Spanien sparsam ausgeteilt wurde.

Das geschah aber nicht. Rom und die Römische Kirche eroberten viele der verlorenen Gebiete zurück und entwickelten sich – was in diesem Zusammenhang wichtiger ist – von neuem zu einer großen, geistigen Macht. Aber war es eine zivilisierende Kraft? Wir Engländer neigen dazu, das zu verneinen. Unsere Einstellung ist von Generationen liberaler protestantischer Historiker geprägt worden, die uns lehren, daß keine Gesellschaft, die auf Gehorsam, Unterdrükkung und Aberglauben aufgebaut ist, wirklich zivilisiert sein kann. Aber wer auch nur einen Funken historisches Verständnis oder philosophische Objektivität besitzt, kann nicht blind sein für die großen Ideale, den leidenschaftlichen Glauben an die Heiligkeit, für die Hingabe des menschlichen Geistes im Dienste Gottes, die uns bei jedem Schritt im barocken Rom so triumphierend vor Augen geführt werden. Wie immer wir es bezeichnen wollen, es ist weder barbarisch noch provinziell. Außerdem war das Wiederaufleben des Katholizismus eine Volksbewegung, er erlaubte dem gewöhnlichen Volk, durch Ritual, Bilder und Symbole seine tiefsten Impulse zu befriedigen, so daß es innerlichen Frieden

115 Südliches Querschiff der Peterskirche, Rom

116 Santa Maria Maggiore, Rom

fand. Und ich glaube, wir müssen die Definition des Wortes ‹Zivilisation› aufschieben, bis wir uns im päpstlichen Rom umgesehen haben.

Wer da meint, mit der Renaissance habe sich der italienische Genius erschöpft, befindet sich im Irrtum, wie auf den ersten Blick deutlich wird. Nach 1527 schwand zwar das Selbstvertrauen, was aber nicht weiter erstaunlich war. Historiker sehen in der Plünderung Roms oft eher ein Symbol als ein historisch bedeutsames Ereignis; nun, Symbole können manchmal die Vorstellungskraft stärker anregen als Tatsachen – doch wie dem auch sei, für jeden, der die Plünderung miterlebte, muß sie von erschreckender Realität gewesen sein. Wenn man den unteren Teil von Michelangelos *‹Jüngstem Gericht›* [117], das Klemens VII. nach der Plünderung als eine Art Sühneopfer in Auftrag gegeben hatte, mit einer Gruppe in Raffaels *‹Disputà›* oder mit der *‹Erschaffung Adams›* vergleicht, erkennt man deutlich, daß sich in der Zwischenzeit für die Vorstellungswelt des Christentums etwas sehr Einschneidendes ereignet hat.

117 Michelangelo, *‹Jüngstes Gericht›*

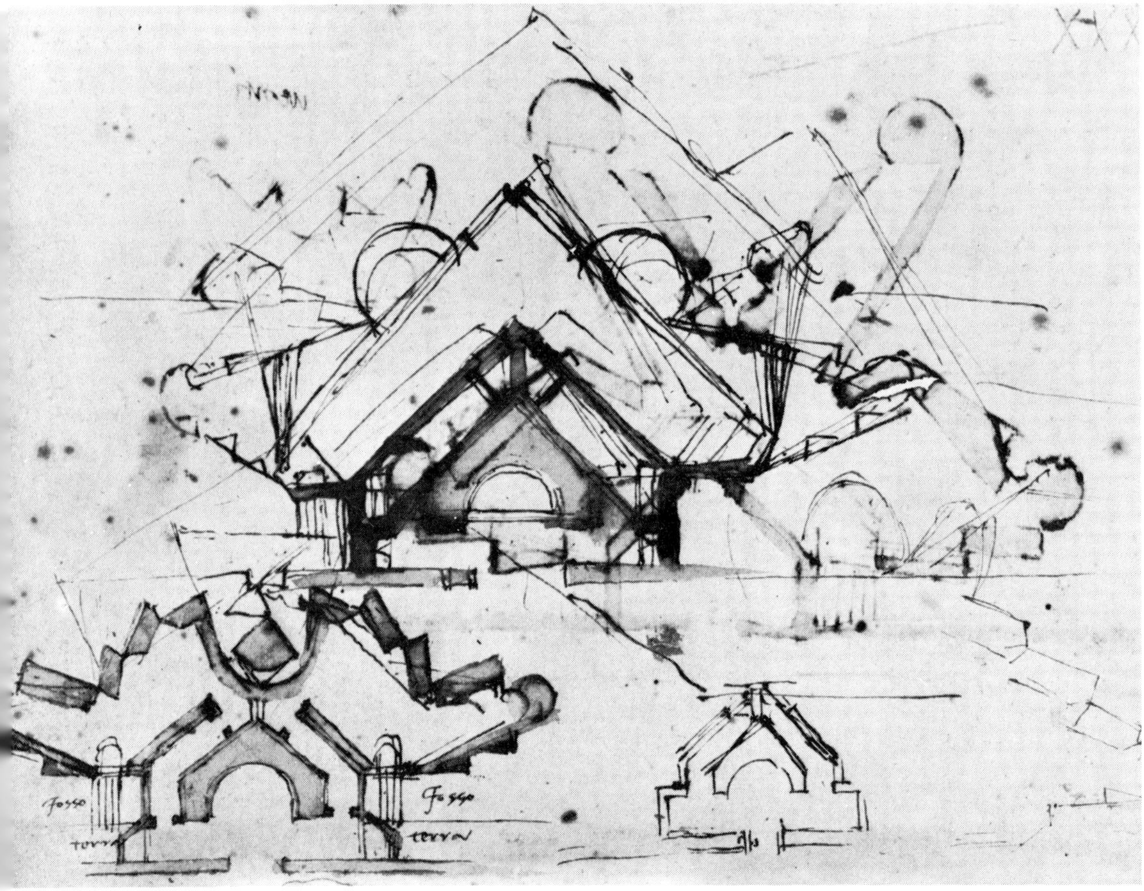

118 Michelangelo, Befestigungspläne

Michelangelo hatte nur widerstrebend mit dem *‹Jüngsten Gericht›* begonnen; unter Klemens' Nachfolger, Papst Paul III. Farnese, überredete man ihn, die Arbeit fortzusetzen – doch nun sollte das Werk einem ganz anderen Ziel dienen. Kein Sühneakt mehr oder der Versuch, einen bösen Traum bildlich darzustellen, sondern es sollte die erste und stärkste Demonstration kirchlicher Macht werden und zugleich das Schicksal zeigen, das Ketzer und Schismatiker erwartete. Das Werk gehört in eine Periode der Strenge, während der die katholische Kirche ihre Probleme in fast demselben puritanischen Geist zu lösen versuchte wie die Protestanten. Es ist merkwürdig, daß gerade Paul III. diese Periode einleiten sollte, denn er war in mancher Hinsicht der letzte humanistische Papst. An seiner Wiege hatte die Korruption Pate gestanden. Zum Kardinal wurde er ernannt, weil seine Schwester – bekannt als ‹La Bella›, die Schöne – die Geliebte Alexander Borgias gewesen war. Seiner Bildung und seinen Neigungen nach war er ein Mann der Renaissance. Auf den ersten Blick wirkt er wie ein schlauer alter Fuchs, aber wenn man Tizians Porträt von ihm in Neapel betrachtet [Farbtafel 23] –

119 Michelangelo, Paulus

eines der größten Porträts, die je gemalt worden sind –, dann sieht man einen weisen alten Kopf, und je länger man ihn ansieht, desto eindrucksvoller wirkt er. Und zwei Entscheidungen, die er traf, waren geeignet, der Reformation wirkungsvoll zu begegnen: er sanktionierte den Jesuitenorden und berief das Konzil von Trient.

Michelangelo konnte ihm nichts abschlagen; er vollendete nicht nur das *‹Jüngste Gericht›*, sondern malte auch die geheimnisvollen und ehrfurchtgebietenden Fresken in der Paulinischen Kapelle [119]: der Kopf des hl. Paulus zeigt den Schmerz geistiger Schau und die ihr vorangehende Blindheit. Die Darstellung berührt uns auch deshalb so außerordentlich, weil wir wissen, daß es sich um ein idealisiertes Selbstporträt handelt. 1546 nahm er von Papst Paul den Auftrag an, den Bau von St. Peter zu leiten. So wurde Michelangelo dank seines langen Lebens und seines Genies zum geistigen Bindeglied zwischen der Renaissance und der Gegenreformation.

Einer der Gründe, warum die Architektur des Mittelalters und der Renais-

120 Peterskirche, Rom

sance so viel besser ist als unsere eigene, liegt darin, daß damals die Architekten Künstler waren. Die Baumeister der gotischen Kathedralen arbeiteten zunächst als Bildhauer an den Portalen. In der Renaissance war Brunelleschi ursprünglich Bildhauer, Bramante Maler gewesen; Raffael, Peruzzi und Giulio Romano waren Maler, die in der Mitte ihres Lebens Architekten wurden. Von den großen Architekten Roms im 17. Jahrhundert war Pietro da Cortona Maler und Bernini Bildhauer; dieser Tatsache ist es zu verdanken, daß ihrem Werk eine plastische Kraft, ein Gefühl für Proportionen und eine auf dem Studium der menschlichen Gestalt beruhende klare Gliederung eigen ist, wie sie die Kenntnis der Zugspannung des Stahls und anderer Voraussetzungen für moderne Bauweise nicht unbedingt hervorzubringen vermag.

Michelangelo war der wagemutigste von all diesen nichtprofessionellen Architekten, er ließ sich am wenigsten von klassizistischen Gesichtspunkten und funk-

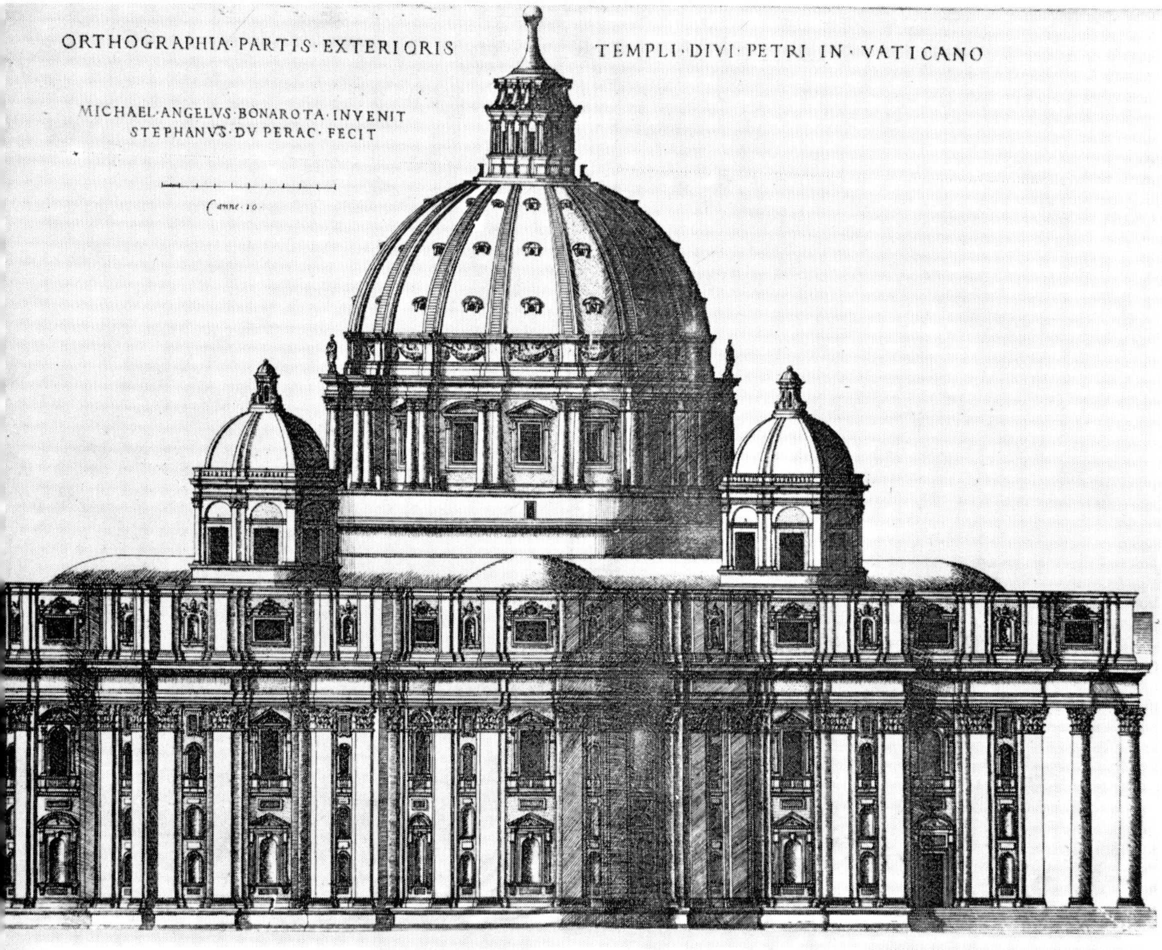

121 Michelangelo, Entwurf für die Kuppel der Peterskirche in Rom (Kupferstich)

tionellen Erfordernissen bestimmen. Das heißt nicht, daß er unpraktisch gewesen wäre – er fertigte Zeichnungen für die Befestigungsanlagen von Florenz an [118], die nach den Maßstäben militärischer Notwendigkeiten höchst genial sind und zugleich den besten abstrakten Kunstwerken gleichen. Vielleicht besaß nur Michelangelo die geistige Kraft, die ungeheuren, unfertigen Baumassen von St. Peter in eine Harmonie zu bringen. Vier hervorragende Architekten hatten vor ihm daran gearbeitet; die Mittelpfeiler und Teile der Außenmauern standen bereits; aber Michelangelo war in der Lage, dem Ganzen die Einheit seines eigenen Charakters aufzuprägen. Es ist der plastischste aller seiner Entwürfe – eine riesige, einfache Einheit, die den Betrachter zwingt, den Bau wie das Bildwerk eines Torso von allen Seiten in Augenschein zu nehmen [115]. Jahrhundertelang haben Kunstkritiker und -liebhaber in ekstatischer Begeisterung den edlen kraftvollen Bogen der Kuppel gepriesen [120], als Ausdruck von Michelangelos

122 Daniele Crespi, *‹Der heilige Karl Borromäus›*

geistigem Trachten. Es ist vielleicht die eindrucksvollste Kuppel der Welt, die mühelos alle anderen römischen Kuppeln, die man beim Blick über die Stadt sehen kann, beherrscht. Aber alles deutet darauf hin, daß sie nicht Michelangelos eigentlichen Intentionen entspricht: er hatte sie sich kugelförmiger und weniger zugespitzt vorgestellt [121]. Die heutige Kuppel wurde von della Porta nach Michelangelos Tod entworfen; nun, wir können sie ruhig weiterhin bewundern, müssen dabei jedoch mehr an della Porta denken.

Della Porta war tatsächlich einer der wenigen guten Architekten im Rom des späten 16. Jahrhunderts. Die Männer, die für die großartigen Vorhaben Sixtus' V. die Pläne entworfen hatten – Domenico Fontana und andere –, waren nur mittelmäßige Künstler. Dieses eine Mal hing die künstlerische Wiedergeburt nicht von einzelnen talentierten Künstlern ab, sondern beruhte auf der Vorstellungskraft und Energie der Auftraggeber. Die Maler waren noch schlechter – und wenn ich angesichts des heutigen Zustands der Malerei etwas Mut fassen will, so brauche ich nur an die schwache, manierierte, befangene und sich ständig wiederholende Malerei zu denken, die im 16. Jahrhundert etwa fünfzig Jahre lang in Rom die Szene beherrschte. Es war eher eine Zeit der Festigung als eine schöpferische Epoche. Es war auch eine Zeit der Strenge und Zurückhaltung, für die der führende Geist dieser Zeit ein gutes Beispiel ist: der hl. Karl Borromäus, dessen legendäre Askese in Daniele Crespis Porträt [122] verherrlicht ist. Aber der Gegenstand unserer Betrachtungen, diese Periode einer schwerfälligen Architektur und einer überladenen Malerei, ist voller Überraschungen; die gleiche Zeit brachte einen großen Musiker hervor: Palestrina. Er war zuerst Chorleiter im Lateran, später an der Peterskirche, und die Musik, die er komponierte, sollte den liturgischen Regeln des Konzils von Trient entsprechen. Der hl. Karl Borromäus gehörte zu denen, die eigens mit der Aufgabe betraut waren, die Musik an St. Peter zu purifizieren, doch es scheint, daß er an der sinnlichen Schönheit der Klänge Palestrinas nichts auszusetzen hatte. Die Vorwürfe und Einschränkungen, mit denen man in den dreißiger Jahren unseres Jahrhunderts Schostakowitsch das Leben schwermachte, sind Palestrina offenbar erspart geblieben.

Der letzte Stein der Kuppel von St. Peter wurde 1590 eingesetzt, wenige Monate vor dem Tode Sixtus' V. Die lange Zeit der Strenge und Festigung war nun fast vorüber, und in dem folgenden Jahrzehnt wurden jene drei Männer geboren, die den Sieg der katholischen Kirche sichtbar machen sollten: Bernini, Borromini und Pietro da Cortona.

Wie wurde dieser Sieg errungen? Bei uns in England heißt es, daß er der Inquisition, dem Index und der Societas Jesu zu verdanken gewesen sei. Ich glaube nicht, daß ein so großer Kraftausbruch, wie er in Rom zwischen 1620 und 1660 stattfand, das Ergebnis negativer Faktoren gewesen sein kann, aber ich gebe zu, daß die Zivilisation jener Jahre von bestimmten Voraussetzungen abhing, über die man heute zumindest in England und Amerika nicht sehr freundlich denkt. Da war zuerst natürlich der Glaube an die Autorität, die absolute Autorität der katholischen Kirche. Dieser Glaube beherrschte auch Bereiche der Gesellschaft, die wir heute als von Natur aus rebellisch ansehen. Es ist etwas schockierend, wenn man feststellt, daß alle großen Künstler dieser Zeit – mit einer einzigen Ausnahme – aufrichtige, gehorsame Christen waren. Guercino verbrachte einen Teil seiner Vormittage im Gebet, Bernini zog sich häufig in die Einsamkeit zurück und verrichtete die geistigen Übungen des hl. Ignatius, Rubens nahm jeden Morgen, bevor er an die Arbeit ging, an der heiligen Messe teil. Die Ausnahme war Caravaggio, der sehr viel vom Helden eines modernen Dramas hatte. Außerdem war er ein hervorragender Maler.

Dieser Konformismus hatte nichts mit Furcht vor der Inquisition zu tun, sondern beruhte auf der schlichten Überzeugung, der Glaube, der die großen Heiligen der vorangegangenen Generation inspiriert hatte, solle die Ordnung des menschlichen Lebens bestimmen. Die Mitte des 17. Jahrhunderts war fast in gleichem Maße wie das ganze 12. Jahrhundert eine Epoche großer Heiliger in der römischen Kirche. Der hl. Johannes vom Kreuz, der große Dichter des Mystizismus, der hl. Ignatius von Loyola, der seherische Soldat und Seelenkenner, die hl. Theresia von Ávila, die große Lehrmeisterin mit ihrer unwiderstehlichen Verbindung von mystischer Erfahrung und gesundem Menschenverstand, und der hl. Karl Borromäus, der strenge Verwalter – man braucht nicht gläubiger Katholik zu sein, um dem halben Jahrhundert, das diese großen Geister hervorgebracht hatte, Hochachtung entgegenzubringen. Ignatius, Theresia, Filippo Neri und Franz Xaver wurden alle an ein und demselben Tag, am 22. Mai 1622, heiliggesprochen. Es war, als empfinge ein wiederauferstandenes Rom seine Taufe.

123 Gentile Bellini, ‹*Die Madonna mit der Birne*›. Accademia Carrara, Bergamo

Ich will jedoch nicht behaupten, daß die Bedeutung dieser Episode für die Geschichte der Zivilisation hauptsächlich in ihrem Einfluß auf Künstler und Philosophen liegt. Ich glaube im Gegenteil, daß sich das geistige Leben in der freieren Atmosphäre des Nordens voller entfaltete. Die großen Leistungen der katholischen Kirche lagen in der Harmonisierung, Humanisierung und Zivilisierung der tiefsten Triebkräfte des gewöhnlichen, unwissenden Volkes. Man denke an den Marienkult. Im frühen 12. Jahrhundert war die Jungfrau die höchste Beschützerin der Zivilisation gewesen. Sie hatte ein ganzes Geschlecht rauher, grausamer Barbaren die Tugenden der Zartheit und des Mitleids gelehrt. Die großen Kathedralen des Mittelalters waren ihre irdische Heimstatt. In der Renaissance blieb sie zwar die Himmelskönigin, wurde aber zugleich die menschliche Mutter, deren Wärme, Liebe und Nahbarkeit für jeden erkennbar waren [123]. Man stelle sich die Gefühle eines schlichten Menschen vor – eines spanischen Bauern etwa oder eines italienischen Handwerkers –, wenn er hörte, daß die Häretiker im Norden die Jungfrau beleidigten, ihre Heiligtümer entweihten, ihre Bildnisse von den Wänden rissen oder enthaupteten. Er muß etwas gespürt haben, das tiefer ging als ein Schock oder als Entrüstung: er muß gefühlt haben, daß ein wesentlicher Teil seines Gefühlslebens bedroht war. Und er hatte sicher recht.

Die stabilisierenden umfassenden Religionen der Welt, die Religionen, die jeden Teil des menschlichen Daseins durchdringen – wie etwa in Ägypten, Indien oder China –, maßen dem weiblichen Schöpfungsprinzip zumindest ebensoviel Bedeutung bei wie dem männlichen; sie hätten keine Philosophie ernst genommen, die nicht beide umschloß. Sie alle waren – nach H. G. Wells – Gemeinschaften des Gehorsams. Die aggressiven nomadischen Gesellschaften – die er vom Willen bestimmte Gemeinschaften nannte –, wie Israel, der Islam, der protestantische Norden, sahen ihre Götter als männliche Wesen. Es ist merkwürdig, daß die ausschließlich ‹männlichen› Religionen keine religiösen Bildwerke hervorbrachten, sondern sie meistens sogar ausdrücklich verboten. Die große religiöse Kunst der Welt ist tief mit dem weiblichen Prinzip verquickt. Natürlich war sich der Durchschnittskatholik all dieser Dinge nicht bewußt, wenn er zur Jungfrau betete; auch interessierten ihn nicht die wahrhaft verwirrenden theologischen Probleme, die durch die Lehre von der Unbefleckten Empfängnis aufgeworfen wurden. Er wußte nur, daß die Ketzer ihm dieses süße, mitfühlende und huldreiche Wesen nehmen wollten, von dem er die gleiche Fürsprache erwarten durfte, mit der seine Mutter vielleicht in seiner Jugend einem harten Meister gegenüber für ihn eingetreten war.

Denken wir an einen anderen menschlichen Trieb, den man in ein harmonisches Ganzes einfügen kann, den man aber nicht unterdrücken sollte: den Trieb zu beichten. Der Historiker kann nicht umhin, festzustellen, daß das Verlangen nach Beichte auch – oder vielleicht gerade – im Land der Pilgerväter wieder stark zugenommen hat. Der Unterschied zu früher besteht nur darin, daß heute die Beichte nicht mehr mit einer einfachen und tröstlichen liturgischen Anweisung beantwortet wird, die das Gewicht der göttlichen Autorität hinter sich hat, son-

124 Bernini, *‹Longinus›*

dern daß der Beichtvater sich durch das Labyrinth der Seele mit seinen Irrwegen und nur schwer erkennbaren Perspektiven tasten muß – was zwar ein edles Vorhaben ist, zugleich aber eine schreckliche Verantwortung mit sich bringt. Es ist kein Wunder, daß die Psychoanalytiker die höchste Selbstmordquote aller Berufe haben. Und vielleicht hatte das frühere Verfahren doch etwas für sich, denn in der Regel zählt nur der Akt der Beichte selbst, nicht das angewandte Heilmittel.

Die führenden Gestalten der katholischen Reform folgten der klugen Eingebung, auf keinen der Vorwürfe des Protestantismus einzugehen, sondern gerade auf jenen Lehren mit besonderem Stolz zu beharren, die von den Protestanten

125 Rubens, *‹Die Kreuzigung Petri›*

126 Tizian, ‹*Himmelfahrt Mariä*›. Santa Maria dei Frari, Venedig

127 Caravaggio, ‹*Die Berufung des Matthäus*›. San Luigi dei Francesi, Rom

mit aller Kraft und, wie man zugeben muß, teilweise auch völlig logisch verworfen worden waren. Luther hatte die Autorität des Papstes abgelehnt: nun gut, also mußte mit allem Nachdruck versichert werden, daß Petrus, der erste Bischof Roms, der von Gott selber eingesetzte Stellvertreter Christi auf Erden gewesen war. Seit Erasmus hatten sich intelligente Menschen im Norden abfällig über die Reliquien geäußert: gut, also mußte ihre Bedeutung noch unterstrichen werden; und auf diese Weise wurden die vier Pfeiler von Sankt Peter zu gigantischen Reliquiaren. Einer davon enthält einen Teil der Lanze, die die Seite Unseres Herrn öffnete, und davor steht Berninis Figur des Longinus [124], der mit einer Gebärde verwirrter Erleuchtung aufwärts blickt. Die Verehrung der Reliquien war mit dem Heiligenkult verbunden, und auch dieser war von den Reformern verdammt worden. Nun gut, also mußten die Heiligen für die menschliche Vorstellungskraft eine noch stärkere Realität erhalten und vor allem ihre Leiden und Ekstasen mit lebhafter Eindringlichkeit geschildert werden [125].

Mit alldem gab die Kirche tiefwurzelnden menschlichen Trieben bildhaften Ausdruck. Und sie besaß noch eine weitere große Stärke, die man als Bestandteil der mittelmeerischen Zivilisation betrachten könnte – oder doch als ein Erbe der heidnischen Renaissance: sie fürchtete sich nicht vor dem menschlichen Körper. Tizians ‹*Himmelfahrt Mariä*› [126], ein Bild des Barock fast hundert Jahre vor seiner Zeit, entstand in der gleichen Periode wie seine großen Verherrlichungen des Heidentums. Im frühen 16. Jahrhundert hatte Tizian dieser Vereinigung von Dogma und Sinnlichkeit seine gewaltige Autorität verliehen; und nachdem der erste puritanische Einfluß des Konzils von Trient vorüber war, inspirierte sein Werk sowohl Rubens (der erstklassige Kopien danach anfertigte) wie auch Bernini. In ihrem Werk ist der Konflikt zwischen Fleisch und Geist in großartiger Weise gelöst. Es läßt sich kaum eine erfreulichere körperliche Erscheinung denken als die Gestalt der Caritas auf Berninis Grabmal für Urban VIII. Rubens hat in seinem in höchstem Maße unprotestantischen Bild der ‹*Reuigen Sünderin*› [Farbtafel 24] – in der büßenden Magdalena und auch in der Figur Christi – eine edle Sinnlichkeit gestaltet, die Hand in Hand geht mit einem rückhaltlosen Glauben.

Aus all diesen Gründen war die Kunst, die wir Barock nennen, eine populäre Kunst. Die Kunst der Renaissance hatte, da sie intellektuelle Mittel verwendete – Geometrie, Perspektive, Kenntnis der Antike –, nur eine kleine Gruppe von Humanisten angesprochen. Die Kunst des Barock, die die Gefühlswelt einbezog, sprach das denkbar weiteste Publikum an. Die Themen, oft von irgendwelchen Theologen ausgedacht, waren zuweilen unklar; aber die Kommunikationsmittel waren volkstümlich und erinnerten manchmal sogar an den Film. Caravaggio, der früheste und wohl auch größte italienische Maler jener Zeit, experimentierte mit jener Art Beleuchtung, die in den anspruchsvollen Filmen der zwanziger Jahre unseres Jahrhunderts in Mode war, und erzielte damit eine neue dramatische Wirkung [127]. Spätere Barockkünstler hatten ihr Vergnügen an ‹Großaufnahmen› mit geöffneten Lippen und glitzernden Tränen. Der Riesenmaßstab, die ruhelose Bewegung, die Überblendungen – alle diese Kunstgriffe sollte

128 Bernini, ‹*David*›

129 Bernini, ‹*Apoll und Daphne*›. Villa Borghese, Rom

Farbtafel 25: Pannini, Inneres der Peterskirche

130 Bernini, ‹*Scipione Borghese*›. Villa Borghese, Rom

der Film wiederentdecken. Das Außerordentliche ist, daß die Künstler des Barock diese Effekte mit Marmor und Bronze erreichten, nicht mit Zelluloid. In gewisser Hinsicht ist dieser Vergleich frivol, denn so sehr man auch Filme bewundern mag, so muß man doch zugeben, daß sie häufig etwas Gewöhnliches und Ephemeres haben, während das Werk Berninis ideal und ewig ist. Er war ein sehr großer Künstler, und obwohl seinem Werk die ehrfurchtgebietende Ernsthaftigkeit und die Konzentration Michelangelos fehlt, war die Wirkung, die es in seinem Jahrhundert hatte, ungemein eindringlich und einflußreich. Bernini prägte nicht nur den Charakter des barocken Rom, sondern er war zugleich der Begründer eines internationalen Stils, der sich über ganz Europa ausbreitete, wie zuvor die Gotik, die Renaissance jedoch nie.

Bernini gelangte schon in frühester Jugend zu Ruhm. Als er sechzehn Jahre alt war, wurde eine seiner Statuen von der Familie Borghese gekauft, und bereits im Alter von zwanzig Jahren erhielt er den Auftrag für ein Porträt des Borghese-

Papstes Paul V. In den folgenden drei Jahren wurde er in der Bearbeitung des Marmors geschickter, als es je ein Künstler vor oder nach ihm gewesen ist. Sein *‹David›* [128] ist, im Gegensatz zu dem statischen *‹David›* Michelangelos, in einer plötzlichen Wendung des Körpers festgehalten; und der vehemente Gesichtsausdruck scheint beinahe übertrieben – tatsächlich jedoch ist es ein Selbstbildnis des jungen Bernini, der sein Gesicht im Spiegel studierte, einem Spiegel, den ihm sein Gönner, der Kardinal Scipione Borghese, gehalten haben soll. Die Gruppe *‹Apoll und Daphne›* [129] ist ein noch außergewöhnlicheres Beispiel dafür, daß Marmor in etwas Fließendes verwandelt werden kann: sie stellt den Augenblick dar, in dem Daphne, die ihren Vater um Hilfe anruft, in einen Lorbeerbaum verwandelt wird. Ihre Finger werden schon zu Blättern. Gerade dämmert es Apoll, daß er sie verloren hat, und wenn er zu ihren schönen Beinen hinunterblicken könnte, würde er sehen, daß sie sich in einen Baumstamm verwandeln und daß ihre Zehen zu Wurzeln und Schößlingen werden.

Diese herrlichen Arbeiten wurden für die Familie Borghese ausgeführt; daß solche Aufträge an einen so jungen Mann vergeben wurden, ist Zeichen eines bemerkenswerten Mäzenatentums. Doch um 1620 war es unter den reichen römischen Familien, den Familien, aus denen die Päpste stammten, Mode geworden, als Mäzene und Sammler zu konkurrieren, nicht selten sogar in einer gewissen Piratenmanier. Man denkt unwillkürlich an den Wettstreit unter den großen amerikanischen Sammlern vor sechzig Jahren: Mr. Frick, Mr. Morgan, Mr. Walters. Doch die römischen Mäzene stritten sich um die Arbeiten lebender Künstler, nicht einfach um anerkannte ‹Alte Meister›. Die führenden Familien nahmen Maler unter Vertrag – und anders als zur Zeit der Renaissance wurden die Maler jetzt bezahlt. Wie es so oft geschieht, brachten eine plötzliche Lockerung und Fülle nach Jahren der Strenge und Kargheit einen ungeheuren Ausbruch von schöpferischer Energie zustande. In den zwanziger Jahren des 17. Jahrhunderts gab es tatsächlich eine solche Lockerung, wie man an Berninis Porträt des reichsten Kardinals, Scipione Borghese [130], sieht. Eine dieser päpstlichen Familien überstrahlte alle anderen: die Barberini. Sie verdankte das dem Pontifikat Maffeo Barberinis, der 1623 Papst Urban VIII. wurde. Er war nicht nur ein echter Kunstliebhaber; er brachte es auch fertig, als Papst zwanzig Jahre lang am Leben zu bleiben (während die profitgierigen, rivalisierenden Gruppen bei jedem neuen Papst hofften, er lebe höchstens noch fünf Jahre). Es heißt, daß Urban eine seiner ersten Audienzen Bernini gewährte, dem er folgendes sagte: «Es ist Euer großes Glück, Cavaliere, Maffeo Barberini als Papst zu erleben, aber Wir sind sogar noch glücklicher, daß der Cavaliere Bernini in der Zeit Unseres Pontifikats lebt.»

Bernini war damals 25 Jahre alt. Im nächsten Jahr wurde er Baumeister an der Peterskirche, und er begann mit der Arbeit an dem bronzenen Baldachin über dem Hochaltar – ein Meisterwerk von unglaublicher Virtuosität [131]. Wenn man nur etwas über den Vorgang des Bronzegusses weiß, ist es wirklich kaum zu fassen. Es galt, alle möglichen technischen Schwierigkeiten zu überwinden, und außerdem war damals die Bronze knapp. Man half sich, indem man

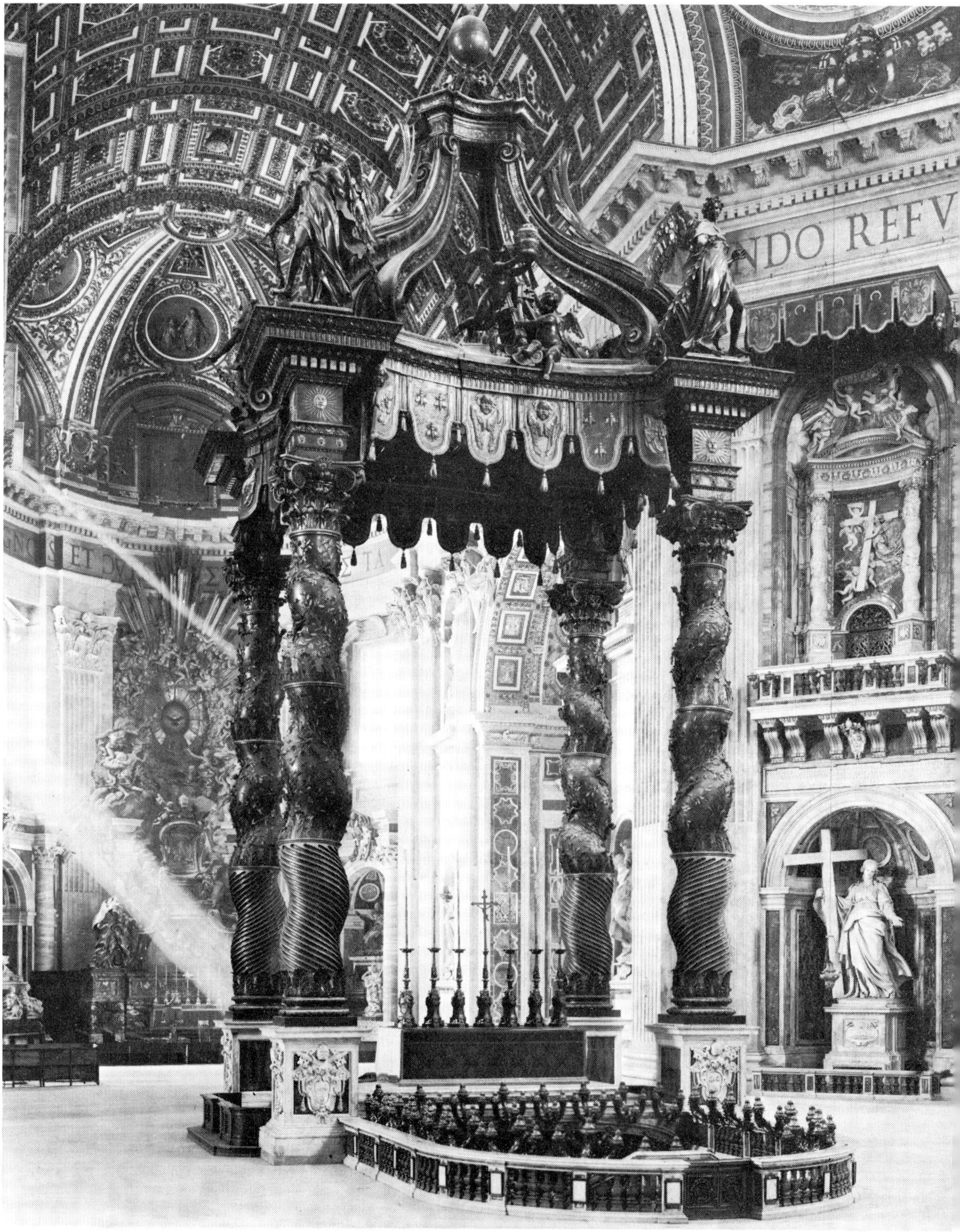

131 Bernini, Baldachin in der Peterskirche, Rom

132 Petersplatz, Rom

zu einer drastischen Maßnahme griff: man nahm die Bronzeverkleidung vom Dach des berühmtesten Bauwerks der Antike in Rom ab, vom Pantheon – was Anlaß zu dem Ausspruch gab: «Was die Barbaren nicht zu tun wagten, taten die Barberini.» Hinzu kommt die verwirrende Vielfalt und Kühnheit von Berninis Erfindungsgabe sowie die sich noch im kleinsten Detail manifestierende handwerkliche Vollkommenheit. Aber noch ungewöhnlicher ist, daß Bernini in seiner Phantasie offenbar schon vorausgesehen hat, welche Gestalt die Peterskirche einmal annehmen würde; denn dieses Werk, 1624 entworfen, befindet sich in vollständiger Harmonie mit den großen künftigen Arbeiten, die über vierzig Jahre später ausgeführt wurden.

Bernini ist vielleicht der einzige Künstler in der Geschichte, der in der Lage gewesen ist, einen gewaltigen Entwurf über eine so lange Zeit hin erfolgreich auszuführen. Das Ergebnis ist von so beeindruckender Einheitlichkeit, wie sie nirgendwo sonst in diesem Maßstab existiert. Der Pilger, der um 1600 nach Rom kam, sah zwar die ermutigende Kuppel von St. Peter vor sich, doch seine übrigen Eindrücke können nur bruchstückhaft und zusammenhanglos gewesen sein. Nun stelle man sich das Erlebnis vor, das ihm zuteil wurde, nachdem Bernini seine Arbeit vollendet hatte. Er schreitet über die Engelsbrücke mit ihren Marmorengeln aus Berninis Werkstatt und setzt seinen Weg zur Piazza fort, wo alles darauf angelegt ist, ihn zu überwältigen [132]. Die gewaltige Kolonnade streckt ihre Arme aus, ihn zu umarmen; er geht vorbei an der Scala Regia, dem Eingang zum Palast des Stellvertreters Christi auf Erden, und falls er seinen Kopf hineinstecken darf, sieht er Berninis Reiterstandbild von Konstantin, dem ersten christlichen Kaiser, der, wie man dem Pilger erzählt hat, die Stadt Rom den Päpsten formell zum Geschenk dargebracht hat. Er steigt die Stufen zur Basilika

133 Bernini, Brunnen auf der Piazza Navona, Rom

hinauf, passiert die gewaltige Fassade und empfängt mit einemmal den Eindruck einer vollständigen Einheit [Farbtafel 25]. Nicht nur die Dekoration – die, wann immer sie auch ausgeführt wurde, in jedem Fall auf Bernini zurückgeht – ist in einem einheitlichen Stil; ohne Unterbrechung wandert der Blick durch den Baldachin hindurch, und wenn wir schließlich vor dem Thron des Petrus mit den sich wiegenden Bischofsgestalten, den schwerelosen Engeln und den flatternden Cherubim stehen, fühlen wir uns nicht mehr von irdischen Dingen beschwert. Wie bei einem Ballett nehmen wir in der Phantasie an einer ekstatischen Verwerfung dessen teil, was wir unter Schwerkraft verstehen.

Aber das Wort ‹Ballett› läßt uns aufhorchen. Es war kein Zufall, daß Bernini

der größte Bühnenbildner seiner Zeit war. John Evelyn berichtet, wie er 1644 in Rom in die Oper ging, wo Bernini «die Szenen malte, die Figuren ausschnitt, die Maschinen erfand, die Musik komponierte, die Komödie schrieb und das Theater erbaute». Und andere berichten, daß bei Berninis Aufführungen die Leute in der ersten Reihe vor Angst davonliefen, weil sie meinten, sie würden im Wasser ertrinken oder im Feuer verbrennen – so wirksam waren die Illusionen, die er schuf. Diese Schöpfungen sind natürlich alle dahingeschwunden, aber der Brunnen, den er für die Piazza Navona entwarf [133], vermittelt uns eine gewisse Vorstellung. Es ist eine atemberaubende Darstellung. Über einem hohlen Felsen erhebt sich ein ägyptischer Obelisk von beträchtlicher Größe, als habe er nicht mehr Gewicht als eine Ballerina. Der Felsen ist von vier riesigen Figuren umgeben, die die vier großen Flüsse der Welt symbolisieren – die Donau, den Nil, den Ganges und den Rio de la Plata. Ebenso könnte man an die vier Kontinente oder an die vier Ströme des Paradieses denken – diese Vermischung von Symbolen entspricht dem Denken der Menschen im 17. Jahrhundert. Wir denken nicht so, aber wir können uns an der außergewöhnlichen Kraft der Erfindungen Berninis erfreuen. Ich sage ‹Erfindungen›, denn zu dieser Zeit wurden seine Werke von einer kleinen Heerschar sehr geschickter Gehilfen ausgeführt, und der einzige Teil des Brunnens, den Bernini selber gearbeitet haben soll, ist das Pferd, das die Donau symbolisiert (übrigens das Abbild eines leibhaftigen Pferdes namens Monte d'Oro) und das überraschend aus einer Wassergrotte auftaucht.

Ein erhabenes Beispiel dieses theatralischen Elementes bei Bernini ist die Cornaro-Kapelle in Santa Maria della Vittoria. Auf beiden Seiten der Kapelle hat Bernini die Mitglieder der Familie Cornaro so dargestellt, als säßen sie in Theaterlogen und warteten, daß der Vorhang aufginge. Das Drama selbst ist wie auf einer kleinen Bühne dargestellt, mit einem gebündelten Lichtschein, der auf die Hauptdarsteller fällt. Aber an diesem Punkt müssen wir die Parallele zum Theater fallenlassen, denn was wir nun erblicken, die *‹Verzückung der hl. Theresia›* [134], ist eines der bewegendsten Werke der europäischen Kunst. Berninis Gabe mitfühlender Vorstellungskraft, seine Fähigkeit, sich in die Gefühle anderer zu versetzen – eine Gabe, die bei ihm durch das Praktizieren der Übungen des hl. Ignatius sicherlich noch vertieft wurde –, dient hier der Darstellung des seltensten und kostbarsten aller Seelenzustände, der religiösen Ekstase. Er hat genau die Stelle in der Autobiographie der Heiligen illustriert, wo sie den höchsten Augenblick ihres Lebens beschreibt: wie ein Engel mit einem flammenden goldenen Pfeil wiederholte Male ihr Herz durchbohrte. «Der Schmerz war so groß, daß ich klagend aufschrie, aber gleichzeitig fühlte ich eine so unendliche Süße, daß ich dem Schmerz ewige Dauer wünschte. Es war die süßeste Liebkosung der Seele durch Gott.» Die einzige Parallele zu dieser Verbindung von tiefem Empfinden, sinnlicher Hingabe und wunderbarer technischer Beherrschung ist nicht in der bildenden Kunst zu finden, sondern in der Musik, insbesondere in der Musik des großen Komponisten Monteverdi, der Berninis Zeitgenosse war.

134 Bernini, *‹Die Verzückung der hl. Theresia›*

135 Pietro da Cortona, Deckengemälde im Palazzo Barberini, Rom

Ich glaube nicht, daß man mir vorwerfen kann, ich unterschätzte die katholische Reform oder ihren größten Bildner Gian Lorenzo Bernini. So darf ich zum Schluß vielleicht sagen, daß diese Episode der Geschichte der Zivilisaton gewisse Zweifel in mir aufkommen läßt. Diese Zweifel lassen sich zusammenfassen in den Worten ‹Illusion› und ‹Ausbeutung›. Kein Zweifel, jede Kunst ist bis zu einem gewissen Grad Illusion. Sie verwandelt Erfahrung, um irgendein Bedürfnis der Vorstellung zu befriedigen. Aber es gibt verschiedene Grade der Illusion, je nachdem, wie weit ein Künstler sich von der unmittelbaren Erfahrung zu entfernen bereit ist. Bernini ging dabei sehr weit – wie weit, erkennen wir, wenn wir an die historische hl. Theresia denken, mit ihrem offenen, unerschrockenen, verständigen Gesicht. Der Gegensatz zwischen ihr und der ohnmächtigen, sinnlichen Schönen in der Cornaro-Kapelle ist fast schockierend. Man kann sich des Eindrucks nicht erwehren, daß der überströmende Barock bei der Flucht vor den Härten des Kampfes gegen den Protestantismus schließlich in eine Flucht aus der Wirklichkeit in eine Welt der Illusionen mündete. Die Kunst setzt ihre eigene Schwungkraft frei, und ist diese Richtung erst einmal eingeschlagen, so gibt es nur noch eines: sie kann nur noch sensationeller werden. Und das ist es, was sich in den luftigen Balletten ereignet, die über unseren Köpfen in den Kirchen Il Gesù und S. Ignazio oder im Palazzo Barberini [135] stattfinden. Wir spüren, daß es nichts mehr gibt, was Einhalt gebieten könnte. Die Einbildungskraft sprudelt davon, in die Wolken hinauf, und wird bald verdampft sein.

Was meinen anderen Zweifel anlangt, so hat es Ausbeutung natürlich auch vor dem 16. Jahrhundert gegeben, doch nie in so großem Ausmaß. Im Mittelalter geschah sie gewöhnlich unter Beteiligung und Mitwirkung des Volkes. Noch in der Renaissance waren Paläste bis zu einem gewissen Grade Regierungssitze und Objekte lokalen Stolzes. Aber die Kolossalpaläste der päpstlichen Familien waren lediglich Ausdruck privater Habsucht und Eitelkeit. Die Farnese, Borghese, Barberini, Ludovisi, jene raubgierigen Emporkömmlinge, vergeudeten die wenigen Jahre ihrer Macht in eifersüchtigem Wettstreit, wer von ihnen die größten und am üppigsten ausgeschmückten Säle errichten ließ. Auf diese Weise entstanden in ihrem Auftrag einige große Kunstwerke, und man kann nicht umhin, die hemmungslose Courage dieser Männer zu bewundern. Zumindest waren sie nicht geizig und verschleierten ihren Reichtum nicht wie manche moderne Millionäre. Doch ihr Beitrag zur Zivilisation beschränkte sich auf diese Art der Prachtentfaltung. Ohne Zweifel entspricht der Sinn für Größe und Pracht einem Instinkt des Menschen, doch läßt man ihm zu sehr freien Lauf, nimmt er unmenschliche Züge an. Ich frage mich, ob je auch nur ein einziger Gedanke, der den menschlichen Geist weitergebracht hat, in einem riesigen Raum gedacht oder niedergeschrieben wurde – außer vielleicht im Lesesaal des Britischen Museums.

8 Das Licht der Erfahrung

Als Berckheyde den Platz in Haarlem [136] malte, sah er offenbar genau das gleiche, was wir heute sehen, wenn wir gegen drei Uhr an einem sonnigen Nachmittag bei Nordwestwind dort stehen. Die Architektur hat sich verhältnismäßig wenig verändert, das Raumgefühl entspricht unseren Auffassungen, das Licht ist sorgfältig beobachtet. Man hat den Eindruck, man könnte in das Bild hineingehen. Das ist nicht ungewöhnlich, geht aber – wie so viele Dinge, die wir als selbstverständlich hinnehmen – auf eine revolutionäre Veränderung des Denkens zurück, auf den Umsturz, der an die Stelle der göttlichen Autorität Erfahrung, Experiment und Beobachtung setzte.

Ich erwähne Holland nicht nur, weil die holländische Malerei ein sichtbarer Ausdruck dieses neuen Denkens ist, sondern weil Holland – wirtschaftlich und geistig – das erste Land war, das aus dieser Veränderung Nutzen zog. Wenn man anfängt, sich die Frage zu stellen: «Läßt es sich bewerkstelligen?» oder gar: «Zahlt es sich aus?», statt sich zu fragen: «Ist es Gottes Wille?», so erhält man eine Reihe neuer Antworten; und eine der ersten, auf die man stößt, ist, daß es weit weniger einbringt, wenn man versucht, Meinungen, die man nicht teilt, zu unterdrücken, statt sie zu tolerieren. Diesen Schluß hätte man bereits während der Reformationszeit ziehen können – er war indirekt in den Schriften des Erasmus enthalten, der, wie wir wissen, Holländer war. Aber leider waren sowohl Protestanten wie auch Katholiken unbeirrbar von der göttlichen Autorität ihrer eigenen Meinungen überzeugt – und zwar auch in Holland. Sie verfolgten sich gegenseitig bis in die Mitte des 17. Jahrhunderts hinein; noch im Jahre 1668 gab es den empörenden Fall, daß zwei intelligente Holländer namens Koerbagh verfolgt wurden. Und auch Juden, die in Amsterdam schließlich Sicherheit vor der Verfolgung durch die Christen gefunden hatten, fingen an, sich gegenseitig zu verfolgen. Die Zahl der Hexenprozesse wuchs in diesem Zeitalter der Vernunft beträchtlich. Es scheint, als sei der Geist der Verfolgung eine Art Vergiftung gewesen, die sich mit der neuen Philosophie nicht heilen ließ, sondern vielmehr von innen her bezwungen werden mußte. Aber trotz alledem war der holländische Geist im frühen 17. Jahrhundert bemerkenswert tolerant; das zeigt sich unter anderem daran, daß fast alle berühmten Bücher, die das Denken revolutioniert haben, zuerst in Holland gedruckt wurden.

Was war das für eine Gesellschaft, mit deren Einverständnis diese intellektuellen Zeitbomben gezündet wurden? In dem alten Armenhaus von Haarlem, das heute eine Gemäldegalerie beherbergt, gibt es zahlreiche Hinweise darauf. Wir wissen über das Aussehen der Holländer im 17. Jahrhundert mehr als über irgendeine andere Gesellschaft, ausgenommen vielleicht die Römer des 1. Jahrhunderts nach Christus. Jeder einzelne wollte der Nachwelt hinterlassen,

136 Berckheyde, ‹*Groote Kerke in Haarlem*›

wie er aussah, selbst wenn er nur Mitglied einer Körperschaft war. Und am lebendigsten wird uns das alles von dem Haarlemer Maler Frans Hals berichtet. Er war in höchstem Maße extrovertiert. Früher fand ich seine Arbeiten [137] (bis auf die letzten) alle auf widerwärtige Weise fröhlich und schrecklich gekonnt. Heute liebe ich ihre gedankenlose Heiterkeit und schätze auch die technische Meisterschaft höher als früher. Seine Modelle sehen nicht so aus, wie wir uns Repräsentanten einer neuen Philosophie vorstellen, aber aus den allzu zahlreichen holländischen Gruppenporträts des frühen 17. Jahrhunderts spricht doch etwas, das für die Zivilisation von Bedeutung ist: hier sehen wir Individuen, die bereit sind, sich zu gemeinsamer Arbeit für das öffentliche Wohl zusammenzutun [Farbtafel 26]. Meist waren es solide Durchschnittsbürger, wie wir sie auch heute antreffen würden, und sie wurden von durchschnittlichen Künstlern porträtiert. Aber aus dieser glanzlosen Einförmigkeit des Gruppenporträts ragt einer der Höhepunkte der europäischen Malerei heraus, Rembrandts ‹*Staalmeesters*› (‹*Die Vorsteher der Tuchfärberzunft*›) [138]. Unvorstellbar, daß Gruppenporträts wie dieses in Spanien oder im Italien des 17. Jahrhunderts entstanden wären, nicht einmal in Venedig. Sie sind das erste sichtbare Zeugnis einer bürgerlichen Demokratie. Schreckliche Worte, die von der Propaganda so verfälscht worden sind, daß ich sie nur zögernd gebrauche. Aber im Zusammenhang mit der Zivilisation haben sie wirklich eine Bedeutung. Sie besagen, daß eine Gruppe Einzelner sich zusammentun und gemeinschaftlich Verantwortung übernehmen kann; leisten können sie sich das, weil sie etwas Muße haben, und Muße haben sie, weil sie Geld auf der Bank haben. Das ist die Gesellschaft, die wir auf den Gruppenporträts sehen. Auf heutige Verhältnisse übertragen könnte man von Bürgerschaftsausschüssen oder Krankenhausvorständen sprechen. Sie sind Ausdruck für die praktische, gesellschaftliche Anwendung der Philosophie, daß man die Dinge in die Hand nehmen muß.

Amsterdam war das erste Zentrum des bürgerlichen Kapitalismus. Seit dem Niedergang Antwerpens und der Hanse hatte es sich zum großen internationalen Hafen des Nordens und zum Hauptbankzentrum Europas entwickelt. Fährt man durch die von Bäumen und bewundernswerten Häusern gesäumten Kanäle, liegt es nahe, sich über das Wirtschaftssystem Gedanken zu machen, das diese würdige, behagliche und harmonische Architektur hervorgebracht hat [141]. Ich äußere mich in diesem Buch nur selten über Fragen der Wirtschaft, und zwar vor allem deswegen, weil ich nicht viel davon verstehe, und vielleicht bin ich aus diesem Grund der Meinung, daß ihre Bedeutung von nachmarxistischen Historikern überschätzt worden ist. Aber es kann natürlich kein Zweifel daran bestehen, daß auf einer gewissen Stufe der gesellschaftlichen Entwicklung flüssiges Kapital eine der Haupttriebkräfte der Zivilisation ist, da es drei wesentliche Voraussetzungen dafür gewährleistet: Muße, Bewegung und Unabhängigkeit. Auch schafft es jenen Wohlstand, der es ermöglicht, gelegentlich Geld für überflüssige und edlere Dinge auszugeben, für einen besseren Türrahmen oder auch für eine seltene und ausgefallene Tulpe. Hier sei mir ein kleiner Exkurs über das Thema Tulpen gestattet. Es ist fast rührend, daß das erste klassische Beispiel für Hausse und Baisse in der kapitalistischen Wirtschaft nicht Zucker oder Eisenbahnen oder Öl gewesen sind, sondern Tulpen. Daran zeigt sich, wie die Holländer des 17. Jahrhunderts die beiden Dinge verbanden – wissenschaftliche Forschung und die Freude am Schönen. Die erste Tulpe war im 16. Jahrhundert aus der Türkei eingeführt worden, aber erst ein Professor der Botanik in Leiden, wo sich der erste botanische Garten im Norden befand, entdeckte ihre Eigenschaft der Variation, die die Tulpenzucht zu einem so aufregenden Spiel machte. Um 1634 waren die Holländer so von dieser neuen Manie besessen, daß ein Sammler für eine einzige Zwiebel einer Tulpe namens «Vizekönig» tausend Pfund Käse, vier Ochsen, acht Schweine, zwölf Schafe, ein Bett und einen Anzug hergab. Als der Tulpenmarkt 1637 zusammenbrach, erschütterte das die ganze holländische Wirtschaft. Dennoch wurden auch in den nächsten fünfzig Jahren noch Luxusgegenstände schönster Art produziert: silberne Becher und Flaschen, goldbedruckte Lederbehänge und blauweiße Steinware, die dem chinesischen Porzellan mit so viel Geschick nachgeahmt war, daß die Holländer sie selbst nach China verkaufen konnten.

Das alles spricht für einen hohen Grad der Zivilisation im rein materiellen Sinne des Wortes, doch führt diese Art von sichtbarem Wohlstand sehr bald zur Großtuerei, und das bedeutet in der bürgerlichen Demokratie Vulgarität. Man kann diese Entwicklung in Holland im Werk eines einzigen Malers – Pieter de Hoochs – verfolgen. 1660 malte er klare, einfache Interieurs [139], deren übersichtliche Räume von Licht erfüllt waren. Zehn Jahre später waren seine Innenräume sehr gekünstelt, und an die Stelle weiß getünchter Wände waren goldene spanische Ledertapeten getreten. Die Menschen sind reicher – und die Bilder sind längst nicht mehr so schön [140]. Der bürgerliche Kapitalismus führte zu einer auf Verteidigung bedachten Selbstgefälligkeit und Rührseligkeit; kaum verwunderlich, daß die frühen viktorianischen Maler die Genrebilder eines Metsu und Terborch nachahmten. Auch die Philosophie der Wahrnehmung verlangte einen Realismus im wörtlichsten Sinne. Im 19. Jahrhundert war Paulus Potters Bild ‹*Der junge Stier*› eines der berühmtesten Gemälde in Holland. Ich muß gestehen, daß ich es noch immer hinreißend finde. Abstraktionen werden so leicht fade und eintönig und langweilen mich daher, der naive Realismus der Schafsköpfe [142] jedoch beschäftigt mein Auge in einem fast an Besessenheit grenzenden Maß, und die Art und Weise, wie der junge Stier diese wunderbar gemalte Landschaft beherrscht, hat fast etwas Albtraumhaftes. Andererseits müssen wir zugeben, daß das bürgerliche Gefühl und der bürgerliche Realismus eine gewöhnliche und triviale Kunst hervorbringen können; und ein deterministischer Historiker, der die sozialen Bedingungen im Holland des 17. Jahrhunderts untersucht, könnte sagen, daß die Holländer notgedrungen an diesen Punkt geraten mußten. Gut – aber sie haben auch Rembrandt hervorgebracht [143].

Beim Studium der Geschichte der Zivilisation muß man versuchen, die individuelle Schöpferkraft und die moralische oder geistige Verfassung einer Gesellschaft gleichermaßen zu berücksichtigen. So irrational es erscheinen mag – ich glaube an das Genie. Ich glaube, daß fast alles Wertvolle, das irgendwann vollbracht wurde in der Welt, einzelnen zu verdanken ist. Trotzdem wird man das Gefühl nicht los, daß die größten Gestalten der Geschichte – Dante, Michelangelo, Shakespeare, Newton, Goethe – bis zu einem gewissen Grad so etwas wie die Summe ihrer Zeit sind. Sie sind zu groß, zu allumfassend, als daß sie sich unabhängig von ihrer Zeit und Umgebung hätten entwickeln können. Rembrandt ist ein entscheidendes Beispiel für diese Frage. Es wäre denkbar, und für den Historiker sicher viel bequemer, sich die holländische Kunst ohne ihn vorzustellen; und es gab in ganz Holland niemanden, der ihm auch nur entfernt vergleichbar war – nichts wie die Gruppe von Dichtern, die vor und gleichzeitig mit Shakespeare lebte. Aber allein die Tatsache, daß Rembrandt unmittelbaren und überwältigenden Erfolg hatte und auch weiterhin erfolgreich blieb – so kamen seine Radierungen und Zeichnungen nie aus der Mode – und daß zwanzig Jahre lang fast jeder holländische Maler sein Schüler war, zeigt, daß das geistige Leben Hollands seiner bedurfte und ihn so, bis zu einem gewissen Grade, geschaffen hat. Rembrandt war der große Dichter jenes Strebens nach Wahrheit und Erfahrung, das mit der Reformation begonnen und zu den ersten Bibel-

137 Frans Hals, ‹*Versammlung der Offiziere und Unteroffiziere der Sankt-Adrian-Schützengilde*›. Frans-Hals-Museum, Haarlem

138 Rembrandt, ‹*Die Staalmeesters*› (‹*Die Vorsteher der Tuchfärberzunft*›)

Farbtafel 27: Vermeer van Delft, ‹*Der Brief*›

übersetzungen geführt hatte, das aber erst nach fast hundert Jahren sichtbaren Ausdruck gewann. Die deutlichste Verbindung zwischen Rembrandt und dem intellektuellen Leben Hollands stellt der erste Auftrag dar, den er nach seiner Übersiedlung von Leiden nach Amsterdam ausführte. Das Werk zeigt den führenden Professor der Anatomie, Dr. Tulp, bei einer wissenschaftlichen Demonstration [144]. Die ihn umgebenden Männer sind keineswegs Studenten oder Doktoren, sondern Mitglieder der Gilde der Chirurgen. Der erste große Anatom der Neuzeit, Andreas Vesalius, war ein Flame gewesen, und Dr. Tulp, der auf dem Gemälde ziemlich selbstzufrieden aussieht, schätzte es, wenn man ihn Vesalius Redivivus nannte. In meinen Augen hat er etwas von einem Quacksalber. Er empfahl seinen Patienten, fünfzig Tassen Tee am Tag zu trinken. Dabei war er sehr erfolgreich – sein Sohn wurde in England geadelt.

Doch Rembrandts Teilnahme am geistigen Leben seiner Zeit vollzog sich nicht auf so äußerliche und gewissermaßen offizielle Weise, sondern drückte sich in seinen Illustrationen zur Bibel aus. Eine der autoritären Formen, die der Berufung auf die Erfahrung nicht standhalten konnten, war die Autorität der traditionellen Ikonographie. Obwohl Rembrandt mit der klassischen Tradition gründlich vertraut war, wollte er jede Episode so betrachten, als sei sie nie zuvor dargestellt worden, und versuchen, mit Hilfe seiner eigenen Erfahrung eine Entsprechung dafür zu finden. Er lebte in der Bibel, er kannte jede Geschichte bis ins kleinste Detail auswendig; und so, wie die frühen Übersetzer gemeint hatten, sie müßten Hebräisch lernen, damit ihnen kein Bruchstück der Wahrheit entging, so freundete sich nun Rembrandt mit den Amsterdamer Juden an, besuchte ihre Synagogen und hoffte, er könne auf diese Weise etwas lernen, das mehr Licht auf die frühe Geschichte des jüdischen Volkes warf. Aber letzten Endes bezog er die Mittel zur Interpretation der Bibel aus seiner unmittelbaren täglichen Umgebung [145]. Bei seinen Zeichnungen weiß man häufig nicht, ob er eine Beobachtung festhält oder die Heilige Schrift illustriert – so sehr gingen beide Erfahrungsbereiche bei ihm ineinander über.

Seine Interpretation des menschlichen Lebens in christlichen Begriffen veranlaßte ihn zuweilen, Dinge darzustellen, die in der Bibel kaum vorkommen, von denen er aber fest überzeugt war, daß sie sich ereignet hatten. Die Radierung *‹Christus predigt die Vergebung der Sünden›* [146] ist ein Beispiel dafür. Es ist eine klassische Komposition; sie geht von zwei berühmten Bildern Raffaels aus, die Rembrandt vollständig assimiliert hat. Aber wie grundverschieden ist die kleine, hier versammelte Gemeinde von den Ideal-Menschen Raffaels! Es ist eine sehr gemischte Gesellschaft, einige sind in Gedanken versunken, andere nur mit halbem Herzen dabei, wieder andere nur damit beschäftigt, sich warm oder wach zu halten. Und das Kind im Vordergrund, das sich für die Lehre von der Vergebung der Sünden nicht interessiert, malt hingebungsvoll in den Sand. Wenn das Verständnis für den Menschen in all seiner Vielfalt und mit all seinen Eigenschaften und die Toleranz gegenüber der Verschiedenheit des Menschen ein Merkmal zivilisierten Lebens sind – wie ich meine –, dann war Rembrandt einer der großen Propheten der Zivilisation.

Farbtafel 28: Rembrandt, *‹Die Judenbraut›*

139 Pieter de Hooch, ‹*Interieur*›

140 Pieter de Hooch, ‹*Die Kartenspieler*›

142 Paulus Potter, ‹*Der junge Stier*›. (Ausschnitt). Mauritshuis, Den Haag

Die psychologische Wahrheit in Rembrandts Bildern übertrifft die aller anderen Künstler bei weitem. Natürlich sind diese Bilder schon Meisterwerke reiner Malerei. In dem Gemälde ‹*Bathseba bei der Toilette*› [147] verwendet er Studien nach der Natur und nach der Antike und baut aus ihnen eine vollkommen ausgewogene Komposition auf. Selbst wenn wir meinen, wir bewunderten es nur als reines Malwerk, so bleibt unser Blick schließlich doch beim Kopf haften. Die Gedanken und Gefühle Bathsebas, die über Davids Brief grübelt, sind mit einer Feinheit und einem menschlichen Einfühlungsvermögen dargestellt, wie es ein großer Dichter auch auf vielen Seiten kaum erreichen könnte. Man hat uns gelehrt, daß die Malerei nicht mit der Natur wetteifern sollte. Vielleicht nicht im Anfangsstadium. Oder besser gesagt, das literarische Element sollte nicht in den Vordergrund treten, ehe es nicht die richtige Form angenommen hat. Wenn aber Form und Inhalt eins sind – welch ein Himmelsgeschenk kann dann diese Art menschlicher Offenbarung sein!

141 Häuser aus dem 17. Jahrhundert, Amsterdam

143 Rembrandt, ‹*Selbstbildnis*›. Kenwood, London

Das größte Beispiel dafür ist meiner Meinung nach die sogenannte ‹*Judenbraut*› [Farbtafel 28]. Niemand weiß genau, wie der richtige Titel des Bildes lauten sollte; vielleicht sollte es irgendwelche alttestamentlichen Figuren wie Isaak und Rebekka darstellen. Aber das wahre Thema des Bildes ist unverkennbar. Es ist die Darstellung gereifter Liebe, einer wunderbaren Verschmelzung von Reichtum, Zartheit und Vertrauen; der Reichtum wird symbolisiert durch die Malweise des Mantels, die Zartheit durch die Hände und das Vertrauen durch die Gesichter, die in ihrer Aufrichtigkeit einen vergeistigten Glanz haben, wie ihn die vom klassischen Ideal beeinflußten Maler nie zu erreichen vermochten.

Rembrandt fand im Licht der menschlichen Erfahrung neue Interpretationen der biblischen Geschichte und der christlichen Mythologie. Doch das sind gefühlsmäßige Reaktionen, gegründet auf den Glauben an die Wahrheit der geoffenbarten Religion. Der größte seiner Zeitgenossen suchte nach einer anderen Wahrheit – nach einer Wahrheit, die sich mit dem Verstand, nicht mit dem Gefühl begreifen ließ. Das war entweder möglich durch die Häufung beobachteter Fakten oder durch die Mathematik; den Menschen des 17. Jahrhunderts bot die Mathematik die anziehendere Lösung. Mathematik wurde zur Religion der besten Geister der Zeit – in ihr fand der Glaube an eine Verbindung von Erfahrung und Verstand seinen Ausdruck. Bacon war der einzige Philosoph seiner Zeit, der nicht Mathematiker war. Er glaubte, daß alle Probleme sich aus der Materie heraus lösen ließen, sofern ein außergewöhnlich scharfer Geist sie unter die Lupe nahm – und er war weiß Gott intelligent! Der Mann, der unsere tiefsten Glaubensgrundsätze als Stammes- und Marktplatzidole abstempelte, hat seinen antiseptischen Wert auch für die moderne Welt nicht verloren. Aber verglichen mit den großen Denkern, die auf ihn folgten – Descartes, Pascal, Spinoza –, haftete Bacon ein leicht unehrenhafter Ruf an, nicht wegen seines Politisierens, sondern weil ihm der alles beherrschende Glaube des 17. Jahrhunderts fehlte – der Glaube an die Mathematik.

Descartes ist dagegen eine ausgesprochen sympathische Gestalt. Er begann als Soldat – er schrieb ein Buch über die Fechtkunst –, aber er entdeckte bald, daß es ihm nur darum ging, zu denken – was sehr, sehr selten und höchst unpopulär ist. Als ihn einmal einige Freunde morgens um elf noch im Bett liegend antrafen, antwortete er auf die Frage, was er denn mache, zu ihrem Verdruß: «Ich denke.» Um ungestört leben und arbeiten zu können, ging er nach Holland. Er sagte, die Menschen in Amsterdam seien so sehr mit dem Geldverdienen beschäftigt, daß sie ihn in Ruhe ließen. Trotzdem wurde er auch weiterhin gestört und zog von Ort zu Ort; in Holland zog er allein vierundzwanzigmal um, und irgendwann lebte er offenbar in der Nähe von Haarlem, wo er von Frans Hals gemalt wurde [148]. Ganz ähnlich wie Leonardo da Vinci untersuchte er alles und jedes, den Fötus, die Brechung des Lichts, Strudel – alles Dinge, die auch Leonardo beschäftigt hatten. Er glaubte, alle Materie bestünde aus Strudeln mit einem äußeren Ring von weit geschwungenen Kreisen und einem Kern von kleinen Kügelchen, die in das Zentrum gesogen werden. Was immer er damit meinte (vielleicht dachte er an Platons ‹*Timaios*›), merkwürdig ist, daß er genau Leonardos

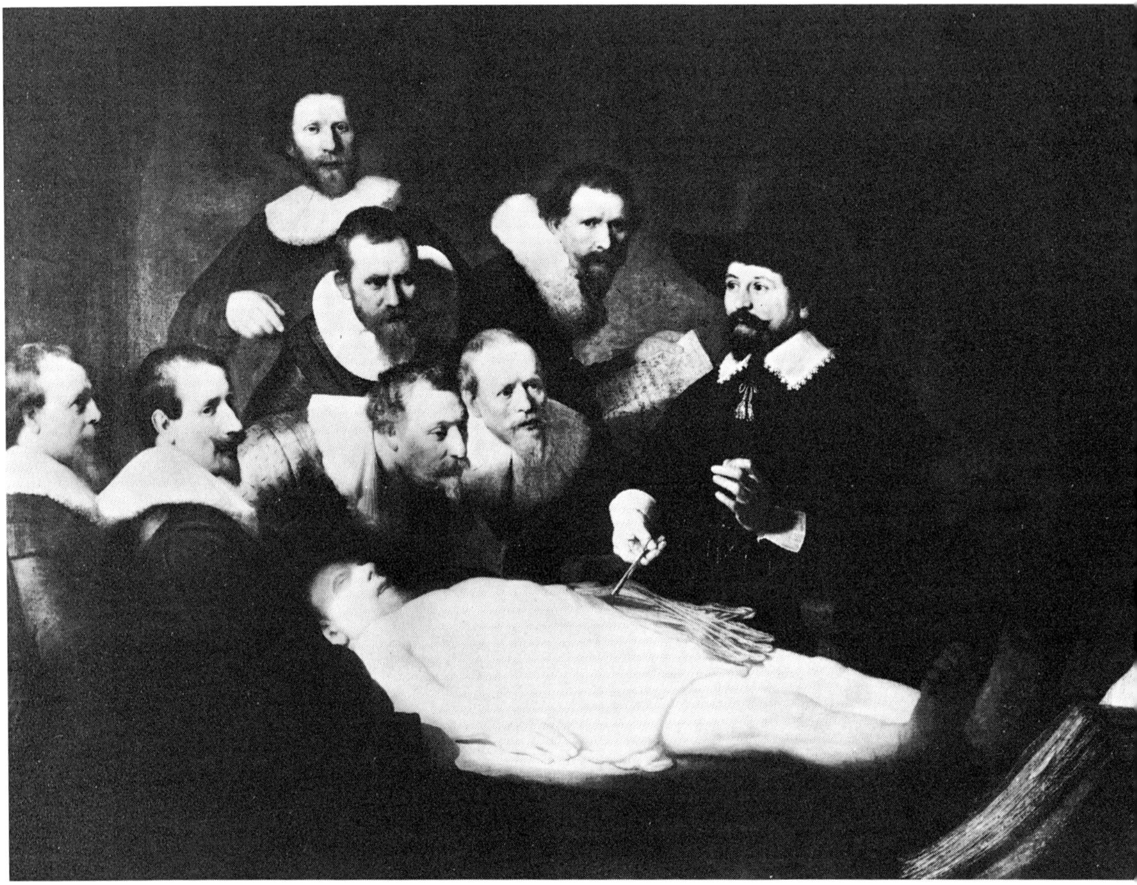

144 Rembrandt, *‹Die anatomische Vorlesung des Dr. Nicolaas Tulp›*

Zeichnungen von Strudeln beschrieben hat, die er, wie ich annehme, nie gesehen hatte. Doch im Gegensatz zu Leonardos rastloser, unersättlicher Neugier besaß Descartes fast bis zum Exzeß den Ordnungssinn der Franzosen, und alle seine Beobachtungen dienten dem Aufbau eines philosophischen Systems. Die Grundlage dieses Systems war ein absoluter Skeptizismus, das Erbe der Zusammenfassung Montaignes «Que sais-je?» – was weiß ich? Allein, Descartes fand eine Antwort: «Ich weiß, daß ich denke» – und drehte sie um: «Ich denke, also bin ich.» Das Entscheidende für ihn war, daß er alles bezweifeln konnte – außer daß er zweifelte.

Descartes wollte alle vorgefaßten Meinungen auslöschen und auf die Tatsachen der unmittelbaren Erfahrung zurückgreifen, auf eine von Bräuchen und Konventionen unberührte Erfahrung. Man braucht in der holländischen Kunst nicht lange zu suchen, um Belege für diese Geisteshaltung zu finden. Es hat keinen Maler gegeben, der so rigoros an dem festhielt, was ihm sein Sehnerv übermit-

145 Rembrandt, *‹Die Heimkehr des verlorenen Sohns›* (Radierung)

telte, wie Vermeer van Delft. Sein Werk ist frei von subjektiven Stellungnahmen, Vorurteilen, die aus Wissen erwachsen, und den Bequemlichkeiten eines Stils. Ein Bild von so geringer stilistischer Raffinesse wie seine *‹Ansicht von Delft›* [149] versetzt uns wirklich einen Schock. Es sieht wie eine kolorierte Fotografie aus, und doch wissen wir, daß es ein Werk von höchster geistiger Klarheit ist. Es zeigt nicht nur das Licht Hollands, sondern auch das, was Descartes das «natürliche Licht des Geistes» genannt hat. Vermeer und Descartes hatten manche gemeinsamen Züge. Da war zunächst Vermeers unbeteiligter und schwer faßlicher Charakter. Er zog nicht wie Descartes alle drei Monate um; im Gegenteil, er liebte sein Haus am Marktplatz von Delft und malte es immer wieder. Seine beschaulichen Interieurs [Farbtafel 27] zeigen alle Räume seines Hauses. Aber Besuchern gegenüber war er äußerst mißtrauisch. Einem berühmten Sammler, der von weit her angereist war, um ihn aufzusuchen, sagte er, er hätte keine Bilder, die er ihm zeigen könnte; was ganz einfach nicht stimmte, denn

146 Rembrandt, *‹Christus predigt die Vergebung der Sünden›* (Radierung)

als er starb, fand man in seinem Haus unverkaufte Bilder aus allen Perioden. Ruhe war alles, was er ersehnte, um genießerisch feine Unterschiede beobachten zu können und in zartem Gleichgewicht die Wahrheit zu entdecken.

«Lerne still zu sein.» Zehn Jahre bevor Vermeer seine Innenräume malte, hatte Izaak Walton diese Worte auf die Titelseite des *‹Compleat Angler›* geschrieben, und in derselben Zeit entstanden zwei religiöse Sekten, die Quietisten und die Quäker.

Der erste Maler, der das Bedürfnis Descartes' verstand, Empfindungen durch den Gebrauch der Vernunft zu klären, dürfte Pieter Saenredam gewesen sein, der gewissenhafte Meister von Kircheninterieurs. In den dreißiger Jahren des 17. Jahrhunderts fertigte er Zeichnungen nach der Natur an, die er häufig zehn oder fünfzehn Jahre lang liegen ließ, bis er ihnen den Ausdruck jener Stille und

147 Rembrandt, ‹*Bathseba bei der Toilette*›

148 Frans Hals, ‹*Descartes*›

Endgültigkeit zu geben vermochte, die diese Räume zu idealen Versammlungsstätten der Gesellschaft der Freunde gemacht hätten. Die Genauigkeit, mit der er jeden Akzent setzt, die kleinen schwarzen Fenster, die Kirchenstühle und die rautenförmigen Gedenktafeln, erinnert an Seurat [150]. In einigen Bildern Saenredams neigt sich die Waagschale offenbar mehr der Vernunft als der Erfahrung zu. Vermeer gelang es dagegen immer, die Illusion eines absoluten Naturalismus zu wahren. Und dennoch schuf er aus Rahmen, Fenstern und Musikinstrumenten Meisterwerke abstrakter Kompositionen [Farbtafel 29]. Sind diese Intervalle und Proportionen das Ergebnis genauer Berechnung? Oder entdeckte Vermeer sie intuitiv? Es hat keinen Sinn, danach zu fragen. Vermeer hat ein besonderes Talent, sich jeder Festlegung zu entziehen. Wir können nur sagen, daß sein Werk uns an den strengsten geometrischen Maler der Moderne erinnert: an seinen Landsmann Mondrian.

Aber bei der Erwähnung Mondrians erinnern wir uns, daß eines der Charakteristika Vermeers ihn völlig von der abstrakten modernen Malerei unterscheidet – seine Leidenschaft für das Licht, eine Leidenschaft, die ihn mehr als alles andere mit den Wissenschaftlern und Philosophen seiner Zeit verbindet. Die größten Vertreter der Zivilisation, von Dante bis Goethe, waren alle vom Licht besessen. Aber im 17. Jahrhundert machte das Licht eine entscheidende Phase durch. Durch die Erfindung der Linse gewann es einen neuen Wirkungsbereich und neue Macht. Das Teleskop (zwar von Galilei entwickelt, aber doch in Holland erfunden) verhalf zur Entdeckung neuer Welten im All; mit Hilfe des Mikroskops entdeckte ein holländischer Wissenschaftler namens van Leeuwenhoek neue Welten in einem Wassertropfen. Und wer schliff die Linsen, die diese wunderbaren neuen Beobachtungen ermöglichten? Spinoza, der nicht nur der größte Philosoph der Niederlande, sondern auch der beste Linsenhersteller in Europa war. Mit diesen kunstreichen Instrumenten bewaffnet, versuchten sich die Philosophen an einer neuen Analyse der Natur des Lichtes selbst. Descartes studierte die Strahlenbrechung, Huygens erfand die Wellentheorie – beide in Holland. Schließlich legte Newton seine Korpuskulartheorie vor, die falsch war oder jedenfalls doch weniger richtig als Huygens' Wellentheorie; und doch behauptete sie das Feld bis zum 19. Jahrhundert.

Vermeer wandte die äußerste Erfindungskraft auf, um uns die Bewegung des Lichtes spüren zu lassen. Besonders gern zeigte er, wie es über eine weiße Wand gleitet, und dann, als wolle er den Vorgang noch deutlicher machen, läßt er es über eine leicht zerknitterte Landkarte wandern. Mindestens vier solcher Landkarten erscheinen auf seinen Bildern, und abgesehen von der schönen Wiedergabe des Lichtes auf ihrer Oberfläche erinnern sie uns daran, daß die Holländer auch die großen Kartographen der damaligen Zeit waren. So dringt die Welt des Handels, die Quelle der Unabhängigkeit Vermeers, bis in seine beschaulichen Räume.

Da Vermeer entschlossen war, alles genau wiederzugeben, was er sah, verachtete er nicht im geringsten die mechanischen Hilfsmittel, auf die sein Jahrhundert so stolz war. In vielen seiner Bilder finden wir die übersteigerten Proportionen, die wir auch auf Fotografien sehen, und das Licht ist durch kleine Körnchen wiedergegeben, die man mit bloßem Auge nicht sehen kann, wohl aber mit Hilfe des Suchers einer altmodischen Kamera. Manche glauben, er habe das als Camera obscura bekannte Gerät benutzt, mit dem man ein Bild auf eine weiße Fläche projiziert; ich kann mir eher vorstellen, daß er durch eine Linse in einen Kasten mit einem Stück quadriertem Mattglas blickte und genau abmalte, was er sah. Wir brauchen nicht zu erwähnen, daß Vermeer auch ein Meister der Wissenschaft der Perspektive war, die in der Mitte des 17. Jahrhunderts, als die Begeisterung für die Mathematik ständig zunahm, wieder aufgelebt war. Und doch ist es bei ihm vom wissenschaftlichen Umgang mit der Erfahrung nur ein Stück bis zur Poesie, was – wie ich vermute – seinen Grund in einer fast mystischen Verzük-

149 Vermeer van Delft, *‹Ansicht von Delft›*

kung angesichts der Wahrnehmung des Lichts haben dürfte. Wie sonst sollen wir die Freude erklären, die wir empfinden, wenn wir die Zinnkrüge und weißen Töpfe auf Vermeers Bildern betrachten? Das alles ist zum Teil der Sensibilität Vermeers zu verdanken, wäre aber kaum möglich gewesen ohne jenes besondere Vergnügen der Holländer an materiellen Dingen, das ebenso die Schule ihrer Stillebenmaler hervorgebracht und oft zu Ergebnissen geführt hat, die ich nur als Vergeistigung der Materie bezeichnen kann. Es ist die ästhetische Entsprechung zu der Leidenschaft genauer Beobachtung, von der die großen Wissenschaftler getrieben wurden.

Doch jeder Versuch, die Kunst mit der Gesellschaft in Beziehung zu setzen, führt schnell in eine falsche Richtung. Das größte all der Bilder, die auf genauer Wiedergabe des Gesehenen beruhen, entstand nicht in der wissenschaftlichen Atmosphäre Hollands, sondern am abergläubischen, konventionsbesessenen Hofe Philipps IV. von Spanien: *‹Las Meninas›* (Die jungen Hofdamen), gemalt von Velásquez etwa fünf Jahre bevor Vermeer seine schönsten Interieurs schuf.

150 Saenredam, *‹Kircheninneres›*

Ich ziehe daraus nur eine Folgerung: Kunstwerke können zwar die Geschichte der Zivilisation illustrieren, doch darf man nicht behaupten, daß es die gesellschaftlichen Verhältnisse seien, die Kunstwerke hervorbringen oder unweigerlich ihre Form bestimmen.

Die «erleuchtete Ordentlichkeit» bei de Hooch und Vermeer und die reiche Vorstellungserfahrung Rembrandts erreichten ihren Zenit um 1660. Spinozas *‹Theologisch-politischer Traktat›* wurde 1670 gedruckt. Im Laufe dieses Jahrzehnts übernahm England von Holland die Führung im geistigen Leben Europas. Der Wechsel begann sich 1660 zu vollziehen, als sich Karl II. im holländischen Küstenort Scheveningen einschiffte, um nach England zurückzukehren. Mit seiner Rückkehr setzte er der Isolierung und den unruhigen Zeiten ein Ende, die in England fast fünfzehn Jahre lang geherrscht hatten. Wie so oft führte die neue Bewegungsfreiheit zu einer Explosion aufgestauter Energie. Meist stehen geniale Menschen bereit, die auf diesen Augenblick der Öffnung warten wie Schiffe auf die Flut; in England war es die Gruppe brillanter Naturphilosophen,

151 Oktogonaler Raum im Königlichen Observatorium Greenwich (Kupferstich)

die später die Royal Society bilden sollten – Robert Boyle, der immer als Vater der Chemie bezeichnet wurde, Robert Hooke, der das Mikroskop vervollkommnete, Halley, der die Wiederkehr eines berühmten Kometen voraussagte, und Christopher Wren, der junge Geometer, der damals Professor für Astronomie war. Aber noch überragt wurden diese bedeutenden Wissenschaftler von Newton, der zu jenen drei oder vier Engländern gehört, deren Ruhm über alle nationalen Grenzen gedrungen ist. Ich kann nicht behaupten, daß ich die *‹Principia›* gelesen hätte, und wenn ich es täte, würde ich nicht mehr davon verstehen als Samuel Pepys, dem als Präsidenten der Royal Society das Buch zur Genehmigung vorgelegt wurde. Man muß es gläubig hinnehmen, daß das Werk eine mathematische Berechnung der Struktur des Universums enthielt, die dreihundert Jahre lang unwiderlegbar schien. Es war sowohl der Höhepunkt des Zeitalters der Beobachtung als auch die Bibel des folgenden Jahrhunderts. Pope, der vermutlich nicht mehr von den *‹Principia›* gelesen hat als ich, faßte die Gefühle seiner Zeitgenossen zusammen:

Farbtafel 29: Vermeer van Delft, *‹Musikunterricht›* (Ausschnitt)

Natur und die Gesetze der Natur
verbarg die Nacht der Sicht.
Es werde Newton! sprach der Herr,
und siehe, es ward Licht.

Die Erforschung des Lichts wurde von der Erforschung der Sterne begleitet. Im Oktagon des Königlichen Observatoriums in Greenwich [151], das gegründet wurde, «um den Längengrad von Orten festzustellen und die Navigation und Astronomie zu vervollkommnen» – wie es in der Gründungsurkunde Karls II. heißt –, laufen gewissermaßen alle Fäden, die sich durch dieses Kapitel ziehen, zusammen: das Licht, die Linsen, Beobachtung, Navigation und Mathematik. Und es gibt einen Kupferstich des Innenraums, bei dem man wie bei dem Gemälde vom Marktplatz in Haarlem den Eindruck hat, man könnte in ihn hineingehen. In diesem lichten, harmonischen Raum atmen wir die Atmosphäre vermenschlichter Wissenschaft. Hier sehen wir den Quadranten, mit dem Flamsteed, der erste königliche Astronom, den Meridian errechnete, und außerdem sehen wir sein Teleskop. Es war das erste große Zeitalter wissenschaftlicher Instrumente [152]: Huygens' Uhr, van Leeuwenhoeks Mikroskop. Ich gebe zu, daß sie nach unseren Vorstellungen nicht sehr wissenschaftlich aussehen: das Teleskop sieht aus wie aus der ‹*Hochzeit Auroras*›, und den bezaubernden kleinen Weltkugeln und Planetarien sind noch Stil und Stempel menschlicher Persönlichkeit eigen. Kunst und Wissenschaft haben sich noch nicht getrennt, und diese Instrumente sind nicht nur Mittel zum Zweck, sondern auch Symbole – Symbole der Hoffnung, daß der Mensch vielleicht lernen könnte, seine Umwelt zu mei-

152 Zirkumferentor, Mitte des 17. Jahrhunderts

Farbtafel 30: Hochaltar der Klosterkirche Vierzehnheiligen

153 Wren und Hawksmoor, Royal Hospital, Greenwich

stern und eine menschlichere und vernünftigere Gesellschaft zu schaffen. Diesen Symbolcharakter behielten sie bis zum Ende des 19. Jahrhunderts. Als Tennyson erfuhr, daß ein gebildeter Mann ein Mikroskop zerstört hatte, weil es Geheimnisse enthülle, die der Mensch nicht kennen solle, war er zutiefst erschüttert. Erst in den vergangenen sechzig Jahren ist uns zum Bewußtsein gekommen, daß die Nachfahren dieser schönen, glänzenden Geräte uns vielleicht vernichten könnten.

Dieser lichtvolle, leuchtende Raum ist von Sir Christopher Wren entworfen worden und wurde auf dem Ausläufer eines Hügels errichtet, der den alten Palast von Greenwich überragte. Auch dieser wurde nach Plänen von Wren neuerbaut und aus einem Palast in ein Marinehospital umgewandelt [153]. Wieviel von dem, was wir heute sehen, auf seinen Entwurf zurückgeht, ist schwer zu sagen. Als die Gebäude emporwuchsen, überließ er die Ausführung seinen beiden sehr fähigen Assistenten von der Baukommission, Sir John Vanbrugh und Nicholas Hawksmoor. Aber Wren hat mit Sicherheit den Plan beigesteuert; und das Ergebnis ist die größte architektonische Einheit in England seit dem Mittelalter.

154 Greenwich, Royal Hospital, Halle

Das Bauwerk ist nüchtern, aber nicht langweilig, massiv, aber doch nicht niederdrückend. Was ist Zivilisation? Eine Geisteshaltung, aus der die Idee entsteht, daß ein Marinehospital so aussehen müsse wie dieses und daß seine Insassen in einer so herrlich geschmückten Halle speisen sollten [154]. Der ausgemalte Saal im Hospital von Greenwich ist wirklich einer der schönsten Räume Englands, und seine Decke, gemalt von Sir James Thornhill, ist vielleicht der erfolgreichste Versuch in England, den großstädtischen Glanz des römischen Barock zu imitieren.

Als dieser Raum in Greenwich erbaut wurde, war Wren schon seit langem der berühmteste Architekt Englands. Als er jung war, hatte man ihn nur für einen Mathematiker und Astronomen gehalten. Und es ist nicht klar, warum er im Alter von 30 Jahren mit dem Studium der Architektur begann. Ich vermute, daß er seinen auf Geometrie und Mechanik beruhenden Konklusionen sichtbare Gestalt verleihen wollte. Aber zunächst mußte er sich mit elementaren Stilfragen beschäftigen; also kaufte er einige Bücher und fuhr nach Frankreich, wo er Bauwerke abzeichnen und die führenden Architekten kennenlernen wollte. Er begegnete sogar Bernini, der damals in Paris war, und sah seine Zeichnung für den Louvre. «Ich hätte meine Haut dafür gelassen», sagte er, «aber der reservierte alte Italiener erlaubte mir nur einen kurzen Blick darauf zu werfen.» Zur Zeit von Wrens Rückkehr nach London drohte die alte Paulskirche einzustürzen, und man fragte ihn als Ingenieur um seinen Rat. Er schlug vor, den Turm durch eine Kuppel zu ersetzen. Aber bevor dieses fragwürdige Projekt in Betracht gezogen werden konnte, brach in London der große Brand aus, der bis zum 5. September 1666 währte. Sechs Tage später legte Wren einen Plan zum Wiederaufbau der City vor. Erst von da an widmete sich der ‹erfindungsreiche Dr. Wren› ganz der Architektur.

Erfindungsreich ist das richtige Wort für die Ergebnisse, die daraus entstanden: die dreißig neuen Kirchen in der City. Jede stellt die Lösung eines besonderen Problems dar, und nie hat Wrens Erfindungskraft versagt. Aber als es um die Krönung und das Zentrum der ganzen Anlage ging, um die neue St. Pauls-Kathedrale [155], da offenbarte er mehr als nur Einfallsreichtum. Trotz der unangenehmen Aufgabe, einen römischen Bau über einem gotischen Grundriß zu errichten, hat er Partien von so verfeinerten und phantasievollen Einzelheiten geschaffen, daß die St. Pauls-Kathedrale zum bedeutendsten Werk des englischen Klassizismus wurde.

Wrens Bauten zeigen uns, daß Mathematik, Messen und Beobachtung – alles, was die Philosophie der Wissenschaft ausmacht – der Architektur nicht feindlich gegenüberstanden; auch nicht der Musik, denn dies war das Zeitalter eines der größten englischen Komponisten: Henry Purcell. Aber welche Wirkung hatte der Glaube an die Wissenschaft auf die Dichtkunst? Anfangs war es, glaube ich, eine durchaus harmlose, sogar wohltuende Wirkung. Als Vaughan schrieb:

> Die Ewigkeit sah ich gestern zur Nacht.
> Ein Ring war sie, riesig, aus schierem Licht gemacht,
> Ruhig, denn es war klar;

155 Wren, St. Pauls-Kathedrale, London

Und rings darunter Zeit, in Stunden, Tagen, Jahren.
Von den Sphären ausgefahren,
War sie ein grenzenloser Schatten, in Bewegung; und die Welt
Samt ihrem Schweif mitten in sie hineingestellt

– gab er dem gleichen Impuls dichterischen Ausdruck, der Flamsteed veranlaßte, durch sein Teleskop zu blicken. Milton nannte Galilei den «toskanischen Künstler mit seinem Fernrohr». Ich glaube, Galilei ist der einzige Zeitgenosse, der im *‹Verlorenen Paradies›* erwähnt wird; und ohne seine Entdeckungen hätte Miltons Universum nicht diese großartige Form erhalten. Vaughan und Milton begannen mit dem Schreiben erst in den sechziger Jahren, und in diesen Jahren veränderte sich die Auffassung von der Dichtkunst. Milton war in gewisser Hinsicht ein Anachronismus, er gehörte noch zur verspäteten englischen Renaissance. Geistig stand er Inigo Jones näher als Wren. Es ist ein merkwürdiges Zusammentreffen, daß im selben Jahr – 1667 –, in dem das *‹Verlorene Paradies›* veröffentlicht wurde, ein Buch erschien, das man als das wichtigste Beispiel eines anti-poetischen Rationalismus bezeichnen kann: Sprats *‹Geschichte der Royal Society›*. «Dichtung ist die Mutter des Aberglaubens», sagt Sprat. Tatsächlich sind alle Produkte der Imagination gefährliche Verfälschungen, und sogar rhetorische Figuren sind Täuschung. Doch seit die wahre Philosophie auf dem Plan erschienen ist, «geht der Lauf der Dinge» – so Sprat – «still seinen eigenen wahren Weg der natürlichen Ursachen und Wirkungen».

Ich glaube nicht, daß alle Mitglieder der Royal Society der Imagination so feindlich gesonnen waren. Schließlich blieben die meisten von ihnen überzeugte Christen – sogar Newton verbrachte (wir würden sagen: er verschwendete) einen großen Teil seiner Zeit mit biblischen Studien. Und sie verwendeten auch weiterhin einen Himmelsglobus, auf dem die Konstellationen in der Form von Menschen und Tieren angeordnet waren; sie akzeptierten auch weiterhin die Personifikationen, die man an der Decke des Saales von Greenwich sieht. Aber trotz allem wußten sie, daß es Phantasiefiguren waren und daß die Wirklichkeit woanders lag: im Reich des Messens und Beobachtens. Und so begann die Trennung zwischen wissenschaftlicher Wahrheit und Imagination, die das poetische Drama töten und während der nächsten hundert Jahre aller Dichtung etwas Gekünsteltes geben sollte.

Doch es gab einen Ausgleich: das Auftauchen einer klaren, handfesten Prosa. Aber auch so blieb immer noch ein Verlust. Man vergleiche Arbeiten von Thomas Browne und Dryden. Auf der einen Seite Browne, voller Metaphern und Anspielungen, mit einem an Shakespeare gemahnenden Reichtum der Sprache: «Wenn bei Homer auch Somnus ausgesandt wird, den Agamemnon zu wecken, so finde ich in diesen schläfrigen Erscheinungen doch keine solche Wirkung auf den Schlaf. Unsere Augen länger offen zu halten, hieße nur, unsere Antipoden zu spielen. In Amerika sind die Jäger aufgestanden, und in Persien haben sie schon ihren ersten Schlaf hinter sich.» Und auf der anderen Seite Dryden: «Wenn Sie mit ‹Volk› die Menge meinen – kümmern sie sich nicht um seine Meinung;

manchmal hat es recht, manchmal unrecht: sein Urteil ist reine Lotterie.» Das ist ganz klar ausgedrückt, aber die Magie des Wortes, das Beschwörende im Text Thomas Brownes liegt auf einer höheren Ebene. Trotzdem müssen wir das, was Dryden selbst «die andere Harmonie der Prosa» nannte, als eine zivilisierende Kraft anerkennen. Es war in fast demselben Grade ein Werkzeug der neuen Philosophie, wie Stevins Dezimalsystem ein Werkzeug der neuen Mathematik wurde. Das galt besonders für Frankreich. Fast dreihundert Jahre lang war französische Prosa das Medium, mit dessen Hilfe das geistige Europa seine Gedanken über Geschichte, Diplomatie, Definitionen, Kritik, menschliche Beziehungen – über alles bis auf die Metaphysik – formte und mitteilte. Das Fehlen einer klaren, konkreten deutschen Prosa ist, so könnte man behaupten, eines der größten Unglücke für die europäische Zivilisation gewesen.

In den ersten ruhmreichen hundert Jahren war die Berufung auf Vernunft und Erfahrung zweifellos ein Triumph der menschlichen Intelligenz. Zwischen Descartes und Newton schuf sich der westliche Mensch die Instrumente des Denkens, die ihn von den anderen Völkern der Erde trennten. Und beim Studium eines beliebigen Historikers des 19. Jahrhunderts wird man feststellen, daß nach seiner Meinung die europäische Zivilisation offenbar erst mit dieser Errungenschaft beginnt. Merkwürdigerweise scheint keiner dieser Schriftsteller des 19. Jahrhunderts (ausgenommen vielleicht Carlyle und Ruskin) bemerkt zu haben, daß der Triumph der rationalen Philosophie zu einer neuen Form der Barbarei geführt hatte. Wenn ich vom Balkon des Observatoriums in Greenwich über das von Wren erbaute Hospital mit seiner festgefügten Ordnung hinausblicke, sehe ich, so weit das Auge reicht, die schmutzige, elende Unordnung der industriellen Gesellschaft – Ergebnis der gleichen Bedingungen, die es den Holländern ermöglichte, ihre schönen Städte zu bauen, ihre Maler zu unterstützen und die Werke der Philosophen zu drucken: flüssiges Kapital, eine freie Wirtschaft, ein ständiger Strom von Export und Import, eine Abneigung gegenüber jeder Einmischung, ein fester Glaube an Ursache und Wirkung.

Jede Zivilisation scheint ihre Nemesis zu haben – nicht nur, weil die ersten strahlenden Impulse durch Habgier und Faulheit ihren Glanz verlieren, sondern auch auf Grund unvorhersehbarer Ereignisse; und in diesem Fall war das Unvorhersehbare das ständige Wachsen der Bevölkerung. Die Habgier nahm immer mehr zu, die Schichten, die keinen Teil an der Bildung hatten, büßten ihre traditionellen Fähigkeiten ein, und der Lichtstrahl der Erfahrung verengte sich, so daß man heute einen so großzügigen Entwurf wie Greenwich für reine Geldverschwendung halten würde, dem kein Verantwortlicher seine Zustimmung gäbe.

9 Das Streben nach Glückseligkeit

Um das Jahr 1700 meldeten sich die deutschsprachigen Länder wieder zu Wort. Über hundert Jahre lang hatten die Nachwirren der Reformation und die trostlosen, endlosen Schrecken des Dreißigjährigen Krieges sie daran gehindert, in der Geschichte der Zivilisation eine Rolle zu spielen. Doch dann erlaubten ihnen Friede und Sicherheit, der natürliche Reichtum des Landes und eine besondere gesellschaftliche Struktur die europäische Erfahrungswelt um zwei Glanzleistungen zu bereichern: eine auf dem Gebiet der Musik, die andere auf dem Gebiet der Architektur. Die Musik ist für uns natürlich wichtiger. In einer Zeit, in der die Dichtkunst fast tot und die bildenden Künste nur noch als Schatten ihrer einstigen Größe existierten, in der das Gefühlsleben fast erstickt schien, verlieh die Musik den tiefsten Gedanken und Empfindungen der Zeit Ausdruck, so wie es die Malerei im frühen 16. Jahrhundert getan hatte. Daher befaßt sich dieses Kapitel hauptsächlich mit Musik. Manche der Eigenschaften der Musik des 18. Jahrhunderts – ihr melodischer Fluß, ihre komplexe Symmetrie, ihre dekorativen Inventionen – spiegeln sich in der Baukunst wider, nicht jedoch ihre tiefere Wirkung auf die Gefühle. Trotzdem hat der Stil des Rokoko seinen Platz in der Zivilisation. Ernstere Menschen haben ihn oft als flach und verderblich bezeichnet, da er vor allem darauf abzielt, Freude zu vermitteln. Aber selbst die Gründer der amerikanischen Verfassung, die aller Leichtfertigkeit abhold waren, hielten es für angemessen, das Streben nach Glückseligkeit als ein berechtigtes Ziel des Menschen eigens zu erwähnen; und wenn dieses Ziel jemals sichtbare Gestalt angenommen hat, dann in der Baukunst des Rokoko – Streben nach Glückseligkeit, Streben nach Liebe.

Bevor wir in die schäumende See des Rokoko tauchen, noch ein Wort über das strenge Ideal der vorangegangenen Zeit. Sechzig Jahre lang hatte Frankreich Europa beherrscht: ein straff zentralisiertes, autoritäres Regime, das in einem klassischen Stil Ausdruck fand. Die klassische Disziplin, die sich von Versailles auf alle Künste übertrug, kann als einer der Höhepunkte der europäischen Zivilisation bezeichnet werden – le grand siècle. Zwei große Dramatiker gingen daraus hervor, Corneille und Racine. Ein so feines Verständnis für das menschliche Herz wie bei Racine, dazu eine vom ersten bis zum letzten Wort makellose, vollendete Sprache finden wir in der ganzen Literatur nicht wieder. Es brachte auch einen großen, edlen Maler hervor: Nicolas Poussin. Irgend jemand hat einmal gesagt, Poussin zu bewundern sei der Lohn der Zivilisation, und obwohl ich das Wort in einem viel weiteren Sinn auslegen würde, verstehe ich doch, was gemeint ist. Nicht nur, daß Poussin ein erfahrener Künstler war, der die Posen der antiken Skulpturen und die Bilderfindungen Raffaels studiert und in sich aufgenommen hatte, er hat auch den Beruf des Bildermalens mit einem neuen

156 Perrault, Ostfassade des Louvre, Paris

Geist belebt, der von antiker Literatur beseelt und durch stoische Philosophie geformt worden war.

Und schließlich schuf der französische Klassizismus auch eine prachtvolle Architektur. Was könnte eindrucksvoller sein als die Südfront des Louvre? Höchstens die Ostseite desselben Gebäudes [156]. Das ist die Architektur einer hohen großstädtischen Kultur, und sie ist Ausdruck eines Ideals; nicht ein Ideal, das mich anspricht, aber dennoch ein Ideal: Größe, von einem autoritären Staat geschaffen. Ich habe mich oft gefragt, worin sich Perraults Fassade des Louvre von den vergleichbaren Bauwerken Roms unterscheidet, eine Frage, die vielleicht dadurch noch besonders interessant wird, daß auch Bernini einen Entwurf für einen Flügel des Louvre ausgearbeitet hatte, der aber abgelehnt wurde. Vielleicht liegt die Antwort darin, daß die römischen Bauten – und vor allem die Berninis – eine innere Wärme besitzen, die der französische Klassizismus vermissen läßt. Die römischen Bauwerke sprechen die Gefühle an und waren abstrakter Ausdruck des im Volk verbreiteten Empfindens, das zur Wiederbelebung des Katholizismus beitrug. Perraults Fassade dagegen spiegelt den Triumph eines autoritären Staates wider und zugleich jene streng logischen Lösungen, die Colbert, der größte Administrator des 17. Jahrhunderts, der Politik, der Wirtschaft und allen Bereichen des damaligen Lebens, darunter auch vor allem den Künsten, auferlegte. Daher rühren gewisse unmenschliche Züge der französischen klassizistischen Architektur. Sie war nicht das Werk von Handwerkern, sondern von hochbegabten Staatsbeamten. Da, wo sie dieses große, umfassende System reflektiert, ist sie in höchstem Maße überzeugend. Aber sobald man sie außerhalb Frankreichs nachzuahmen versuchte, wurde daraus so etwas Lebloses und Prä-

157 Borromini, San Ivo della Sapienza, Rom

tentiöses wie das langweiligste Rathaus des 19. Jahrhunderts. Der französische Klassizismus war einfach nicht zu verpflanzen. Der römische Hochbarock [157] war dagegen aus einer Reihe von Gründen genau das, was der Norden Europas brauchte. Zum einen war er elastisch und anpassungsfähig. Borromini hielt sich an keine Regeln, und noch heute schockiert er jeden, der akademisch denkt. Und dann muß man auch sagen, daß die ruhelosen Verschnörkelungen von Borrominis Hochbarock den wirbelnden und quirlenden Formen der Spätgotik oft sehr nahe kommen. In ganz Deutschland finden sich Beispiele dekorativer Baukunst, von denen man auf Anhieb nur schwer sagen kann, ob sie zur Gotik des späten 15. Jahrhunderts oder zum Rokoko der Mitte des 18. Jahrhunderts gehören.

So war die architektonische Sprache, in der sich das nördliche Europa im 18. Jahrhundert artikulierte, der italienische Barock; und ziemlich das gleiche trifft für die Musik zu. Vielen Werken der deutschen Komponisten liegt der internationale Stil der großen Italiener zugrunde, vor allem der Stil Alessandro Scarlattis. Mit seinen meisterhaften, langgeschwungenen Sätzen, seiner beherrschten Ausgefeiltheit und seiner Vollendung im Detail ist er Borromini auffallend ähnlich. Borromini kam aus einem Gebiet von Steinmetzen – von den an der Grenze zur Schweiz liegenden italienischen Seen –, und sein Stil war der Handwerkertradition des germanischen Nordens verwandt, einer Tradition, die einer Gesellschaftsordnung diente, die das absolute Gegenteil der zentralisierten französischen Bürokratie war. Es stimmt, daß viele der deutschen Fürsten gerne Versailles imitieren wollten. Doch nicht das Vorbild Versailles war das formende Element in der deutschen Kunst und in der deutschen Musik, vielmehr lag es in der Vielzahl der Länder, Städte und Klöster, die alle um ihre Baumeister und ihre Kantoren wetteiferten, und nicht zuletzt im Talent der ortsansässigen Organisten und Stukkateure. Die Schöpfer des deutschen Barock – die Asam und Zimmermann – waren Handwerkerfamilien. Die schönsten Bauten sind nicht Paläste, sondern Wallfahrtskirchen tief in der Provinz, wie Vierzehnheiligen. Und die Bachs muß man sich als eine Familie lokaler Berufsmusiker vorstellen, aus der plötzlich eines der größten Genies Westeuropas hervorging: Johann Sebastian Bach.

Der Klang Bachscher Musik erinnert mich an eine merkwürdige Tatsache, die wir meist vergessen, wenn wir über das 18. Jahrhundert sprechen – daß nämlich die große Kunst dieser Zeit religiöse Kunst war. Das Denken war antireligiös, der Lebensstil betont weltlich; man kann die erste Hälfte des Jahrhunderts mit Recht das Zeitalter der Vernunft nennen. Aber was erzeugte dieser emanzipierte Rationalismus auf dem Gebiet der Künste? Einen bewundernswerten Maler – Watteau –, einige Meisterwerke der Wohnarchitektur, einige hübsche Möbel; aber nichts, was mit der ‹*Matthäus-Passion*› oder dem ‹*Messias*› oder den Klöstern und Wallfahrtskirchen in Bayern und Franken zu vergleichen wäre. Bis zu einem gewissen Grade beruhte die Musik Bachs auf dem italienischen Stil, so wie der nördliche Barock auf Borromini fußte. Aber daneben gab es noch eine andere Musiktradition in Deutschland, die auf die Reformation zurückging.

158 Orgel in der Groote Kerke, Haarlem

Luther war ein guter Musiker gewesen – er hatte selbst komponiert und (überraschenderweise) eine weiche Tenorstimme gehabt. Und obwohl die lutherische Reform viele der zivilisierenden Künste verbot, förderte sie die Kirchenmusik. In kleinen holländischen und deutschen Städten wurden Chor und Orgel zu den einzigen Mitteln, mit deren Hilfe sich die Menschen in die Welt der vergeistigten Gefühle versetzen konnten; als die Calvinisten, noch radikaler auf Reinigung der christlichen Riten bedacht, die Orgeln verboten und zerstörten, verursachten sie damit mehr Unglück, als es der Bildersturm je vermocht hatte. Orgeln haben in der europäischen Zivilisation eine unterschiedliche Rolle gespielt. Im 19. Jahrhundert waren sie Symbole eines neugewonnenen Überflusses; im 17. und 18. Jahrhundert aber waren sie Ausdruck bürgerlichen Stolzes und bürgerlicher Unabhängigkeit [158]. Sie waren das Werk der besten Handwerker, oft mit dekorativen Bildwerken geschmückt; und die Organisten waren geachtete Mitglieder der Gemeinde.

Vieles in der deutschen Musik verdanken wir der bürgerlichen Demokratie, die auch schon die holländische Malerei des 17. Jahrhunderts gefördert hatte; aber jetzt handelte es sich um eine ernstere und innerlich stärker beteiligte Gesellschaft, als es vormals die holländischen Connaisseurs gewesen waren. Diese bürgerliche Gesellschaft bildete den Hintergrund für Bach. Sein Genie erwuchs aus dem hohen Niveau des wetteifernden Musiklebens in den norddeutschen protestantischen Städten. Man kann sogar sagen, daß es aus einer Familie erwuchs, die hundert Jahre lang Berufsmusiker gestellt hatte. Und Johann Sebastian Bach war ein gewissenhafter, etwas dickschädliger Provinzorganist und Kantor. Aber er war universell. Ein großer Musikkritiker hat von ihm gesagt: «Er ist der Zuschauer aller Musikepochen und allen Musiklebens, dem es nicht im geringsten darauf ankommt, ob etwas neu oder alt ist, solange es nur echt ist.»

Was wir an Bach schätzen, ist nicht allein barocke Kunstfertigkeit. Dieser ernste Mann [159] könnte ebenso in der Renaissance oder im späten Mittelalter gelebt haben; wenn man sich die Perücke wegdenkt, so könnte das Porträt durchaus von einem Dürer oder gar einem Riemenschneider stammen. Und einige der großen Momente in Bachs Oratorien haben die feierliche Schlichtheit und das tiefe religiöse Empfinden Giottoscher Fresken. Die gewaltige Polyphonie hat den Charakter gotischer Architektur. Aber dann erinnern wir uns, wie eng der deutsche Barock an die Traditionen der gotischen Baukunst anschließt: für beide ist Raumbeherrschung ein Mittel, auf unsere Gefühle einzuwirken; und Bachs Musik läßt sich durchaus an einem zeitgenössischen Bauwerk veranschaulichen. Die Wallfahrtskirche Vierzehnheiligen [Farbtafel 30] wurde von einem Architekten errichtet, der nur zwei Jahre jünger war als Bach. Er hieß Balthasar Neumann, und ich halte ihn für einen der größten Architekten des 18. Jahrhunderts. Anders als die übrigen Baumeister des deutschen Barock war er nicht in erster Linie Bildhauer oder Stukkateur, sondern Ingenieur. Er machte sich einen Namen als Städteplaner und Baumeister von Befestigungsanlagen. Im Innern seiner Bauten wird man sich bewußt, daß ihnen ein umfassender Plan zugrunde liegt, der an die

159 Johann Sebastian Bach

160 Tiepolo, Deckengemälde in der Würzburger Residenz
(im Vordergrund Balthasar Neumann)

kompliziertesten Lösungen mathematischer Aufgaben erinnert. Aber wo es angebracht war, verwandte er eine ebenso verschwenderische und phantastische Ornamentik wie die überschwenglichsten bayerischen Stukkateure.

Balthasar Neumann [160] hatte das große Glück, daß die Dekorationsmalereien in seinen schönsten Innenräumen nicht von den braven ortsansässigen Deckenmalern ausgeführt wurden, sondern vom größten ‹Dekorateur› seiner Zeit, dem Venetianer Giambattista Tiepolo; und in einem der großen, von Neumann geschaffenen Bauwerke, der bischöflichen Residenz in Würzburg, hat Tiepolo sein Meisterwerk vollbracht, das riesige Deckenfresko des Treppenhauses [161]. Dargestellt sind die vier Kontinente, ein Thema der Dekorationskunst, das an die Stelle der früher üblichen Allegorien des christlichen Glaubens getreten war; und wenn man diese herrlichen Schöpfungen betrachtet, könnte man im Scherz darüber streiten, welcher Kontinent die Phantasie am stärksten beflügelt hat:

Farbtafel 31: Tiepolo, Amerika. Aus dem Deckengemälde im Treppenhaus der Würzburger Residenz

Afrika mit seinen Straußen, Kamelen und stolzen Negerinnen, Amerika mit den bezaubernden Mädchen, die im Federschmuck auf Krokodilen reiten [Farbtafel 31], oder Asien mit seinen Tigern und Elefanten. Irgendwo im Hintergrund Asiens ist ein kahler Hügel mit drei leeren Kreuzen. Ich frage mich, ob der Bischof ihn jemals bemerkt hat. Denn er hatte eine Menge erfreulichere Dinge zu betrachten, da seine Residenz fast zweimal so groß wie der Buckingham-Palast und jeder Raum des Piano Nobile mit prachtvollen Dekorationen geschmückt war. Unwillkürlich überlegt man sich, welche Steuern die fränkischen Bauern wohl leisten mußten, damit ihr bischöflicher Herr es sich so wohl ergehen lassen konnte. Aber man muß zugeben, daß viele dieser kleinen deutschen Herrscher – Bischöfe, Herzöge, Kurfürsten – sehr gebildete und kluge Männer waren. Ihr ehrgeiziger Wettstreit förderte Architektur und Musik in ganz anderer Weise als die demokratische Zurückhaltung der Hannoveraner in England. Die Familie

161 Balthasar Neumann, Treppenhaus in der Würzburger Residenz

Farbtafel 32: Watteau, *‹Venezianische Feste›* (*‹Fêtes Vénitiennes›*)

162 Roubillac, ‹*Händel*›

Schönborn – sie stellte mehrere Würzburger Bischöfe – gehörte zu den großen Mäzenen jener Zeit und sollte mit den Medici im gleichen Atemzug genannt werden.

Ich habe gezögert, einen Vergleich zwischen Bachs Musik und einem barocken Interieur zu ziehen. Aber ohne Bedenken spreche ich im Treppenhaus von Würzburg den Namen Georg Friedrich Händels aus. Es kommt merkwürdig oft vor, daß zwei große Männer auftauchen, die einander ergänzen. Dieser Vorgang hat sich im Verlauf der Geschichte so oft wiederholt, daß es sich nicht um Erfindungen auf Symmetrie bedachter Geschichtsschreiber handeln kann; vielmehr muß er Ausdruck eines Bedürfnisses sein, für ein Gleichgewicht der menschlichen Fähigkeiten Sorge zu tragen. Wie immer das auch sein mag – es besteht kein Zweifel daran, daß die beiden großen Musiker des frühen 18. Jahrhunderts, Bach und Händel, in dieses Muster konträrer und sich ergänzender Persönlichkeiten passen. Sie wurden beide im selben Jahr geboren – 1685; sie erblindeten beide durch das Abschreiben von Partituren und wurden erfolglos vom selben Chirurgen operiert. Aber in anderer Hinsicht waren sie Gegensätze.

Verglichen mit Bachs zeitloser Universalität war Händel ganz ein Kind seiner Zeit. Während Bach als Organist mit zahlreichen Kindern ein genügsames, fleißiges Leben führte, verdiente und verlor Händel mehrmals ein Vermögen als Theaterimpresario. Roubillacs Statue von ihm [162], die heute im Victoria and Albert Museum steht, wurde von den dankbaren Besitzern eines Vergnügungsparks – Vauxhall – aufgestellt, zu dessen Attraktionen seine Musik gehört hatte. Er sitzt in sehr legerer Haltung da, hat einen Schuh ausgezogen, und man sieht ihm an, daß es ihn nicht im geringsten kümmerte, wie weit er seine Melodien von anderen Leuten entlieh, wenn nur etwas Wirkungsvolles dabei herauskam. In seiner Jugend muß er sehr charmant gewesen sein, denn als er als junger, unbekannter Virtuose nach Rom kam, wurde er sofort von der Gesellschaft aufgenommen, und selbst Kardinäle scheuten sich nicht, Libretti für ihn zu schreiben, damit er sie vertonte. Man sieht es diesem Kopf auch noch an, daß er einmal sehr gut ausgesehen haben muß. Später, als er sich in England niedergelassen und Zugang zur Opernwelt gefunden hatte, war er weniger darauf bedacht, zu gefallen, und die Überlieferung berichtet, daß er einmal eine seiner Hauptdarstellerinnen mit ausgestreckten Armen aus dem Fenster gehalten und ihr gedroht habe, er werde sie auf der Stelle fallen lassen, wenn sie nicht richtig singe. Sein Leben lang blieb er dem italienischen Barock-Stil treu. Daher paßt seine Musik so gut zu den Malereien Tiepolos, die manchmal sogar die gleichen romantischen, pseudohistorischen Themen zum Gegenstand haben wie Händels Opern. Das Eigenartige ist, daß dieser Komponist fließender, blühender Arien und rauschender Chöre, sobald er von der Oper zum Oratorium überwechselte – das ja eine Art geistlicher Oper ist –, große, religiöse Musik komponierte. *‹Saul›*, *‹Samson›*, *‹Israel in Ägypten›* enthalten nicht nur wunderbare melodische und polyphone Partien, sondern zeigen auch ein tiefes Verständnis für den menschlichen Geist. Und der *‹Messias›* ist – wie Michelangelos *‹Erschaffung Adams›* – eines jener sel-

163 Watteau, Köpfe (Zeichnung)

tenen Werke, die jeden unmittelbar ansprechen und dennoch eindeutig Meisterwerke höchsten Ranges sind.

Ich habe Händel einen Barock-Komponisten genannt und auf die Bauwerke Balthasar Neumanns als Beispiele nordischen Barocks hingewiesen. Mit fast der gleichen Berechtigung hätte ich sie als Beispiele des Rokoko bezeichnen können – in Würzburg überschneiden sich die beiden Begriffe. Aber es gibt einen Unterschied zwischen ihnen, der für die Geschichte der Zivilisation von Bedeutung ist. Wie sehr der Barock in Deutschland und Österreich auch abgewandelt wurde, er war und blieb eine italienische Erfindung. Entstanden war der Barock zuerst als religiöse Architektur, als Ausdruck des emotionalen Strebens der katholischen Kirche. Das Rokoko war bis zu einem gewissen Grad eine Pariser Erfindung und von herausfordernder Weltlichkeit. Äußerlich zumindest war es eine Reaktion auf den strengen Versailler Klassizismus. Statt den statischen Regeln der Antike zu folgen, inspirierte es sich an Naturgegenständen, in denen die Linie frei schweifte – an Muscheln, Blumen, Algen –, vor allem, wenn sie in einer doppelten Krümmung schweifte. Das Rokoko war eine Reaktion auf den akademischen Stil, aber keine negative. Es bedeutete einen echten Gewinn an Sensibilität. Es brachte eine bis dahin unbekannte Freiheit der Assoziation und eroberte sich neue und zartere Schattierungen des Gefühls.

All das kommt im Werk eines einzigen vorzüglichen Künstlers zum Ausdruck – bei Watteau. Er wurde 1684 – ein Jahr vor Bach und Händel – in der flämischen Stadt Valenciennes geboren und leitete seine Technik von Rubens ab. Aber statt einer derben flämischen Lebensbejahung entdeckte Watteau, der schwindsüchtig

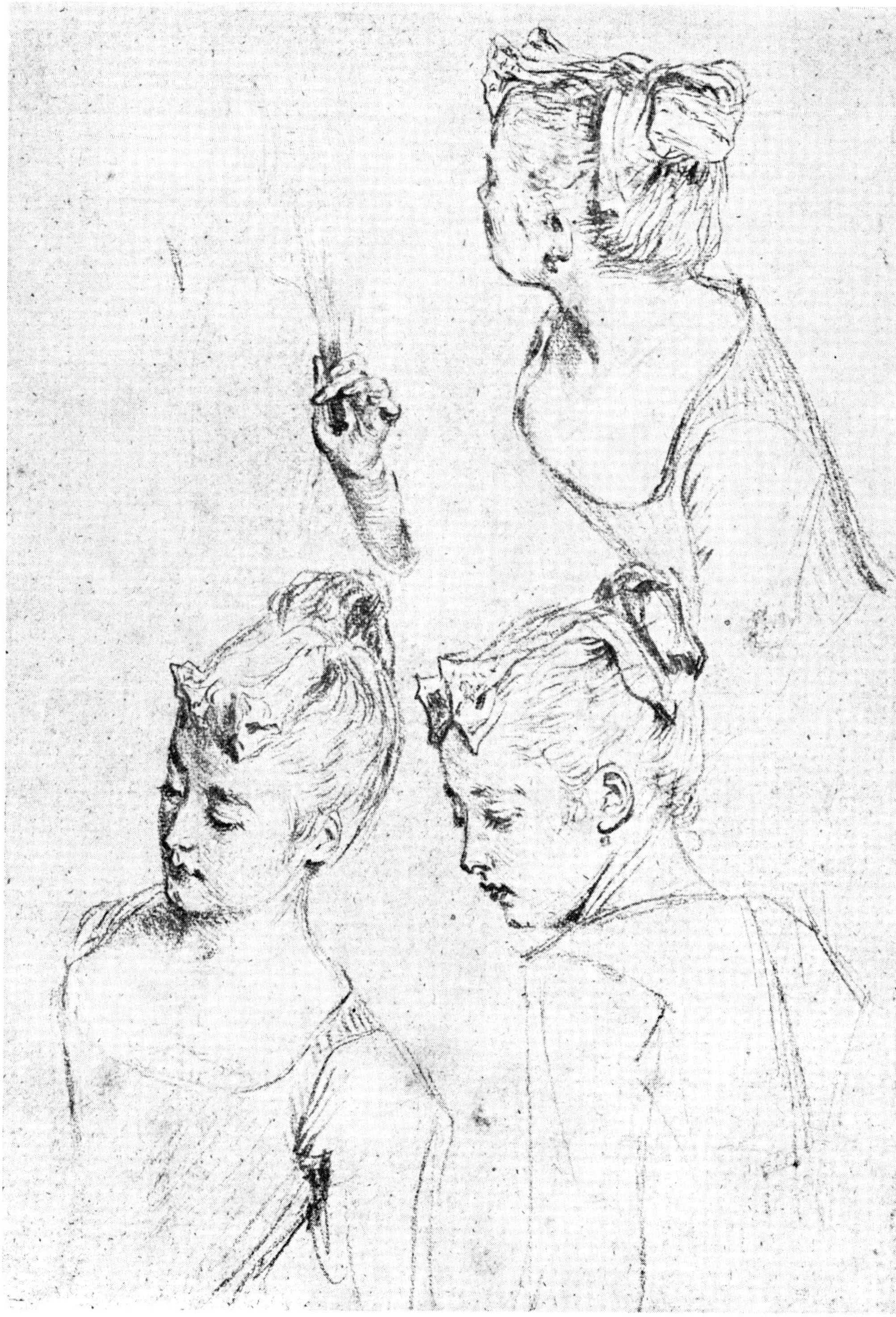

164 Watteau, Mädchenköpfe (Zeichnung)

war, etwas in sich, das es bis dahin in der Kunst kaum jemals gegeben hatte: ein Gefühl für die Vergänglichkeit und – damit – den Ernst der Freude. Er hatte glänzende Gaben – er konnte im Stil und mit der Genauigkeit eines Künstlers der Renaissance zeichnen – und nutzte seine Fähigkeiten, um sein Entzücken beim Anblick schöner Mädchen wiederzugeben [163 und 164]. Und sie sind wahrhaftig traumhaft schön! Wie glücklich wirken alle diese feinen Menschen! Aber

> Fürwahr, im Tempel der Wonne besitzt
> Die verhüllte Melancholie ihren eigenen Schrein,
> Aber es sieht ihn nur, wer die Traube der Lust mit seiner Zunge
> Am feinen Gaumen zerbersten läßt.

Niemand hatte einen feineren Gaumen als Antoine Watteau. Jede zarte Regung in der Quadrille der ‹*Fêtes Vénitiennes*›, wo flüchtige Blicke einander begegnen, nimmt er in sich auf [Farbtafel 32]. Und sich selbst hat er nicht als einen der Tänzer, sondern als Dudelsackpfeifer dargestellt, der die Szene mit seinem bescheidenen, melancholischen Instrument belebt. Er war, wie sein Freund Caylus sagte, «zart und vielleicht ein bißchen wie ein Schäfer». In dieser eleganten Gesellschaft, die er so scharfsichtig beobachtete, blieb er ein wunderlicher Außenseiter, und Gilles, der Einfaltspinsel, dessen große weiße Gestalt sich einsam vor den anderen Schauspielern erhebt, ist eine Art idealisiertes Selbstbildnis – zart, einfach und doch zur Liebe und zu feinen Intuitionen fähig [Farbtafel 33].

Watteau betrat die Szene schon unglaublich früh im 18. Jahrhundert. Sein Meisterwerk, die ‹*Einschiffung nach Kythera*›, entstand 1712, als Ludwig XIV. noch lebte. Es hat die Leichtigkeit und die Klarheit einer Oper von Mozart; und es verrät einen ausgeprägten Sinn für das menschliche Drama. Die zarten Beziehungen zwischen diesen Männern und Frauen, die ein paar Stunden auf der Insel der Venus verbracht haben und nun zurückkehren müssen [165], erinnern uns an die verzückte Erregung, die dem Abschied der vertrauensvollen Liebenden in ‹*Così fan tutte*› vorausgeht; und doch wurde Mozarts Oper erst über siebzig Jahre später geschrieben.

Die neue Empfindsamkeit, deren Verkünder Watteau war, zeigte sich vor allen Dingen in einem feineren Verständnis für die Beziehungen zwischen Mann und Frau. Empfindsamkeit: das Wort ist inzwischen – wie es bei Worten vorkommt – in Mißkredit geraten; damals aber war es ein Wort von zivilisierender Kraft. In seiner ‹*Empfindsamen Reise*›, jenem etwas in Verruf geratenen Werk der Rokoko-Prosa, erzählt Sterne eine Fabel über eine Stadt Abdera, die der «gottloseste» Ort in ganz Thrakien war:

> Die Stadt Abdera, obgleich Democritus sich darin aufhielt und alle Stärke der Ironie und des Lachens anwendete, sie zu bekehren, war die niederträchtigste und gottloseste Stadt in ganz Thrazien. Was für Giftmischerei, Verschwörungen, Meuchelmorde ... Schmähschriften, Pasquille und Tumulte! Bei hellem Tage war man auf der Gasse nicht sicher ... des Nachts war's noch ärger.

165 Watteau, ‹*Die Einschiffung nach Kythera*›

166 Dekoration aus dem Musikzimmer von Norfolk House

Nun begab sich's, als der Greuel aufs höchste gestiegen, daß man zu Abdera die Andromeda des Euripides vorstellte; sie gefiel allen Zuschauern; aber von allen Stellen, welche dem Volke gefielen, wirkte keine stärker auf seine Phantasie als die zärtlichen Züge der Natur, welche der Dichter in die rührende Rede des Perseus verwebt hatte:

«O Cupido, der Götter Herr, und Herr der Menschen.»

Die ganze Welt sprach den folgenden Tag in Jamben und von nichts als der rührenden Anrede des Perseus. «O Cupido, der Götter Herr, und Herr der Menschen», in jeder Gasse von Abdera, in jedem Hause . . . «O Cupido! O Cupido!» . . . In jedem Munde, gleich den natürlichen Tönen eines gefälligen, ungekünstelten Gesanges, die uns auch wider unsern Willen in Gedanken schweben und sich Luft machen . . . nichts als «O Cupido! O Cupido! der Götter Herr, und Herr der Menschen.» . . . Das Feuer griff um sich, und die ganze Stadt, gleich dem Herzen eines einzigen Mannes, öffnete sich der Liebe.

Kein Apotheker konnte einen Scrupel Nieswurz loswerden . . . Kein Waffenschmied hatte das Herz, ein einziges Werkzeug des Todes zu schmieden . . . Freundschaft und Tugend begegneten und küßten sich auf den Gassen . . . Das goldene Alter kehrte zurück und schwebte über der Stadt Abdera. – Jeder Abderit nahm sein Haferrohr, und jede Abderitin verließ ihr Purpurgewebe und setzte sich keusch und horchte auf den Gesang . . .

167 Wallfahrtskirche Die Wies, Bayern

Gleich nach der Liebe kam für Watteau die Musik, für die er, wie seine Freunde uns berichten, ein sehr empfindsames Ohr hatte. Fast alle seine Szenerien sind auf Musik abgestimmt. In dieser Beziehung steht er in einer Tradition, die auf die Venezianer zurückgeht; von ihnen sagte Walter Pater, sie malten die musikalischen Intervalle unseres Daseins, in denen «das Leben selbst als eine Art Zuhören verstanden wird». Giorgione, dessen ‹*Ländliches Konzert*› [77] ich in einem früheren Kapitel als das erste Bild beschrieben habe, in dem der Mensch damit zufrieden ist, nichts zu tun, weil er sich in vollkommener Harmonie mit der Natur befindet, ist ein direkter Vorfahre Watteaus. Und genau wie die Venezianer erreicht Watteau diese musikalische Wirkung, indem er Erfahrung in ein anderes, mit den Sinnen wahrnehmbares Medium umsetzt: die Farbe. Watteaus Farbe ist von einem schillernden Glanz, der uns sofort an musikalische Analogien denken läßt. Und doch ist die Struktur jedes Details, zum Beispiel die Hände seiner Lautenspieler, ebenso genau und ausgeformt wie ein Satz von Mozart. Watteau starb 1721 im gleichen Alter wie Raffael, mit 37 Jahren. Zu diesem Zeitpunkt begann sich der Rokoko-Stil auf Dekoration und Baukunst auszuwirken. Zehn Jahre später hatte er sich über ganz Europa ausgebreitet und wurde als Stil so international wie die Gotik des frühen 15. Jahrhunderts, mit der er auch in anderer Hinsicht gewisse Ähnlichkeiten hatte. Es war eine Kunst der kleinen Residenzen, eine Kunst mehr der Eleganz als der Größe, eine Kunst, in der religiöse Motive mehr mit Anmut und Gefühl behandelt wurden als mit feierlicher Überzeugung. Das Rokoko kam sogar nach England, wo allerdings der dort heimische gesunde Menschenverstand extravagante Höhenflüge verhinderte. Ich nehme an, daß die meisten aus dieser Zeit vorhandenen Stuckarbeiten von Ausländern ausgeführt wurden. Aber die Dekorationen im Musikzimmer von Norfolk House [166], das an Eleganz nur wenig hinter seinen Pariser Gegenstücken zurücksteht, sind von einem Engländer namens Mayhew geschaffen worden. Ein wirklich internationaler Stil beeinflußt die Formen aller Dinge. Er ist ein absoluter Zwang, der sich über Bequemlichkeit, oder das, was wir Funktionalismus zu nennen pflegen, hinwegsetzt. In der damaligen Zeit kam niemand auf den Gedanken, daß Rokoko-Messer bequem in der Hand liegen oder Rokoko-Suppenterrinen leicht zu reinigen sein müßten. Sie *mußten* wie Felsen und Muscheln und Algen aussehen, so wie sie in der späten Gotik wie Bäume hatten aussehen müssen. Trotz seiner Vorliebe für Muscheln war das Rokoko weniger deskriptiv als die Gotik; die Entwürfe des Rokoko preßten jedes Material in ein und dieselbe Form. Walter Pater hat einmal gesagt, alle Kunst strebe nach dem Charakter der Musik. Ich glaube nicht, daß er diesen berühmten Ausspruch auch auf die angewandte Kunst ausgedehnt wissen wollte. Aber auf die schönsten Entwürfe des Rokoko trifft er voll und ganz zu. Die Rhythmen, Assonanzen und Texturen wirken wie Musik, und sie scheinen sich in der Musik der nächsten fünfzig Jahre zu wiederholen.

Es ist nicht immer leicht, den Unterschied zwischen Haydn und Mozart festzustellen, wenn man nur wenige Takte ihrer Musik hört; trotzdem waren die beiden großen Musiker der zweiten Hälfte des 18. Jahrhunderts sehr verschie-

168 Zimmermann, Die Wies, Inneres

169 Lange, ‹*Mozart*›

dene Charaktere, und dieser Unterschied tritt auch in ihrer Musik zutage. Haydn, der 24 Jahre älter war als Mozart, war als Sohn eines Stellmachers in einem Dorf geboren und war im Grunde ein friedlicher, behäbiger, erdverbundener Mann. Er komponierte seine Musik, damit, wie er sagte, die Müden und Erschöpften oder die mit ihren Geschäften Beladenen ein paar Minuten des Trostes und der Erfrischung genießen könnten. Und an diesen Ausspruch denke ich, wenn ich mich der bayerischen Wallfahrtskirche Die Wies [167] nähere. Sie gehört in die Landschaft; von ferne betrachtet könnte sie fast das Wohnhaus eines ländlichen Herrensitzes sein. Aber wenn man sie betritt, tut sich der unglaublichste Reichtum vor einem auf. Der Himmel auf Erden! Es stimmt, beim Betreten gotischer Kathedralen hatten die Menschen ihre irdischen Sorgen hinter sich gelassen und sich gewissermaßen in eine andere Welt begeben. Aber es war eine geheimnisvolle, ehrfurchtgebietende Welt gewesen, in der sich die Hoffnung auf Erlösung mit der Angst vor Tod und Gericht verband, und bei den schlichten Gläubigen lag der Hauptakzent auf der Furcht. In allen Pfarrkirchen befand sich über dem Chorbogen eine schreckenerregende Darstellung des Jüngsten Gerichts. In den Rokoko-Kirchen dagegen begegnet den Gläubigen nicht Furcht, sondern Freude. Wenn man sie betritt [168], bekommt man einen Vorgeschmack aufs Paradies: manchmal allerdings mehr auf das mohammedanische Paradies als auf das körperlose Paradies der Christen. Man fragt sich, was wohl Paulus (oder Hesekiel) von all diesen kleinen Amoretten gehalten hätte, die um die Kanzel herumpurzeln. «O Cupido! O Cupido! der Götter Herr, und Herr der Menschen.» Nun, es ist immer – und selbst für die Heiligen – schwer gewesen, die geistige Liebe darzustellen, ohne die Symbole der physischen Liebe zu Hilfe zu nehmen. Die Schöpfung ist die geheimnisvollste aller Taten Gottes. Und Haydns ‹*Schöpfung*› kommt mir in den Sinn, wenn ich die von den Brüdern Zimmermann geschaffenen ‹ländlichen Freuden› betrachte. Natürlich gehört Haydns ‹*Schöpfung*› nach herkömmlichen Begriffen eher zur klassischen als zur Barock-Musik – sie war ein spätes Werk, das lange nach dem Bau der Wies-Kirche komponiert wurde. Und doch fühle ich in Haydns Musik viel von der naiven Freude an dem Tanz des Lebens, wie ich es bezeichnen möchte, eine Freude, die auch die bayerischen Handwerker inspiriert zu haben scheint.

Haydns frühe Kompositionen, besonders jene für kleine Orchester und Streichinstrumente, scheinen ihrem Stil nach genau den Rokoko-Räumen zu entsprechen, in denen sie aufgeführt wurden. Dreißig Jahre lang war er Hofkapellmeister der Familie Esterházy. Die Esterházys gehörten zu den vielen aufgeklärten Mäzenen unter den rivalisierenden deutschen Fürstenhäusern. Abend für Abend wurden in schönen, von Kerzen erleuchteten Räumen zahllose dieser Stücke gespielt. Wie sehr müssen sich die mehr bukolisch gesonnenen Höflinge dabei gelangweilt haben! Aber sie mußten so lange ausharren, wie der Bischof oder der Kurfürst Freude an der Musik hatte, der manchmal vielleicht selbst die Flöte blies oder das Cello spielte. Als Kapellmeister des Fürsten Esterházy sah sich Haydn genötigt, dessen Wünschen nach immer neuen Kompositionen nachzukommen; er schrieb für ihn über vierzig Quartette, mehr als hundert Symphonien und viele hundert Gelegenheitsstücke. Sie konnten nicht alle gleich gut sein, so wie schließlich auch Dickens' wöchentliche Roman-Teillieferungen nicht immer gleich gut ausfielen. Aber auch auf solche Weise entstehen große Dinge, und von Haydn wird der Ausspruch überliefert: «Einige meiner Kinder sind gut geraten, und einige sind schlecht geraten, aber hin und wieder ist ein Wechselbalg dazwischen.» Wir sind natürlich an den Wechselbälgen interessiert. Es ist merkwürdig, daß wir heutzutage die Musik des Rokoko so hoch einschätzen, während doch der Rokoko-Stil als Ganzes unseren Überzeugungen so sehr zuwider läuft. Viele Bauten des 18. Jahrhunderts wurden einfach aus Freude am Schönen errichtet, von Menschen, die glaubten, daß Freude wichtig und der Mühe wert sei und daß man Freude mit künstlerischen Mitteln darstellen könne. Während des Krieges wurden viele von diesen Bauwerken zerstört, darunter der Zwinger in Dresden, das Charlottenburger Schloß in Berlin und der größte Teil der Residenz in Würzburg. Wie ich schon sagte, ist es schwer, den Begriff ‹Zivilisation› zu definieren; doch weniger schwer ist es, Barbarei zu erkennen. Es ist ein Zufall, daß die Gartenhäuser von Schloß Nymphenburg nicht getroffen wurden, während München selbst stark zerstört worden ist. Sie wurden von Cuvilliés erbaut (der trotz seines französischen Namens aus Flandern stammte). Er war zuvor Hofzwerg des Kurfürsten Max Emanuel gewesen, der in ihm den genialen Baumeister entdeckte. Sein Meisterwerk, die Amalienburg im Park von Schloß Nymphenburg [170], stellt einen Höhepunkt in der Rokoko-Dekoration dar, und man könnte sagen, daß mit ihr eine Brücke zwischen Watteau und Mozart geschlagen wird.

Und doch ist es gefährlich, im Zusammenhang mit der Amalienburg den Namen Mozart auszusprechen. Es unterstreicht auf sehr hübsche Weise die Vorstellung, Mozart sei ausschließlich ein Komponist des Rokoko gewesen. Diese Ansicht war noch vor fünfzig Jahren weit verbreitet und wurde durch schreckliche kleine Gipsbüsten gefördert, wo Mozart genau wie der vollendete Hohlkopf des 18. Jahrhunderts aussieht. Während meiner Schulzeit hatte ich mir eine solche Büste gekauft, aber als ich zum erstenmal das g-Moll-Quintett hörte, begriff ich, daß es nicht von dem glatten weißen Kopf auf dem Kaminsims in meinem Zimmer geschrieben sein konnte und warf die Büste in den Papierkorb. Später entdeckte ich das Porträt von Lange [169], das, wenn auch kein Meisterwerk, doch die Aufrichtigkeit des Genies offenbart. Natürlich ist ein großer Teil von Mozarts Musik in dem für das 18. Jahrhundert charakteristischen Stil komponiert. Mozart war in diesem Goldenen Zeitalter der Musik so sehr zu Hause und beherrschte die Formen seiner Zeit in so hohem Maße, daß er es nicht für nötig hielt, sie zu zerstören. Er liebte die Klarheit und Genauigkeit, die in der Musik seiner Zeit ihre Vollkommenheit erreicht hatte. Mir gefällt die Geschichte von Mozart, wie er bei Tisch sitzt und geistesabwesend seine Serviette zu immer komplizierteren Mustern faltet, während ihm neue musikalische Einfälle durch den Kopf gehen. Aber diese formale Perfektion diente dazu, zwei Eigenschaften auszudrücken, die mit dem Rokoko-Stil nichts mehr gemeinsam hatten. Eine dieser Eigenschaften war jene besondere Art von Melancholie, eine sich fast bis

170 Cuvilliés, Amalienburg, München

zur Panik steigernde Melancholie, die das Genie in seiner Vereinsamung so oft heimsucht. Mozart spürte sie schon in jungen Jahren. Die andere Eigenschaft war fast das genaue Gegenteil der ersten: ein leidenschaftliches Interesse am Menschen und an dem Drama menschlicher Beziehungen. Wie oft haben wir, wenn wir Mozarts Orchesterstücke – Konzerte oder Quartette – hören, das Gefühl, daß wir selber an einem Drama oder Dialog teilnehmen; und dieses Gefühl erreicht seinen Höhepunkt natürlich in der Oper.

Die Oper ist nach der gotischen Architektur eine der seltsamsten europäischen Erfindungen. Keine logische Entwicklung hat sie vorhersehen lassen. Dr. Johnsons vielzitierte Definition, die er – soweit ich feststellen kann – nie geschrieben hat, nämlich die Oper sei «eine extravagante und irrationale Unterhaltung», trifft genau zu; und im ersten Augenblick erscheint es überraschend, daß die Oper gerade im Zeitalter der Vernunft ihre Vollendung erfuhr. Aber so wie die größte Kunst des frühen 18. Jahrhunderts religiöse Kunst war, so ist die größte künstlerische Leistung des Rokoko vollkommen irrational. Erfunden war die Oper natürlich bereits im 17. Jahrhundert, und dank des prophetischen Genies Monteverdis war sie zur Kunstform geworden; aus dem katholischen Italien war sie nach Norden gekommen und erlebte ihre Triumphe in den großen katholischen Städten – in Wien, München und Prag. Indignierte Protestanten pflegten zu sagen, die Kirchen des Rokoko sähen aus wie Opernhäuser – sehr richtig, nur war es genau umgekehrt. Das von Cuvilliés erbaute Opernhaus in München sieht genau wie eine Rokoko-Kirche aus. Opernhäuser kamen in Mode, als die Kirche an Einfluß verlor, und sie waren ein so genauer Ausdruck der neuen weltlichen Religion, daß man Opernhäuser noch hundert Jahre lang im Stil des Rokoko, der längst aus der Mode gekommen war, baute. In katholischen Ländern, nicht nur in Europa, sondern auch in Südamerika, ist das Opernhaus oft das schönste und größte Bauwerk der Stadt.

Was um alles in der Welt hat der Oper in der westlichen Zivilisation ihr hohes Ansehen verschafft – ein Ansehen, das so viele verschiedene Strömungen und Denkweisen überdauert hat? Wie kommt es, daß Menschen bereit sind, drei Stunden lang still dazusitzen und einer Aufführung zu lauschen, von der sie kein Wort verstehen und von der sie meist nicht einmal die Handlung kennen? Warum geben in ganz Deutschland und Italien kleine Städte noch immer hohe Zuschüsse für diese Art der irrationalen Unterhaltung? Zum Teil natürlich deshalb, weil hier genau wie beim Fußballspiel die Möglichkeit besteht, besondere Talente vorzuführen. Aber in der Hauptsache, glaube ich, gerade deswegen, *weil* sie irrational ist. «Was zu albern ist, als daß man es sagen könnte, soll man singen» – nun ja; aber was zu fein oder zu tief empfunden oder zu aufschlußreich oder zu geheimnisvoll ist – auch das kann gesungen werden und nur gesungen werden. Wenn am Anfang von Mozarts ‹*Don Giovanni*› der Titelheld den Commendatore tötet und der Mörder, seine Geliebte, sein Diener und der Sterbende in einem Ausbruch großartiger Musik alle ihre Gefühle zum Ausdruck bringen, dann ist das ein Erlebnis, das zu einer wahren Erweiterung der menschlichen Fähigkeiten beitragen kann. Kein Wunder, daß die Musik ziemlich kompliziert ist, sind doch noch heute unsere Gefühle, wenn wir uns mit ‹*Don Giovanni*› auseinandersetzen, alles andere als einfach. Er ist der zwiespältigste aller schurkischen Helden. Das Streben nach Glückseligkeit und Liebe, einst scheinbar so einfach und belebend, ist kompliziert und zerstörerisch geworden, und Don Giovannis Weigerung zu bereuen, die ihn zum Heroen werden läßt, gehört in eine andere Phase der Zivilisation.

10 Das Lächeln der Vernunft

Im Foyer der Comédie Française, dem französischen Nationaltheater, das – so seltsam uns das heute scheinen mag – hundert Jahre lang sehr viel zur Förderung der Menschlichkeit und des gesunden Menschenverstands beigetragen hat, stehen die Büsten der großen französischen Dramatiker des 18. Jahrhunderts. Was für gescheite, intelligente Gesichter! Und der gescheiteste und intelligenteste von allen, in gewisser Hinsicht einer der geistreichsten Männer, die je gelebt haben, war Voltaire [171]. Er lächelt – das Lächeln der Vernunft. Vielleicht hatte diese Geisteshaltung ihren Ursprung im Werk Fontenelles, jenes französischen Philosophen, der fast hundert Jahre alt wurde und so die Brücke zwischen dem 17. und 18. Jahrhundert schlug – zwischen der Welt Newtons und der Welt Voltaires. Er hatte die Stellung eines «Ständigen Sekretärs der Akademie der Wissenschaften» inne und sagte einmal von sich, er sei nie gelaufen und habe nie die Ruhe verloren. Und als ein Freund ihn fragte, ob er jemals gelacht habe, sagte er: «Nein, ich habe nie haha gemacht.» Aber er lächelte, und das tun auch alle die anderen berühmten Schriftsteller, Philosophen, Dramatiker und die großen Damen im Frankreich des 18. Jahrhunderts: Crébillon, Diderot, Marivaux, d'Alembert.

Uns kommt das flach vor – unser Leben hat in den letzten fünfzig Jahren starke Erschütterungen erfahren. Wir meinen, daß die Menschen sich leidenschaftlicher interessieren, mehr entsprechend ihren Überzeugungen leben oder – um es mit einem heutigen Schlagwort zu sagen – sich mehr engagieren sollten. Es ist durchaus möglich, daß das zivilisierte Lächeln Frankreichs im 18. Jahrhundert zu den Dingen gehört, die die ganze Vorstellung von Zivilisation in Verruf gebracht haben. Wir vergessen dabei, daß es im 17. Jahrhundert, trotz aller genialen Ausbrüche in Kunst und Wissenschaft, immer noch sinnlose Verfolgungen und brutale Kriege mit Grausamkeiten ohnegleichen gegeben hat. Verständlich, daß die Leute um 1700 meinten, ein wenig Gelassenheit und innere Gelöstheit wären gar nicht so übel. Es mag so scheinen, als verrate sich in dem Lächeln der Vernunft ein gewisses Unverständnis für die tieferen menschlichen Regungen; doch schloß es nicht die verschiedensten nachdrücklich vertretenen Überzeugungen aus – den Glauben an die Naturgesetze, den Glauben an die Gerechtigkeit, den Glauben an Toleranz. Das war nicht wenig! Die Philosophen der Aufklärung brachten die europäische Zivilisation um einige Schritte weiter, und dieser Erfolg wurde zumindest in der Theorie während des ganzen 19. Jahrhunderts konsolidiert. Bis in die dreißiger Jahre unseres Jahrhunderts hinein nahm man an, die Menschen würden nie wieder Hexen und Mitglieder von Minderheiten verbrennen, sie würden nie mehr Geständnisse durch Folter erpressen, nie mehr den Lauf der Gerechtigkeit manipulieren oder jemanden ins Gefängnis werfen, nur weil er

171 Houdon, ‹*Voltaire*›

172 Vanbrugh, Schloß Blenheim in Woodstock bei Oxford

die Wahrheit sagte. Außer in Kriegszeiten. Diese Errungenschaft verdanken wir der Bewegung, die wir als Aufklärung bezeichnen, vor allem aber Voltaire.

Obwohl der Sieg der Toleranz und Vernunft in Frankreich errungen wurde, liegen seine Ursprünge doch in England, und die französischen Philosophen haben nie einen Hehl daraus gemacht, wieviel sie diesem Land verdanken, das innerhalb von zwanzig Jahren Newton und Locke hervorgebracht und die ‹Unblutige Revolution› erfunden hatte. Sie neigten vielmehr dazu, das Ausmaß der politischen Freiheit in England zu überschätzen und den Einfluß der englischen Literaten zu hoch zu bewerten. Aber wie dem auch sei, als Montesquieu und Voltaire in den zwanziger Jahren des 18. Jahrhunderts England besuchten, hatte sich das Land ein halbes Jahrhundert lang eines lebhaften geistigen Lebens erfreut; und wenn auch Swift, Pope, Steele und Addison in ihren Schriften harte Schläge austeilten und ihrerseits hart widerlegt wurden, so kam es doch nie dazu, daß von beleidigten Adligen gedungene Banden sie verprügelten oder daß man sie wegen satirischer Anspielungen auf den Staat ins Gefängnis warf (ausgenommen Defoe). Beides widerfuhr Voltaire, und die Folge war, daß er 1726 Zuflucht in England suchte.

Es war das Zeitalter der großen Landhäuser. 1722 war gerade das prächtigste von allen für Marlborough vollendet worden – für jenen General, der Voltaires Land besiegt hatte; aber das war kein Gedanke, der Voltaire auch nur im geringsten beunruhigt hätte, da in seinen Augen jeder Krieg eine absurde Verschwendung von Menschenleben und Menschenkraft darstellte. Als Voltaire den Blen-

173 Burlington, Chiswick House, London

heim-Palast sah [172], sagte er: «Was für ein großer Steinhaufen, ohne jeden Charme, ohne jeden Geschmack», und ich sehe, was er damit meint. Jedem, der mit Mansart und Perrault großgeworden war, mußte Blenheim schrecklich planlos und unangemessen vorkommen. Einige starke Einfälle haben sich hier niedergeschlagen, doch sind sie nicht immer glücklich miteinander kombiniert. Vielleicht kommt das daher, daß der Architekt Sir John Vanbrugh zwar ein genialer Mann, aber ein reiner Amateur war. Außerdem war er von Natur aus Romantiker und baute gern Luftschlösser; um Dekorum und guten Geschmack kümmerte er sich keinen Deut. Das England des 18. Jahrhunderts war das Paradies der Amateure; damit meine ich ein Paradies für Männer, die reich und mächtig genug waren, das zu tun, was immer sie wollten, und dennoch Dinge vollbrachten, die eigentlich ein gut Teil Sachkenntnis voraussetzten. Unter anderem widmeten sie sich der Baukunst. Wren begann als brillanter Amateur und bewahrte sich – obwohl er sich die nötigen Fachkenntnisse aneignete – die Freiheit des Amateurs, unbelastet an jede Aufgabe heranzugehen. Und zwei seiner bedeutendsten Nachfolger waren in jeder Weise Amateure: Sir John Vanbrugh schrieb Theaterstücke, und Lord Burlington war Kunstkenner, Sammler und Geschmacksrichter und gehörte damit zu jenen Leuten, auf die man heute verächtlich herabblickt. Aber er baute unter anderem ein kleines Meisterwerk der Wohnarchitektur, das Chiswick House [173]; und wenn wir sehen, wie genial die Freitreppe mit dem Portikus verbunden ist, dann fragen wir uns, ob heute wohl viele professionelle Architekten in der Lage wären, derartige Konstruk-

174 Hogarth, ‹*Die Wahl*›

tionspläne so geschickt zu bewältigen wie seinerzeit Lord Burlington. Gewiß, es handelt sich nur um ein Miniaturbauwerk. Hinter dem Portikus befindet sich ein Gebäude etwa von der Größe eines alten Pfarrhauses, das nicht ständig benutzt wurde, sondern für gesellige Gelegenheiten bestimmt war – für Unterhaltung, Intrigen, politischen Klatsch und ein bißchen Musik.

In gewisser Weise waren diese Amateure des 18. Jahrhunderts die Erben des Ideals der Renaissance vom universellen Menschen. Leon Battista Alberti, der typische Vertreter der Renaissance, war ebenfalls Baumeister gewesen, und wenn wir in der Architektur noch eine gesellschaftsbezogene Kunst sehen wollen – eine Kunst, die es dem Menschen ermöglicht, ein erfüllteres Leben zu führen –, dann sollte sich der Architekt wirklich mit vielen Bereichen des Lebens befassen und sich nicht zu sehr spezialisieren.

Die Amateure betätigten sich im 18. Jahrhundert auf allen Gebieten: in der Chemie, Philosophie, Botanik und in der Naturgeschichte. Zu diesen Männern gehörte auch der unermüdliche Sir Joseph Banks (der an Kapitän Cooks zweiter Reise nur unter der Bedingung teilnehmen wollte, daß man ihm erlaubte, *zwei* Hornbläser mitzunehmen, die bei Tisch für ihn musizieren sollten). Männer wie er besaßen eine Frische und Freiheit, die in der starren Ordnung berufsmäßiger Arbeit zuweilen verlorengeht. Und sie waren unabhängig, mit all den daraus resultierenden Vorteilen und Nachteilen für die Gesellschaft. In unsere moderne Utopie hätten sie nicht hineingepaßt. Vor einiger Zeit sagte ein Soziologieprofessor im Fernsehen: «Was nicht verboten ist, sollte zur Pflicht gemacht werden.» Ein solcher Vorschlag hätte seinerzeit so hervorragende Geister wie Voltaire und Rousseau, die sich von der Philosophie, den Einrichtungen und der Toleranz Englands inspirieren ließen, nicht in dieses Land gelockt.

Aber wie immer hatte auch diese glänzende Medaille ihre Kehrseite; das Werk Hogarths zeigt uns das ungewöhnlich deutlich. Ich selbst bin kein Bewunderer

175 Devis, *‹John Orde und seine Familie›*

176 Hogarth, ‹*Moderne Mitternachtsunterhaltung*› (Kupferstich)

Hogarths, denn seine Bilder sind für mein Gefühl immer ein furchtbares Durcheinander. Ihm scheint jedes Raumgefühl gefehlt zu haben, das wir doch selbst bei mittelmäßigen holländischen Malern des 17. Jahrhunderts finden. Aber man kann nicht abstreiten, daß er die Gabe erfinderischer Erzählkraft besaß, und aus seinen späteren Jahren stammt eine Serie von Bildern über eine Wahl, die besser entworfen sind als der ‹*Rake's Progress*› (‹*Das Leben eines Wüstlings*›) und einen überzeugenden Kommentar zu unserem stark angeschlagenen politischen System darstellen.

Hogarth zeigt uns das Wahllokal und davor Schwachsinnige und Sterbende, die überredet werden, ihre Kreuze zu machen. Wir sehen den siegreichen Kandidaten [174], ein fetter, gepuderter Kapaun, der von seinen Leibwächtern, die dabei noch ihre privaten Händel ausfechten, im Triumph durch die Straßen getragen wird; und ich muß gestehen, daß Hogarth mein Vorurteil mit der Gestalt eines blinden Fiedlers besiegt, die eine wahre Leistung der Vorstellungskraft ist und ganz aus dem Rahmen seines moralisierenden Journalismus fällt.

Farbtafel 33: Watteau, ‹*Gilles*›
Farbtafel 34 (Rückseite): De Troy, ‹*Die Lektüre Molières*›

Mir scheint, daß sich im England des 18. Jahrhunderts im Anschluß an die Revolution der Mittelklasse zwei sehr weit voneinander entfernte Gesellschaften entwickelt haben. Auf der einen Seite die Gesellschaft der bescheidenen Landedelleute, von denen wir eine ausgezeichnete Beschreibung im Werk eines Malers namens Devis besitzen, der sie komisch steif und ausdruckslos in ihren kalten leeren Zimmern zeigt [175]. Auf der anderen Seite die städtische Gesellschaft, von der Hogarth uns viele Zeugnisse hinterlassen hat, die durch die Stücke seines Freundes Fielding bestätigt werden. Viel animalischer Geist, aber nichts, was wir – bei allem guten Willen – als Zivilisation bezeichnen könnten. Ich hoffe, man wird es nicht für zu leichtfertig halten, wenn ich einen Druck von Hogarth, genannt eine ‹*Moderne Mitternachtsunterhaltung*› [176], mit einem Bild des französischen Malers de Troy vergleiche, das den Titel ‹*Die Lektüre Molières*› trägt und im gleichen Jahrzehnt entstand [Farbtafel 34]. Ich habe in diesem Kapitel versucht, die Bedeutung des Wortes ‹zivilisiert› weiter zu fassen. Doch in jedem Fall hat das Wort seinen Wert: man kann nicht leugnen, daß das Gemälde de Troys ein Bild zivilisierten Lebens ist. Selbst die Möbel sehen zugleich schön und bequem aus. Und nicht zuletzt fällt uns auf, daß, während in Hogarths ‹*Mitternachtsunterhaltung*› alle Figuren männlich sind, in dem Bild de Troys fünf der sieben Gestalten Frauen sind.

Als ich über das 12. und 13. Jahrhundert sprach, habe ich gesagt, wie stark sich damals die Zivilisation durch das plötzliche Bewußtwerden weiblicher Werte weiterentwickelte; das gleiche gilt für das Frankreich des 18. Jahrhunderts. Meiner Meinung nach ist es eine wesentliche Voraussetzung für die Zivilisation, daß das männliche und das weibliche Prinzip im Gleichgewicht gehalten werden. Im Frankreich des 18. Jahrhunderts wirkte sich der Einfluß der Frauen auf allen Gebieten günstig aus; es waren die Frauen, die jene eigenartige Institution des 17. und 18. Jahrhunderts, den Salon, erfunden haben.

Diese kleinen, geselligen Zusammenkünfte kluger Männer und Frauen, die sich, aus ganz Europa kommend, in den Räumen geistreicher Frauen wie Madame du Deffand und Madame Geoffrin trafen, waren vierzig Jahre lang Mittelpunkt europäischer Zivilisation. Man beschäftigte sich hier weit weniger mit Poesie als am Hofe von Urbino, war dafür aber geistig wesentlich beweglicher. Die Damen, die diese Salons führten, waren weder sehr jung noch sehr reich: wir wissen genau, wie sie aussahen, denn französische Künstler wie Jean-Baptiste Perronneau [177] und Maurice Quentin de La Tour haben sie porträtiert, ohne ihnen zu schmeicheln, wohl aber mit einem Blick für ihre geistigen Fähigkeiten. Nur in einer hochzivilisierten Gesellschaft war es möglich, daß Frauen dieser Art der aufrichtigen Darstellung gegenüber der modischen, schönfärberischen Porträtmalerei den Vorzug gaben.

Wie gelang es den Frauen, solche Salons zu führen? Durch menschliche Sympathie, durch Takt, und indem sie dafür zu sorgen wußten, daß man sich bei ihnen ungezwungen fühlte. Einsamkeit ist für den Dichter und Philosophen sicherlich notwendig, aber bestimmte belebende Gedanken können nur in der Unterhaltung geboren werden, und Unterhaltung gedeiht nur in einer kleinen Ge-

Farbtafel 35 (Vorderseite): Chardin, ‹*Morgentoilette*›
Farbtafel 36: Boucher, ‹*Das Frühstück*›

177 Perronneau, *‹Madame de Sorquainville›*

178 Gabriel, Petit Trianon, Versailles

sellschaft, in der sich keiner besser dünkt als der andere. Das ist eine Bedingung, die bei Hofe nicht erfüllt werden kann, und der Erfolg der Pariser Salons hing sehr stark von der Tatsache ab, daß Hof und Regierung Frankreichs ihren Sitz nicht in Paris, sondern in Versailles hatten. Das war eine ganz andere Welt, und die Versailler Höflinge pflegten von ihr immer als «ce pays-ci» – diesem unserem Land – zu sprechen. Noch heute betrete ich den großen, wenig einladenden Vorhof von Versailles mit einer Mischung aus Angst und Schwäche – als wäre es mein erster Schultag. Gerechterweise muß ich hinzufügen, daß die in sich eingekapselte Versailler Gesellschaft auch noch dann, als ihre geistige Glanzzeit im 18. Jahrhundert vorüber war, einige bewundernswerte Werke der Architektur hervorgebracht hat. Der Petit Trianon [178], von dem großen Architekten Jacques Ange Gabriel für Ludwig XV. erbaut, kommt der Vollendung denkbar nahe. Natürlich schließt das Wort Vollendung ein, daß das Ziel erreichbar war, aber zugleich drückt es das Streben nach einem Ideal aus. Das Feingefühl, die Beherrschtheit und die akkurate Genauigkeit jeder Einzelheit dieser wunderschönen Fassade sind in den zahllosen Nachahmungen nie wieder erlangt worden. Schon die kleinste Veränderung läßt sie nichtssagend erscheinen, und durch die geringste Überbetonung werden sie gewöhnlich.

Wenn wir uns aber von der Architektur ab- und dem geistigen Leben zuwenden, dann hat das Versailles des 18. Jahrhunderts wenig zu bieten; und für die Pariser Gesellschaft war es ein Glück, daß sie mit dem aufgeblähten höfischen Ritual und der trivialen Tagespolitik nichts zu tun hatte. Noch etwas trug dazu bei, daß sich die Salons des 18. Jahrhunderts von Speichelleckern und zu großem Prunk weitgehend freihalten konnten: die französische Oberschicht war nicht gerade überwältigend reich. Bei einem Finanzkrach, den ein finanzieller Hexenmeister, ein Schotte namens John Law, ausgelöst hatte, hatten die reichen Familien viel Geld verloren. Wohlhabenheit ist für die Kultur sehr nützlich; großer Reichtum dagegen wirkt aus irgendwelchen geheimnisvollen Gründen zerstörerisch. Ich vermute, daß zu große Pracht letzten Endes unmenschlich macht, und ein gewisses Gefühl für die Grenzen scheint unabdingbar zu sein für das, was wir als guten Geschmack bezeichnen.

Ein Beispiel dafür ist Chardin, der größte französische Maler um die Mitte des 18. Jahrhunderts. Niemand hat je einen sichereren Geschmack für Farbgebung und Komposition besessen. Jede Fläche, jede Unterbrechung, jeder Ton erscheint vollkommen richtig. Chardin malte nicht die Oberschicht, erst recht nicht den Hof. Manchmal fand er seine Motive im vornehmen Bürgertum, wie es seine Kinder schön kleidet oder liebevoll erzieht [Farbtafel 35], manchmal in der Arbeiterklasse, wo er – wie ich glaube – am glücklichsten war, denn außer dem Volk liebte er Töpfe und Tonnen [179]. Als Gegenstände, die der Mensch seit vielen Jahrhunderten in unveränderter Weise benutzt hat, besitzen sie eine ursprüngliche Schönheit der Form. Chardins Bilder zeigen, daß die positiven Eigenschaften, wie sie in den Versen La Fontaines und Molières verherrlicht worden sind – gesunder Menschenverstand, ein gutes Herz, ein Gefühl für schlichte und subtile menschliche Beziehungen – noch in der Mitte des 18. Jahrhunderts lebten; in verschiedenen Gegenden Frankreichs und in dem, was die Franzosen ‹artisanat› nennen, leben sie noch heute weiter.

Die Salons, in denen sich die größten Geister Frankreichs versammelten, waren üppiger, aber nicht protzig. Die Zimmer waren von normaler Größe, und ihr Zierat (denn ohne Zierat konnte man damals nicht leben) war nicht von solcher Erlesenheit, daß er formelles Verhalten gebot. Die Menschen spürten, daß sie hier die Möglichkeit hatten, natürliche menschliche Beziehungen zu pflegen. Wir können uns vom Leben der Franzosen um die Mitte des 18. Jahrhunderts ein sehr genaues Bild machen, denn wenn es außer Chardin auch keine großen Maler gab, so doch zahllose weniger bedeutende Künstler, wie Moreau le Jeune, die sich damit begnügten, die zeitgenössische Szenerie festzuhalten und deshalb auch nach zweihundert Jahren für uns noch von Interesse sind – was man von Künstlern, die «sich selbst auszudrücken» versuchen, nicht unbedingt sagen kann. Ihr Werk beschreibt uns jede Stunde im Leben einer jungen Frau: wie sie vorm Feuer die Strümpfe anzieht, eine Freundin besucht, die gerade ein Kind erwartet (‹*N'ayez pas peur, ma bonne amie*›) [180], den Kindern einen ‹canard› gibt, ein Stück Zucker, in Kaffee getaucht [Farbtafel 36]; wie sie bei einem musikalischen Tee zu viel schwatzt (‹*Un peu de silence, s'il vous plaît*›), von einem

179 Chardin, ‹*Das Spülmädchen*›

180 Moreau le Jeune, ‹*N'ayez pas peur, ma bonne amie*› (Kupferstich)

181 Van Loo, ‹*Diderot*›

182 Wright of Derby, ‹*Experiment mit einer Luftpumpe*›

jungen Verehrer ein ‹billet doux› erhält, prächtig gekleidet in der Oper erscheint und schließlich müde zu Bett geht. Wirklich, nur ein Griesgram oder Heuchler könnte bestreiten, daß es eine angenehme Lebensweise war. Warum lehnen sich so viele von uns instinktiv dagegen auf? Weil wir der Meinung sind, daß sie auf Ausbeutung beruhte? Denken wir wirklich so weit? Wenn ja, dann entspräche das der Haltung eines Menschen, der Mitleid mit Tieren empfindet und doch kein Vegetarier ist. Unsere ganze Gesellschaft basiert auf verschiedenen Arten der Ausbeutung. Oder liegt es daran, daß wir diese Art zu leben für flach und trivial halten? Nun, das war sie keineswegs. Die Menschen, die daran Gefallen fanden, waren keine Dummköpfe. Talleyrand hat einmal gesagt, daß nur diejenigen, die das gesellschaftliche Leben Frankreichs im 18. Jahrhundert erlebt hätten, die «douceur de vivre» – die Süße des Lebens – kennengelernt hätten, und Talleyrand war sicher einer der klügsten Köpfe, die sich jemals mit Politik befaßt haben. Die Menschen, die in den Salons des 18. Jahrhunderts verkehrten, waren nicht nur Leute, die auf angenehme Weise ihre Zeit verbringen wollten; es waren

183 Robert Adam, Charlotte Square, New Town, Edinburgh

die überragenden Philosophen und Wissenschaftler ihrer Zeit, die ihre sehr revolutionären Ansichten über die Religion verbreiten, die Macht eines gleichgültigen Königs und einer verantwortungslosen Regierung beschneiden, die Gesellschaft verändern wollten. Am Ende erreichten sie allerdings eine größere Veränderung, als sie gewollt hatten, aber das ist oft das Schicksal erfolgreicher Reformer.

Die Männer, die sich in den Salons der Madame du Deffand und Madame Geoffrin trafen, hatten ein großes Werk in Angriff genommen – eine Enzyklopädie oder ‹*Encyclopédie, ou Dictionnaire raisonné des sciences, des arts et des métiers*›. Man wollte die Menschheit voranbringen, indem man die Unwissenheit bekämpfte. Wieder einmal ahmte man England nach, wo Chambers' ‹*Encyclopedia*› 1728 veröffentlicht worden war. Es war ein gigantisches Unternehmen, das schließlich 24 Foliobände umfaßte – und natürlich waren sehr viele Leute daran beteiligt; der Motor des ganzen Vorhabens aber war Diderot. Wir sehen ihn, das Lächeln der Vernunft um die Lippen, auf einem Bilde van Loos [181], ein Bild, das ihn übrigens in Wut versetzte: er sagte, er sähe darauf aus wie eine alte Kokotte, die noch immer gefallen wolle. Diderot war ein vielseitiger, hochintelligenter Mann, Romancier, Philosoph, außerdem Kunstkritiker und der große Förderer Chardins – und für die Enzyklopädie verfaßte er Artikel über alles und jedes, von Aristoteles bis zu künstlichen Blumen. Besonders reizvoll erscheint mir an diesem Mann, daß er stets etwas Überraschendes sagte oder tat. Jede verallgemeinernde Behauptung über das 18. Jahrhundert könnte aus den Schriften Diderots widerlegt werden.

Die Ziele seiner Enzyklopädie kommen uns heute etwas harmlos vor. Aber autoritäre Regierungen lieben keine Nachschlagewerke. Sie leben von Lügen, streuen dem Volk mit Abstraktionen Sand in die Augen und können es sich nicht leisten, daß Worte ganz genau definiert werden. Die Enzyklopädie wurde zweimal verboten; doch durch ihren schließlichen Triumph wurden die galanten Zusammenkünfte in jenen eleganten Salons zu Vorläufern revolutionärer Politik. Zugleich waren sie Vorläufer der modernen Wissenschaft. Das illustrierte Supplement der Enzyklopädie ist voller Abbildungen zu technischen Verfahren, von denen sich allerdings die meisten seit der Renaissance kaum geändert hatten. Im letzten Viertel des 18. Jahrhunderts hatte die Wissenschaft modische und romantische Züge, wie man am Werk Wright of Derbys sehen kann. Sein Bild von einem Experiment mit einer Luftpumpe [182] führt uns ins neue Zeitalter der wissenschaftlichen Erfindungen. Es ist ein wunderbares Beispiel erzählender Malerei: der Naturphilosoph mit seinem langen Haar und seinem konzentrierten, starren Blick, die kleinen Mädchen, für die der Tod ihres geliebten Kakadus kaum zu ertragen ist, der vernünftige Mann mittleren Alters, der ihnen erzählt, daß solche Opfer im Interesse der Wissenschaft gebracht werden müssen, und der nachdenkliche Mann zur Rechten, der sich fragt, ob solche Experimente der Menschheit wirklich Gutes bringen werden. Sie sind alle sehr ernst bei der Sache; aber trotzdem war die Wissenschaft bis zu einem gewissen Grade ein abendlicher Zeitvertreib, ähnlich wie das Klavierspielen im folgenden Jahrhundert. Selbst Voltaire, der viel Zeit darauf verwandte, geschmolzenes Metall zu wiegen und Würmer zu sezieren, war nur ein Dilettant. Ihm mangelte es am geduldigen, nüchternen Realismus des Experimentators, und vielleicht ist der Nährboden für diese Art der Beharrlichkeit nur in einem Milieu zu finden, das für flinken Witz nicht viel übrig hat.

Im 18. Jahrhundert zeigte sich eine solche Zähigkeit in einem Land, in dem die Zivilisation noch die Kraft des Neuen hatte – in Schottland. Der schottische Charakter (und ich bin selber Schotte) weist eine ungewöhnliche Verbindung von Realismus und rückhaltlosem Gefühl auf. Das Gefühl ist in volkstümliche Legenden eingegangen. Die Schotten scheinen darauf stolz zu sein, und das ist kein Wunder. Wo gibt es, außer in Edinburgh, eine romantische Landschaft mitten im Stadtzentrum? Entscheidend aber ist der Realismus, der Schottland – ein armes, abgelegenes und halbbarbarisches Land – im 18. Jahrhundert zu einer treibenden Kraft der europäischen Zivilisation hat werden lassen. Auf dem Gebiet der Geisteswissenschaften und der Naturwissenschaften brachte Schottland im

184 Huber, ‹*Voltaire*› (Aquarell)

185 Houdon, ‹*Thomas Jefferson*›

18. Jahrhundert Männer hervor wie: Adam Smith, David Hume, Joseph Black und James Watt, und es ist eine historische Tatsache, daß sie es waren, die bald nach 1760 den gesamten Lauf des europäischen Denkens und Lebens veränderten.

Joseph Black und James Watt entdeckten, daß Wärme und vor allem Dampf eine Kraftquelle sein können – ich brauche nicht auszuführen, in welchem Maße das die Welt verändert hat. Mit seinem Buch ‹*The Wealth of Nations*› (‹*Untersuchung über die Natur und die Ursachen des National-Reichtums*›) begründete Adam Smith die klassische Nationalökonomie und damit eine Gesellschaftswissenschaft, die bis zur Zeit Karl Marx' und darüber hinaus Geltung haben sollte. Hume bewies in seinem ‹*A Treatise on Human Nature*‹ (‹*Eine Untersuchung über den menschlichen Verstand*›), daß Erfahrung und Vernunft nicht notwendigerweise miteinander verbunden sind. So etwas wie einen rationalen Glauben gibt es nicht. Hume war, wie er selbst sagte, ein aufgeschlossener, geselliger und heiterer Mann und bei den Damen der Pariser Salons sehr beliebt. Vermutlich haben sie dieses kleine Buch nie gelesen, das bis zum heutigen Tage bei allen Philosophen ein unbehagliches Gefühl auslöst.

Alle diese großen Schotten lebten in den düsteren, schmalen Häusern der Edinburgher Altstadt, die dichtgedrängt auf dem Hügel hinter dem Schloß standen. Aber noch zu ihren Lebzeiten hatten zwei schottische Baumeister, die Brüder Adam, eines der schönsten Beispiele der Stadtplanung in Europa geschaffen – die Neustadt von Edinburgh [183]. Außerdem verwandten sie, ich glaube, man kann fast sagen: erfanden sie den strengen, reinen Klassizismus, der die Baukunst in ganz Europa beeinflussen sollte – sogar in Rußland, wo ein anderer Schotte namens Cameron ihn in spektakulärer Weise praktizierte. Und dann, nachdem ein Schotte den Neuklassizismus populär gemacht hatte, war es Sir Walter Scott, der das gotische Mittelalter populär machte und ein Jahrhundert lang die Vorstellungswelt aller romantischen Geister belebte. Hinzu kommen James Boswell, der eines der meistgelesenen Bücher in englischer Sprache geschrieben hat, Robert Burns, der erste große volkstümliche Lyriker, und Sir Henry Raeburn, der die bemerkenswerten Zeitgenossen seiner Gesellschaftsschicht mit inspirierter Direktheit porträtierte – man muß zugeben, daß man bei einer Darstellung unserer Zivilisation Schottland nicht auslassen darf. Die aufs Praktische gerichtete Genialität der Schotten und Engländer bewirkte, daß jene technischen Diagramme in der Enzyklopädie bald überholt waren, und noch bevor die politischen Revolutionen in Amerika und Frankreich zu Veränderungen führten, bahnte sich eine viel tiefergehende und umwälzendere Umwandlung an: das, was wir die industrielle Revolution nennen.

Hatte sich, was die praktischen Dinge anbelangt, die Szene nach Schottland verlagert, so führt uns die Philosophie nach Frankreich zurück – aber nicht nach Paris, sondern in die Nähe der Schweiz. Denn dort, eine oder zwei Meilen von der Grenze entfernt, hatte sich Voltaire niedergelassen. Nach mancherlei bösen Erfahrungen war er gegenüber der Obrigkeit mißtrauisch geworden und zog es vor, an einem Ort zu leben, wo er sich ihr leicht entziehen konnte. Es bedrückte ihn nicht, daß er im Exil lebte. Er hatte durch Spekulation eine Menge Geld erworben, und sein letzter Schlupfwinkel, Schloß Ferney, ist ein großes, schönes, geräumiges Landhaus. Voltaire ließ eine prächtige Kastanienallee anlegen und einen grünen Tunnel aus gestutzten Buchen, wo er an heißen Tagen seine Spaziergänge zu machen pflegte. Es heißt, daß er sich, wenn er den Besuch eitler, herausgeputzter Damen aus Genf erwartete, auf eine Bank am äußersten Ende des Tunnels setzte und sich köstlich über ihre Bemühungen amüsierte, mit dem Gebirge ihrer modischen Chevellure nicht in den Zweigen hängenzubleiben. Ich nehme an, die Kastanien sind inzwischen ein Stück gewachsen, und der Buchentunnel könnte selbst die aufgetürmteste Haartracht nicht mehr gefährden; aber sonst ist Ferney fast unverändert so geblieben, wie es zu Voltaires Zeiten gewesen ist. In dieser angenehmen Umgebung ersann er die beißenden Spötteleien, mit denen er seine Feinde vernichtete [184].

Voltaire gehört zu den Schriftstellern, deren Wirkung untrennbar mit ihrem Stil verbunden ist (und ein wirklich eigener Stil ist im Grunde unübersetzbar).

186 Jefferson, Monticello, Virginia

Er selbst sagte: «Ein Wort am falschen Platz ruiniert den schönsten Gedanken.» In jeder Übersetzung seiner Werke geht etwas von dem Witz und der geistreichen Ironie, die seine besondere Stärke waren, verloren. Seine Werke entlocken uns noch immer ein Lächeln – das Lächeln der Vernunft; und bis zu seinem Lebensende konnte Voltaire einem Scherz nicht widerstehen. Aber in einer Beziehung hielt er nichts von Scherzen – wenn es um Gerechtigkeit ging. Zu seinen Lebzeiten und auch später noch haben ihn viele mit einem Affen verglichen. Aber wenn es darauf ankam, gegen Ungerechtigkeit zu kämpfen, war er wie eine Bulldogge. Er gab nie auf. Er machte alle seine Freunde rebellisch, schrieb zahllose Pamphlete, und schließlich lebten einige von den Opfern der Ungerechtigkeit auf seine Kosten bei ihm in Ferney. Nach und nach hörte die Welt auf, ihn als schamlosen Freidenker zu betrachten, sondern sah in ihm den Patriarchen und Weisen; und um 1778 schließlich glaubte er es riskieren zu können, nach Paris zurückzukehren. Er war vierundachtzig. Keinem siegreichen General, keinem Flieger, der allein den Atlantik überquerte, ist je ein solcher Empfang bereitet worden. Er wurde gefeiert als der universale Mensch und der Freund der Menschheit. Angehörige aller Klassen versammelten sich vor seinem Haus, zo-

187 Jefferson, Universität von Virginia, Charlottesville

gen seine Equipage und umringten ihn, wo immer er ging. Schließlich wurde seine Büste auf der Bühne der Comédie Française mit Lorbeer bekränzt. Wenige Wochen später starb er, aber er starb im Triumph.

Das Bemerkenswerte am frivolen 18. Jahrhundert war seine Ernsthaftigkeit. In vieler Hinsicht war diese Ernsthaftigkeit ein Erbteil des Humanismus der Renaissance, doch gab es einen bedeutenden Unterschied. Für die Renaissance war der Rahmen noch die christliche Kirche gewesen. Vereinzelt hatten sich Humanisten skeptisch geäußert, doch keiner hatte die christliche Religion in Frage gestellt. Die Menschen besaßen die angenehme moralische Freiheit, die mit einem unbezweifelten Glauben zusammengeht. Aber um die Mitte des 18. Jahrhunderts erkannten ernsthafte Menschen, daß die Kirche nicht mehr unabhängig war, daß sie an ihren Besitz und Status gebunden und insofern gezwungen war, ihre Interessen durch Unterdrückung und Ungerechtigkeit zu verteidigen. Niemand empfand das stärker als Voltaire! «Ecrasez l'infâme» – nicht zu übersetzen! Vielleicht: «Zermalmt das Geschmeiß.» Dieser Gedanke beherrschte sein späteres Leben. Er war sein Vermächtnis. Ich erinnere mich an einen Ausspruch von H. G. Wells, der so etwas wie ein Voltaire des 20. Jahrhunderts war; er sagte, er wage es nicht, in Frankreich Auto zu fahren, denn die Versuchung, einen Priester zu überfahren, sei zu groß für ihn. Trotz allem war Voltaire in gewisser Weise ein gläubiger Mensch, während verschiedene Mitarbeiter an der Enzyklopädie absolute Materialisten waren und die Meinung vertraten, daß Moral und geistige Fähigkeiten von einer zufälligen Verbindung von Nerven und Gewebe abhingen. Für die Zeit um 1770 war das eine sehr mutige Haltung, aber es war keine Überzeugung, auf der sich leicht eine Zivilisation aufbauen ließ, keine Überzeugung, mit der sich eine Zivilisation erhalten ließ. So stand das 18. Jahrhundert vor der mühsamen Aufgabe, eine neue Ethik zu entwickeln – ohne Offenbarung, ohne christliche Sanktionen.

Diese Ethik hatte zwei Grundlagen: die Naturrechtslehre und die stoische Sittenlehre des alten republikanischen Roms. Über den Naturgedanken und seinen großen Vertreter Jean-Jacques Rousseau spreche ich im folgenden Kapitel; doch kann man die neue Sittenlehre der Aufklärung nicht verstehen, ohne sich die damalige Auffassung zu vergegenwärtigen, daß die schlichte Güte des natürlichen Menschen höher zu bewerten sei als die künstlich angeeignete Güte des gebildeten Menschen. Zu dieser angenehmen Selbsttäuschung kam ein hauptsächlich von Plutarch entliehenes Tugendideal. Seine ‹*Vitae Parallelae*› wurden im 18. Jahrhundert fast so viel gelesen wie der ‹*Roman de la Rose*› im 15. Jahrhundert und hatten einen ähnlich großen Einfluß. Die strengen puritanischen Helden der römischen Republik, die sich und ihre Familien den Interessen des Staates opferten, wurden zu Vorbildern einer neuen politischen Ordnung; und verstärkt wurde die Erinnerung an sie durch die bildliche Vorstellungskraft des Malers Jacques Louis David.

David war ein außergewöhnlich begabter Maler. Er hätte ein Vermögen verdienen können, wenn er die schönen Frauen und die tonangebenden Männer seiner Zeit gemalt hätte; doch er zog es vor, sich den Moralisten zuzugesellen. Seinem jungen Schüler Baron Gros sagte er: «Du liebst die Kunst zu sehr, um dich mit frivolen Themen zu beschäftigen. Schnell, schnell, mein Freund, blättere in den Seiten deines Plutarch.» Sein erstes großes programmatisches Bild war ‹*Der Schwur der Horatier*›, das 1785 entstand [Farbtafel 37]. Die Wirkung, die es hatte, läßt sich vielleicht am ehesten mit der Wirkung vergleichen, die Picassos ‹*Guernica*› nach seinem Entstehen auslöste. ‹*Der Schwur der Horatier*› ist nicht nur vom Thema her, sondern auch der Darstellung nach das überragendste Bild revolutionärer Aktion. Verschwunden sind alle weichen Konturen und sinnlichen Schatten Fragonards; an ihre Stelle sind klar umrissene Willenskundgebungen gerückt. Die einmütige Geste der Brüder hat wie das kinetische Erscheinungsbild eines sich drehenden Rades fast etwas Hypnotisches. Selbst die architektonische Umgebung ist eine bewußte Rebellion gegen den verfeinerten, ornamentalen Stil der Zeit. Die toskanischen Säulen, die man erst kurz zuvor im Tempel von Paestum wiederentdeckt hatte, stehen als Sinnbild für die größere Tugend des schlichten Mannes. Zwei Jahre später malte David ein noch düstereres plutarchisches Bild: die Liktoren bringen die Leichen der beiden Söhne des Brutus nach Hause, die er wegen Verrates zum Tode verurteilt hatte – eines der

Ereignisse der römischen Geschichte, die unserem Gefühl zuwider sind, die aber völlig mit dem französischen Empfinden am Vorabend der Revolution harmonieren und uns helfen, viele Geschehnisse der folgenden fünf Jahre zu verstehen. Die ‹douceur de vivre› hatte schon einige Jahre vor 1789 ihre Anziehungskraft auf die Europäer verloren. Und außerhalb Europas war die neue Sittenlehre bereits zur Triebkraft einer Revolution geworden.

Wieder einmal müssen wir das alte Zentrum der Zivilisation verlassen und uns einem jungen, wenig besiedelten Land zuwenden, wo das zivilisierte Leben noch die Frische einer neuen, noch nicht stabilen Schöpfung hatte: Amerika. Hier, am Rande des Territoriums der Indianer, hatte sich in den sechziger Jahren des 18. Jahrhunderts ein junger Rechtsanwalt aus Virginia ein Haus gebaut. Er hieß Thomas Jefferson [185], und sein Haus nannte er Monticello, den kleinen Hügel [186]. In jener wilden Landschaft muß es recht ungewöhnlich gewirkt haben. Jefferson hatte es nach dem Buch des großen Renaissance-Architekten Palladio entworfen; angeblich besaß er das einzige Exemplar davon in Amerika. Natürlich mußte er sehr vieles selber erfinden, und er war auch sehr erfinderisch; Türen, die sich öffnen, wenn man auf sie zugeht, eine Uhr, die die Wochentage angibt, ein Bett, das so aufgestellt ist, daß man von ihm aus direkt in den zur Rechten oder zur Linken angrenzenden Raum gelangen kann – all das deutet hin auf die sonderbare Erfindungsgabe eines schöpferischen Mannes, der ganz für sich, außerhalb jeder anerkannten Tradition, tätig war.

Aber Jefferson war kein Sonderling. Er war der typische universell gebildete Mann des 18. Jahrhunderts, Sprachkenner, Wissenschaftler, Landwirt, Erzieher, Städteplaner und Architekt: fast eine Reinkarnation Leon Battista Albertis, mit dem er auch die Liebe zur Musik, zur Pferdezucht und ein Selbstbewußtsein gemeinsam hatte, das man bei einem weniger Talentierten als Selbstgerechtigkeit bezeichnet hätte. Jefferson war kein so guter Architekt wie Alberti, doch immerhin war er Präsident der Vereinigten Staaten; und im übrigen war er kein schlechter Architekt. Sein Gutshaus Monticello war der Anfang jenes schlichten, fast rustikalen Klassizismus, der sich die ganze Ostküste Amerikas hinaufzieht und in den hundert Jahren seiner Dauer einen Bestand an zivilisierter Wohnarchitektur schuf, die sich mit jeder anderen in der Welt messen kann.

Jefferson ist auf dem Gelände von Monticello begraben. Er hinterließ genaue Anweisungen für sein Grabmal. Es sollte eine Inschrift mit folgenden Sätzen enthalten, «und kein Wort mehr»: «Hier ruht Thomas Jefferson, Verfasser der amerikanischen Unabhängigkeitserklärung, des Statuts von Virginia über die Religionsfreiheit und Vater der Universität von Virginia.» Nichts darüber, daß er Präsident war, nichts über den Erwerb Louisianas – Zeichen für den Stolz und die Unabhängigkeit Jeffersons, die weite Kreise der amerikanischen Öffentlichkeit bis heute stets gestört haben. Nun, die Begründung der Glaubensfreiheit, für die er zu seiner Zeit viel gehaßt und geschmäht wurde, nehmen wir heute als selbstverständlich hin. Aber stehen wir vor der Universität von Virginia, so staunen wir noch heute [187]: Sie wurde ausschließlich von Jefferson entworfen, und die ganze Anlage ist typisch für ihn. Er hat von der Universität gesagt, sie sei ein akademisches Dorf. Sie hat zehn Pavillons für zehn Professoren und dazwischen, hinter einer Kolonnade, befinden sich die Räume der Studenten, alle in Reichweite, und doch alle individuell: das Ideal eines auf Gemeinsamkeit gegründeten Humanismus. Außerhalb des Hofes liegen kleine Gärten, in denen sich seine Liebe zur Zurückgezogenheit bekundet. Sie sind von gewundenen Mauern umgeben, die Jeffersons Spezialität waren. Die gewundene Form war wirtschaftlich, da die Mauern auf diese Weise nur einen Ziegelstein dick zu sein brauchten und keine Stützpfeiler benötigten, aber sie entsprach auch Hogarths ‹Schönheitslinie›. Die niedrigen, offenen Linien des akademischen Dorfes, die gedeckten Gänge zwischen den Gebäuden und die großen Bäume in jedem der kleinen Gärten verleihen diesem klassischen Bezirk etwas vom Charakter eines japanischen Tempels. Jeffersons Hang zur Romantik zeigt sich daran, daß er die vierte Seite seines Innenhofes offen ließ, so daß die jungen Gelehrten zu den Bergen hinübersehen konnten, wo noch die Indianer wohnten, die mit seinem Vater befreundet gewesen waren.

Wie selbstsicher legten sich die Gründungsväter Amerikas in ihrer kaum zivilisierten Welt den Mantel republikanischer Tugend an und setzten die Vorstellungen der französischen Aufklärung in die Praxis um! Sie wandten sich sogar an den großen Bildhauer der Aufklärung, Houdon, um ihrem siegreichen General ein Denkmal zu setzen. Das Ergebnis, die Statue Washingtons [188], steht im Capitol von Richmond in Virginia, das Thomas Jefferson nach dem Modell der Maison Carré in Nîmes entworfen hat. Dieses Kapitel begann mit Houdons Statue von Voltaire, die das Lächeln der Vernunft lächelt; es könnte mit Houdons Statue von Washington enden. Hier wird nicht mehr gelächelt. Für Houdon verkörperte sein Modell den Lieblingshelden der römischen Republik, den bescheidenen Landedelmann, der von seinem Gut abgerufen wird, um die Freiheit seiner Nachbarn zu verteidigen; und in Augenblicken des Optimismus möchte man glauben, daß sich trotz aller Rauheit und Korruption amerikanischer Politik eine Spur dieses ursprünglichen Ideals erhalten hat.

Die nach dem ersten Präsidenten benannte Hauptstadt ist ebenfalls ein Produkt der französischen Aufklärung, ein etwas zu groß geratenes und irgendwie ungestaltes Kind. Sie wurde unter der Leitung Jeffersons von einem französischen Ingenieur namens Pierre Charles l'Enfant entworfen und ist sicher das großartigste Beispiel für Stadtplanung seit dem Rom Sixtus' V. Den riesigen Rasenanlagen, den langen, geraden Alleen, an deren Kreuzungen die öffentlichen Gebäude wie regelrechte Eisberge aufragen, offenbar ohne jeden Zusammenhang mit den sie umgebenden Geschäfts- und Wohnhäusern, scheint die für Amerika typische Vitalität zu fehlen. Aber für die Einwanderer aus der alten Welt mit ihren zahllosen, voneinander abweichenden Traditionen und Vorstellungen hatte man einen neuen Mythos schaffen müssen. Und dieser Mythos verleiht den ungeheuren weißen Denkmälern für Washington, Lincoln und Jefferson etwas Ergreifendes, das solchen Monumenten normalerweise fehlt. Das Innere des Jefferson Memorials (das als letztes gebaut wurde) ist mit Zitaten aus seinen Schriften versehen. Zuerst die edlen, unvergänglichen Worte der Unab-

188 Houdon, ‹*George Washington*›

189 Gainsborough, ‹*Landschaft mit Brücke*›

Dunkle Dörfer und schwach erkennbare Türme blickt
Und ihre einfachen Glocken hört und sieht,
Wie deine tauigen Finger
Allmählich über alles den dämmrigen Schleier ziehen.

Das ist sehr schön, aber ebensowenig Natur wie die Bilder Gainsboroughs und Wilsons, die im selben Jahrzehnt entstanden [189].

William Collins ist außerhalb Englands kaum bekannt. Das gleiche gilt für alle englischen Naturlyriker des 18. Jahrhunderts, selbst für James Thomson, der zu seiner Zeit der berühmteste Dichter Europas war. Die meisten Erweiterungen unserer Fähigkeiten verdanken wir einzelnen Genies; das gilt nicht für die emotionale Einstellung zur Natur. Sie zeigte sich zuerst bei kleineren Dichtern und provinziellen Malern, aber auch in Modeströmungen, zum Beispiel in der Mode, in künstlich geschaffenen Parks gerade Alleen durch gewundene Pfade mit pseudo-natürlichen Ausblicken zu ersetzen. Die so entstandenen Anlagen waren hundert Jahre lang in der ganzen Welt als Englische Gärten bekannt; und nie wieder hat England auf die Formgestaltung in Europa einen so starken Einfluß ausgeübt, außer vielleicht auf dem Gebiet der Herrenmode im frühen 19. Jahrhundert. Muß man das als trivial bezeichnen? Nun, vermutlich haben alle Modeerscheinungen etwas Triviales, zugleich aber auch einen ernsten Hintergrund. Als Pope von «dieser menschlichen Szenerie» als einem «riesigen Irrgarten von Wegen ohne Plan» sprach, verlieh er einem tiefgehenden Wechsel im europäischen Denken Ausdruck.

Soviel zur Natur in der ersten Hälfte des 18. Jahrhunderts. Etwa um 1760 herum hat dann dieses englische Vorspiel melancholischer kleiner Dichter und malerischer Gärten einen genialen Mann angeregt: Jean-Jacques Rousseau. Zwar hatte seine Liebe zur Natur bis zu einem gewissen Grade ihren Ursprung in England, aber zum erstenmal wurde für ihn an den Seen und in den Alpentälern der Schweiz und Savoyens das Aufgehen in der Natur zu einer Art mystischem Erlebnis. Über zweitausend Jahre lang hatte man Gebirge einfach als Ärgernis betrachtet: sie waren unergiebig, ein Hindernis für den Verkehr und eine Zuflucht für Räuber und Ketzer. Es stimmt, daß um 1340 Petrarca einen Berg, den Mont Ventoux, bestiegen und die Gipfelaussicht genossen hatte (dann aber durch eine Stelle in den Schriften des hl. Augustinus beschämt wurde); und im frühen 16. Jahrhundert war Leonardo da Vinci durch die Alpen gewandert, um botanischer und geologischer Studien willen, wie er sagte, aber die Landschaften im Hintergrund seiner Bilder lassen vermuten, daß er ergriffen war von dem, was er dort sah. Andere Bergbesteigungen sind nicht überliefert; Erasmus, Montaigne, Descartes, Newton – wohl alle die großen Männer, die ich in diesem Buch erwähnt habe, hätten den Gedanken, allein aus Vergnügen einen Berg zu besteigen, weit von sich gewiesen. Das trifft allerdings nicht unbedingt für die Maler zu. Zum Beispiel hat Pieter Breughel auf seiner Reise von Antwerpen nach Rom im Jahre 1552 Zeichnungen von den Alpen angefertigt, die mehr als nur topographisches Interesse verraten und die er später eindrucksvoll in seinen Bildern verwendet hat.

Aber einem gewöhnlichen Reisenden des 16. und 17. Jahrhunderts wäre es bei einer Alpenüberquerung niemals eingefallen, die Szenerie zu bewundern – bis im Jahre 1739 der Dichter Thomas Gray beim Besuch der Grande Chartreuse in einem Brief schrieb: «Kein Abgrund, kein Sturzbach, kein Felsen, der nicht erfüllt wäre von Religion und Poesie!» Erstaunlich! Das könnte Ruskin gesagt haben. Ich glaube jedenfalls, daß die ganze Kraft alpiner Poesie erst zur Zeit Byrons und Turners Ausdruck gefunden hat. Aber um die Mitte des 18. Jahrhunderts scheinen bereits viele Menschen den Reiz der Schweizer Seen erkannt und auf eine behagliche und dilettantische Weise genossen zu haben. Damals entstand sogar eine Schweizer Touristenindustrie, die den Reisenden, der auf der Suche nach dem Malerischen war, mit Andenken versorgte und in

190 Wolf, *‹Lauteraargletscher›*

deren Gefolge ein bemerkenswerter, heute fast vergessener Künstler auf den Plan trat, Caspar Wolf, der Turner um fast dreißig Jahre vorwegnahm [190]. Aber wie bei den englischen Naturdichtern des 18. Jahrhunderts handelte es sich auch hier nur um eine provinzielle Ouvertüre, die ohne das Genie Rousseaus [191] nie in das zeitgenössische Denken eingegangen wäre.

Welche Fehler er auch immer gehabt haben mag – und für alle, die seine Freundschaft suchten, waren sie klar erkennbar –, Rousseau war auf jeden Fall ein Genie, einer der originellsten Geister aller Zeiten und ein Schriftsteller unvergleichlicher Prosa. Daß er ein Einzelgänger und überdies von Natur aus mißtrauisch war, erwies sich in bestimmter Weise als Vorteil: es machte ihn zum Außenseiter – er sagte unbekümmert, was er dachte. Das Ergebnis war, daß er grausam verfolgt wurde. Sein halbes Leben lang wurde er aus allen Ländern verjagt. 1765 schien er in dem kleinen Fürstentum von Môtiers eine sichere Bleibe gefunden zu haben; doch der Pfarrer des Ortes hetzte die Leute gegen ihn auf, und sie bewarfen ihn mit Steinen und schlugen ihm die Fenster ein. Er suchte

Farbtafel 37: David, *‹Der Schwur der Horatier›*

191 Rousseau in Biel (Kupferstich)

Farbtafel 38: Constable, ‹*Der Heuwagen*› (Ausschnitt)

Zuflucht auf einer Insel im Biebersee, und hier hatte er ein Erlebnis, das so stark war, daß man es fast als Revolution im menschlichen Empfinden bezeichnen kann. Während er dem Kommen und Zurückfluten der Wellen lauschte, so berichtet er, wurde er vollkommen eins mit der Natur, verlor jedes Bewußtsein eines selbständigen Wesens, alle schmerzlichen Erinnerungen an die Vergangenheit und Sorgen um die Zukunft, alles außer dem Gefühl des Seins. «Ich erkannte», sagte er, «daß unser Dasein nichts ist als eine Folge von Momenten, die durch die Sinne wahrgenommen werden.»

Ich empfinde, also bin ich. Eine merkwürdige Entdeckung mitten im Zeitalter der Vernunft! Aber schon einige Jahre früher war der schottische Philosoph Hume mit Mitteln der Logik zum gleichen Schluß gekommen. Es war eine intellektuelle Zeitbombe, die nach fast zweihundert Jahre langem Zischen erst vor kurzem hochgegangen ist – ob allerdings zum Vorteil der Zivilisation, muß sich erst noch erweisen. Diese Gedanken hatten schon im 18. Jahrhundert eine gewisse Wirkung und wurden Bestandteil des neuen Kults der Empfindsamkeit. Doch niemand scheint erkannt zu haben, wohin uns die Hingabe an Sinneswahrnehmungen führen und welch fragwürdige Gottheit die Natur sein kann – niemand außer dem Marquis de Sade, der den neuen Gott – oder die neue Göttin – von Anfang an durchschaute. «Die Natur verabscheue das Verbrechen?» fragte er 1792. «Ich sage dir, die Natur lebt und atmet davon, sie hungert mit all ihren Poren nach Blutvergießen und giert von ganzem Herzen nach einer Steigerung der Grausamkeit.»

Nun, der Marquis war das, was man einen krassen Außenseiter zu nennen pflegte, und seine abfällige Beurteilung der Natur wird im 18. Jahrhundert kaum zur Kenntnis genommen. Im Gegenteil, Rousseaus Glaube an die Schönheit und Unschuld der Natur wurde von Pflanzen und Bäumen auch auf die Menschen übertragen. Er glaubte, der Mensch sei von Natur aus gut. Teils war es ein Überbleibsel des alten Mythos vom Goldenen Zeitalter, teils ein Gefühl der Beschämung über die Korruption der europäischen Gesellschaft – ein Gefühl, das zuerst Montaigne auf den letzten bewundernswerten Seiten seines Essays ‹*Über Kannibalen*› wiedergegeben hat. Aber Rousseau erweiterte es in seiner ‹*Untersuchung über den Ursprung der Ungleichheit*› zu einer Philosophie. Er sandte Voltaire ein Exemplar, dessen Antwortbrief als berühmtes Beispiel für Voltaireschen Witz gilt: «Niemand hat je soviel Intelligenz aufgewandt, uns zur Dummheit zu überreden. Wenn man Ihr Buch gelesen hat, hat man das Gefühl, man müßte auf allen vieren gehen. Leider habe ich diese Gewohnheit in den letzten sechzig Jahren verlernt.» Das war ein dialektischer Triumph, nichts weiter, denn der Glaube an die Überlegenheit des natürlichen Menschen wurde eine der Triebkräfte des nächsten halben Jahrhunderts; und keine zwanzig Jahre nachdem Rousseau seine Theorie verkündet hatte, schien sie durch Tatsachen bestätigt zu werden. 1767 kam der französische Forscher Bougainville nach Tahiti, und 1769 hielt sich Kapitän Cook vier Monate lang dort auf, um den Durchgang der Venus zu beobachten. Bougainville war ein Anhänger Rousseaus. So ist es nicht weiter erstaunlich, daß er bei den Bewohnern Tahitis all die Vorzüge der edlen Wilden

192 Hodges, *‹Die «Resolution» in Tahiti›*

entdeckte. Kapitän Cook dagegen war ein dickschädliger Engländer aus Yorkshire, und selbst er konnte nicht umhin, festzustellen, daß die Lebensweise auf Tahiti [192], verglichen mit dem Elend und der Grausamkeit in Europa, äußerst glücklich und harmonisch war. Bald fingen die hellsten Köpfe in Paris und London an sich zu fragen, ob nicht das Wort ‹Zivilisation› auf die unverdorbenen Südsee-Insulaner viel besser passe als auf die außergewöhnlich korrupte europäische Gesellschaft des 18. Jahrhunderts.

Solcherlei Gedanken wurden Dr. Johnson im Jahre 1773 vorgetragen von «einem Herrn, der sich bei ihm über das glückliche Leben der Wilden» verbreitete. «Lassen Sie sich doch nicht von solchem grobem Unsinn beeindrucken», antwortete er. «Es ist ein törichtes Geschwätz. Wenn ein Bulle reden könnte, könnte er genausogut ausrufen: ‹Hier bin ich, bei dieser Kuh und bei diesem Gras; welches Lebewesen könnte glücklicher sein!›» Auch wenn man nicht so weit geht wie Dr. Johnson, der in seinem Haß auf alle Heuchelei vorübergehend die christliche Lehre von der Seele vergaß, kann man bei der Beschäftigung mit der europäischen Zivilisation doch feststellen, daß Polynesien keinen Dante, Michelangelo, Shakespeare, Newton oder Goethe hervorgebracht hat. Und obwohl jeder zugeben wird, daß die europäische Zivilisation auf Orte wie Tahiti eine verheerende Wirkung gehabt hat, so muß man doch auch die große Anfälligkeit dieser arkadischen Gesellschaften sehen. Die Schnelligkeit, mit der sie zusammenbrachen, als ein paar friedliche britische Seeleute und eine Handvoll Missionare auftauchten, zeigt, daß es keine Zivilisationen in dem Sinne des Wortes waren, in dem ich es hier gebrauche.

Obwohl die Anbetung der Natur ihre gefährlichen Seiten hatte, waren die Propheten dieser neuen Religion ernste und oft fromme Männer, deren ganzes Ziel es war, zu beweisen, daß ihre Göttin würdig und sogar eine moralische Kraft sei. Dieses eigenartige intellektuelle Kunststück vollbrachten sie, indem sie Natur und Wahrheit einander anglichen. Der weitaus bedeutendste Mann, dessen Geist sich damit beschäftigte, war Goethe. Das Wort ‹Natur› taucht bei ihm immer wieder auf, auf fast jeder Seite seiner theoretischen und kritischen Schriften, und gilt als letzte Bestätigung aller seiner Urteile. Es stimmt, daß Goethes Naturbegriff sich von dem Rousseaus leicht unterscheidet. Er verstand darunter nicht die Erscheinung der Dinge, sondern wie sie wirken, wenn sie nicht beeinträchtigt werden. Nach seiner Auffassung – und Goethe war ein hervorragender Botaniker, der sich von den Pflanzen, die er beobachtete, Zeichnungen anfertigte [193] – strebte alles, was lebt, in einem unendlich langen Anpassungsprozeß nach höherer Entwicklung. Man könnte fast sagen, daß er an die allmähliche Zivilisierung der Pflanzen und Tiere glaubte. Dieser Gesichtspunkt war es, der später zu Darwin und der Evolutionstheorie führte. Aber dieses analytische und philosophische Verhältnis zur Natur wirkte sich weniger unmittelbar auf das allgemeine Bewußtsein aus, als das allein auf Inspiration beruhende Verhältnis zur Natur, wie wir es bei den englischen Dichtern der Romantik, Coleridge und Wordsworth, antreffen.

Samuel Taylor Coleridge betrachtete die Natur höchst mystisch. So besang er die Schweizer Berge in seiner ‹*Hymne vor Sonnenaufgang, im Tal von Chamonix*›:

> O schweigender, o fürchterlicher Berg!
> Auf dich geschaut hab ich, bis du, wenn auch
> Dem Blick noch gegenwärtig, dem Gedanken
> Verschwandest und ich im Gebet entrückt
> Nur zu dem Unsichtbaren betete.

Das klingt ungeheuer deutsch, und bildlich hat es niemand besser dargestellt als der deutsche Landschaftsmaler Caspar David Friedrich [Farbtafel 39]. Ich habe mich oft gefragt, ob Coleridge diesen großen Künstler wohl kannte; denn sie sind sich in ihren Anschauungen so ähnlich.

Wordsworths Verhältnis zur Natur war religiös im moralisch anglikanischen Sinn. «Zeih' mich nicht der Arroganz», sagte er,

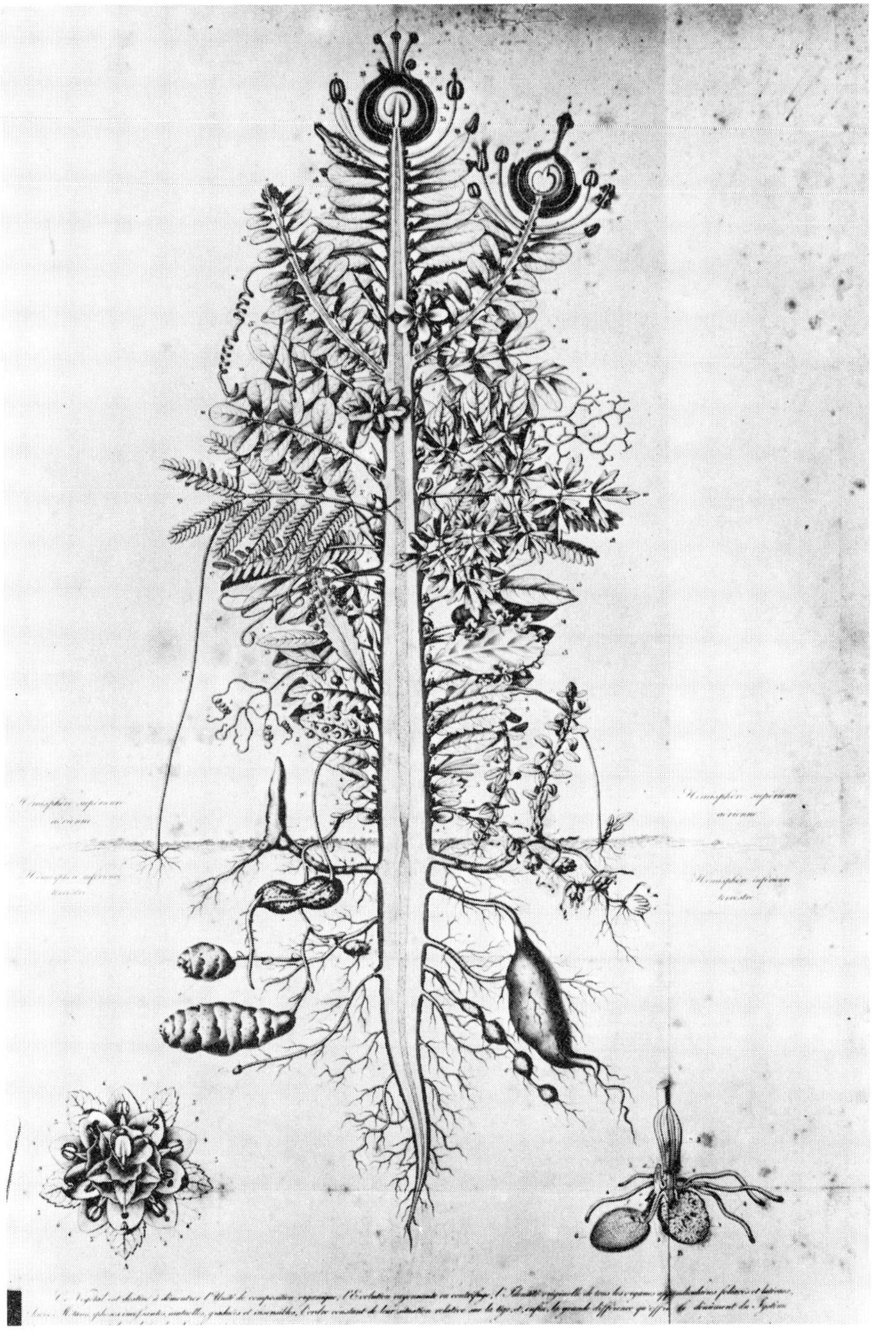

193 Die Entwicklung der Pflanzen (Kupferstich nach Goethe)

Wenn ich, mit der Natur bewandert,
Mein Herz, sofern es seine Schwäche zuließ,
Der Wahrheit täglich opfernd,
Nun von Natur und Wahrheit sage,
  Daß ihre Göttlichkeit
Beleidigt gegen Menschentaten sich erhebt.

Daß die Natur sich über menschliches Benehmen empören sollte, erscheint mir ein ziemlich unsinniger Gedanke. Aber man darf Wordsworth nicht leichthin der Arroganz oder der Albernheit zeihen. Als er diese Zeilen schrieb, hatte er schon vieles durchgemacht. Er war als junger Mann nach Frankreich gegangen, hatte dort mit einer geistvollen jungen Französin zusammen gelebt, mit der er eine Tochter hatte; er nahm als glühender Girondist an der Französischen Revolution teil und hätte mit etwas weniger Glück bei den September-Massakern sehr leicht seinen Kopf verlieren können. Abgestoßen von den politischen Aspekten der Revolution, ihren Idealen aber noch immer unverändert ergeben, kehrte er nach England zurück. Er machte sich daran, das Elend der Armen in Gedichten zu beschreiben, wie es zuvor noch nie beschrieben worden war. Er schrieb Verse ohne einen Schimmer von Hoffnung oder Trost. Meilenweit wanderte er, allein, über die Ebene von Salisbury und in Wales, und die einzigen Leute, mit denen er sprach, waren Landstreicher, Bettler oder entlassene Sträflinge. Er war zutiefst niedergeschlagen über die Unmenschlichkeit des Menschen gegenüber seinem Nächsten. Und schließlich kam er nach Tintern. Natürlich hatte er schon immer ein Auge für die Schönheit der Natur gehabt – seine frühesten Gedichte belegen das. Aber im August 1793 erkannte er, wie zuvor Rousseau auf der Petersinsel, daß nur ein völliges Aufgehen in der Natur seinen Geist heilen und aufrichten könne. Fünf Jahre später kam er nach Tintern, der Abtei in der englischen Grafschaft Monmouthshire, zurück und besann sich wieder auf einige dieser ersten Gefühle:

Wenn ich auch zweifellos ein andrer bin,
Als da zuerst ich diese Hügel sah
Und flüchtig wie das Reh auf Bergen sprang,
An tiefen Flüssen, an verborgnen Strömen,
Wohin der Pfad mich führte, mehr wie jemand,
Der etwas, was er fürchtet, flieht, als wer
Das suchet, was er liebt. Denn die Natur,
War alles mir in allem. Wie beschreib ich
Das, was war? Der Ton des Wasserfalls
Verfolgte mich wie eine Leidenschaft.
Der hohe Fels, der Berg, der dunkle Wald,
All jene Formen, Farben waren mir
Begierde, waren Liebe und Empfindung,
Die mehr entlegner Reize nicht bedurften,
Wie sie das Denken leiht, noch eines Anteils,
Der nicht durchs Auge kommt.

194 Dove Cottage, Grasmere

Anders als viele seiner Nachfolger im 19. Jahrhundert hatte sich Wordsworth das Recht, sich in der Natur zu verlieren, ehrlich erworben. Und ebenso Rousseau, denn der Dichter der ‹*Träumereien eines einsamen Wanderers*› war auch der Verfasser des ‹*Contrat Social*›, des Evangeliums der Revolution. Ich betone das, denn das Mitgefühl mit den Stummen und Unterdrückten scheint notwendigerweise mit der Verherrlichung der Natur einherzugehen – das war schon seit dem hl. Franziskus so gewesen. Robert Burns hätte nicht, beim ersten Erwachen der Romantik, geschrieben: «Ein Mann ist Mann trotz alledem!», hätte es ihn nicht auch zutiefst bekümmert, wenn das Nest einer Feldmaus zerstört wurde.

Die neue Religion war antihierarchisch: sie setzte neue Werte; und Wordsworths Glaube war mehr auf richtige Instinkte als auf Wissen gegründet. Das war eine Ausweitung der Rousseauschen Entdeckung unmittelbaren Empfindens, aber ergänzt um das Wort ‹moralisch›: Wordsworth erkannte, daß einfache Menschen und Tiere oft mehr Mut und Loyalität und Selbstlosigkeit beweisen als hochgebildete Menschen und daß sie auch einen stärker ausgeprägten Sinn für das Leben als Ganzes haben:

Ein Eindruck aus dem Frühjahrs-Wald
Mag dir mehr vom Menschen erklären,
Von seiner Güte und seiner Gewalt,
Als alle weisen Lehren.

Süß ist die Kunde der Natur;
Unser plumpes Meditieren
Verunstaltet die Dinge nur: –
Wir morden, um zu sezieren.

Was veranlaßte Wordsworth, sich vom Menschen ab- und der Natur zuzuwenden? Es lag daran, daß seine Schwester Dorothy wieder in sein Leben getreten war. Zuerst ließen sie sich zusammen in Somerset nieder. Dann kehrten sie, einem starken inneren Drang folgend, in ihre Heimat zurück und zogen in ein Landhaus in Grasmere. Dort, in dem steil abfallenden Garten und dem winzigen Wohnzimmer [194], schrieb Wordsworth seine beseeltesten Gedichte. Das Tagebuch, das Dorothy in diesen Jahren führte, zeigt, wie oft seine Gedichte auf intensive Erlebnisse seiner Schwester zurückgingen; und Wordsworth war sich dessen bewußt.

Sie gab mir Ohren, gab mir Augen;
Heikle Befürchtungen, demüt'gen Glauben.

In der neuen Naturreligion wurde diese scheue, bescheidene Frau wie eine Heilige und Prophetin verehrt.

Unglücklicherweise waren die Gefühle, die die Geschwister füreinander hegten, nach den Maßstäben dieser Welt zu stark:

du mein liebster Freund,
O liebster Freund; aus deiner frohen Stimme
Hör ich die Sprache meines jungen Herzens
Und lese frühe Freuden in dem Blitz
Der wilden Augen! O, recht lange noch
Möcht ich in dir, was einst ich war, erblicken.
O teure Schwester! Betend fleh ich dies,
Wohl wissend, daß Natur den nie betrügt,
Der treu sie liebt.

Die brennende Leidenschaft romantischer Ichbezogenheit! Wie Wordsworth verfiel auch Byron einer tiefen Liebe zu seiner Schwester. Das unausweichliche Verbot, das über ihrer Liebe stand, war für beide ein Verhängnis. Doch Wordsworth litt mehr darunter. Byron wurde zwar ruhelos und zynisch, schrieb jedoch noch seinen *‹Don Juan›*; Wordsworth dagegen büßte nach der herzzerbrechenden Trennung von Dorothy allmählich jede Inspiration ein und schrieb, obwohl ganz glücklich mit einer ehemaligen Jugendfreundin verheiratet, immer weniger Gedichte, die man heute noch ohne Überwindung lesen kann. Und Dorothy wurde einfältig.

195 Turner, ‹*Buttermere*›

In denselben Jahren, in denen die englische Dichtung sich so revolutionär entwickelte, brachte auch die englische Malerei zwei geniale Männer hervor: Turner und Constable. Nur wenige Monate bevor Wordsworth sich im Lake District niederließ, hatte Turner ein Bild von Buttermere [195] gemalt, das eines seiner frühesten Meisterwerke ist. Eine wirkliche innere Verwandtschaft verband Wordsworth jedoch nicht mit Turner, sondern mit Constable. Beide waren auf dem Lande aufgewachsen, beide besaßen die gleichen starken, streng bezähmten Neigungen. Beide ergriffen mit der gleichen physischen Leidenschaft Besitz von der Natur. Leslie, Constables Biograph, berichtet uns: «Ich habe gesehen, wie er einen schönen Baum mit der gleichen Verzücktheit bewunderte, mit der er auch ein schönes Kind in die Arme schließen konnte.» Constable hatte nie den leisesten Zweifel, daß Natur die sichtbare Welt bedeutete; Baum, Blume, Fluß,

196 Constable, ‹*Weiden am Fluß*›

Feld und Himmel, genauso wie sie sich den Sinnen darboten. Und er scheint sich instinktiv Wordsworths Überzeugung zu eigen gemacht zu haben, daß man etwas von der sittlichen Größe des Alls entdecken konnte, wenn man sich den Gegenständen der Natur mit absoluter Wahrhaftigkeit widmete. Nur indem man sich auf die leuchtende, wechselnde Oberfläche der Erscheinung konzentrierte, entdeckte man

> Die Triebkraft und den Geist, die in beseelten Wesen sind,
> In allem, was der Mensch nur denkt;
> Die rollen auch durch jedes Ding.

Außerdem liebten beide, Wordsworth und Constable, ihre Heimat und wurden nie der Dinge müde, die in ihrer Kindheit ihre Phantasie beflügelt hatten. Constable sagte: «Das Geräusch des Wassers, das durch Mühlenwehre fließt, alte, faulige Uferbänke, blanke Pfosten und Backsteinbauten – solche Bilder haben mich zum Maler gemacht – und ich bin dankbar dafür.» Wir haben uns so an diese Einstellung zur Malerei gewöhnt, daß wir uns kaum vorstellen können,

197 Constable, ‹*Fischerjungen am Stour*›

wie ungewöhnlich es damals war, blanke Pfosten und faulige Uferbänke mehr zu lieben als klassische Helden in stolzer Rüstung – zu einer Zeit, als alle ernsthaften Künstler nach Rom strebten und riesige Bilder nach Homer und Plutarch malten.

Constable haßte Großartigkeit und Pomp, und wie bei Wordsworth scheint mir sein Kult der Einfachheit manchmal in die Nähe des Banalen zu geraten. Seine ‹*Weiden am Fluß*› [196] und einige andere Bilder sind Vorläufer einer Unmenge mittelmäßiger Malwerke, genau wie Wordsworths Gedichte über das kleine Schöllkraut und über die Gänseblümchen eine große Zahl schlechter Gedichte vorwegnahmen. Die ‹*Weiden am Fluß*› wurden, als das Bild fertig war, von der Akademie abgelehnt. «Nehmen Sie das garstige grüne Ding weg», sagte man ihm. Hundert Jahre lang hätte man es von all seinen Werken am ehesten akzeptiert. Aber sobald Constable sich ausschließlich auf seine Gefühle verließ, erreichte er in seinen ländlichen Stücken [197] jene Qualität, durch die, wie Wordsworth einmal sagte, «die menschlichen Leidenschaften mit den schönen und beständigen Formen der Natur vereinigt sind».

Das einfache Leben: es war ein notwendiger Bestandteil der neuen Naturreligion und stand in scharfem Gegensatz zu früheren Bestrebungen. Zivilisation, so lange an mächtige Klöster und Paläste oder auch an schön ausgestattete Salons gebunden, konnte nun aus einem kleinen Landhaus hervorgehen. Sogar Goethe zog es in Weimar vor, in einem kleinen, schlichten Gartenhaus zu leben; und im Gegensatz dazu war Wordsworths Landhaus Dove Cottage äußerst kümmerlich. Keine Kutschen fuhren vor der Tür vor – wobei mir einfällt, wie eng die Naturverehrung schon immer mit dem Wandern verbunden war. Im 18. Jahrhundert betrachtete man einen einsamen Spaziergänger mit fast dem gleichen Mißtrauen, wie man es ihm heute vielleicht in Los Angeles entgegenbringen würde. Aber die Wordsworths wanderten ständig – De Quincey hat ausgerechnet, daß der Dichter um die Mitte seines Lebens bereits weit über 100000 Meilen zu Fuß zurückgelegt hatte. Selbst der schmächtige Coleridge wanderte. Es machte ihnen nichts aus, nach dem Essen 25 Kilometer zurückzulegen, um einen Brief aufzugeben. Ein ausgedehnter Spaziergang auf dem Lande war über hundert Jahre lang für alle Intellektuellen, Dichter und Philosophen eine geistige und körperliche Übung. Und für viele Menschen ist Spazierengehen noch heute eine der besten Möglichkeiten, dem Druck des Alltags zu entfliehen. Die Landschaft, in der Wordsworth sich in Einsamkeit zu ergehen pflegte, ist heute fast ebenso von Pilgern bevölkert wie Lourdes oder Benares.

Die Zeitgenossen waren sich der Ähnlichkeit zwischen Wordsworth und Constable, die uns so auffallend erscheint, nicht bewußt – zum Teil vermutlich, weil Constable bis 1825 kaum bekannt war, während Wordsworth zu diesem Zeitpunkt bereits seit langem seine Inspiration eingebüßt hatte, zum Teil aber auch deshalb, weil Constable ein Maler der Ebene war, während Wordsworth – wie überhaupt der ganze Naturkult – den Bergen zugetan war. Dies und die Tatsache, daß es Constable an künstlerischer Perfektion mangelte, war wohl der Grund dafür, daß Ruskin ihn zu gering eingeschätzt hat, während er Turner viele Jahre lang hoch gepriesen hat. Turner war der Hauptexponent jener starken inneren Reaktion auf die Natur, die Gray in der Grande Chartreuse empfunden hatte – man könnte es das malerisch Erhabene nennen; und manchmal erscheinen seine Stürme und Lawinen sogar naturwidrig, so wie bei Byron das Rhetorische unnatürlich war. Aber vermutlich mußte die neue Religion Macht und Erhabenheit eindeutiger zur Geltung bringen, als es mit Gänseblümchen und Schöllkraut möglich war [Farbtafel 40].

Ich will die Größe Turners nicht schmälern. Er war ein Genie ersten Ranges – bei weitem der größte Maler, den England je hervorgebracht hat; und wenn er auch bereit war, sich eines modischen Stils zu bedienen, so verlor er doch nie sein intuitives Verständnis für die Natur. Niemand hat je ein größeres Wissen über die Erscheinungen der Natur gehabt; und Turner wußte seine enzyklopädischen Kenntnisse noch um Beobachtungen der flüchtigsten Lichteffekte zu bereichern – Sonnenaufgänge, vorüberziehende Stürme, sich lichtende Nebel, Dinge, die nie zuvor auf der Leinwand festgehalten worden waren.

Dreißig Jahre lang wurden diese glänzenden Gaben für eine Reihe von Bildern ausgenutzt, die seine Zeitgenossen faszinierten, die aber für den modernen Geschmack zu künstlich sind. Aber all die Jahre über vervollkommnete Turner, zu seiner eigenen Genugtuung, eine ganz neue Malweise, die erst in unseren Tagen Anerkennung finden sollte. Sie bestand, kurz gesagt, darin, alles in reine Farbe umzusetzen – Licht wurde Farbe, Lebensgefühle wurden Farbe. Wir können uns nur schwer vergegenwärtigen, was für ein revolutionärer Vorgang das war. Wir müssen bedenken, daß man Jahrhunderte lang Gegenstände nur deshalb für real hielt, weil sie greifbar waren. Durch Betasten und Berühren versicherte man sich ihrer Realität – wie man es auch heute noch tut. Und alle achtbare Kunst zielte darauf hin, diese Greifbarkeit, sei es plastisch, sei es durch klare Umrisse zu definieren. «Was unterscheidet Ehrlichkeit von Betrug», fragte Blake, «wenn nicht die harte, scharfe Linie der Richtigkeit?»

Farbe wurde als unmoralisch betrachtet – vielleicht zu Recht, denn Farbe ist eine unmittelbare Empfindung und übt ihre Wirkung unabhängig von geordneten Erfahrungen aus, auf denen die Moral aufgebaut ist. Turner wählte seine Farbe jedoch nie willkürlich – sie war nie das, was wir dekorative Farbe nennen. Er beschrieb immer ein tatsächliches Erlebnis. Wie Rousseau nutzte Turner seine optischen Eindrücke, um die Wahrheit herauszufinden. «Ich fühle, also bin ich.» Eine Tatsache, die wir bestätigt finden, wenn wir Turners Bilder in der Tate Gallery betrachten: je weniger klar die Konturen sind, desto koloristischer sind diese Bilder, desto lebhafter vermitteln sie uns das Gefühl exakter Naturtreue [Farbtafel 41]. Turner erklärte die Farbe als selbständig und verhalf damit dem menschlichen Geist zu einer neuen Fähigkeit.

Ich glaube nicht, daß Turner sich seiner Verwandtschaft mit Rousseau bewußt war. Aber der andere große Prophet der Natur, Goethe, bedeutete ihm viel. Obwohl Turner praktisch keine Schulbildung genossen hatte, brachte er es doch fertig, Goethes Werke, insbesondere seine Farbenlehre, zu lesen, und er teilte Goethes Einstellung gegenüber der Natur als einem Organismus, der nach bestimmten Gesetzen arbeitet. Solche Eigenschaften Turners entzückten Ruskin natürlich, und so kam es, daß seine umfangreiche Rechtfertigung des Künstlers, die den völlig irreführenden Titel ‹*Modern Painters*› trägt, zu einer Enzyklopädie der Naturbeobachtung wurde. So wie das Mittelalter Enzyklopädien hervorgebracht hatte, in denen an Hand unexakter Beobachtungen versucht wurde, die Wahrheit der christlichen Lehre zu beweisen, so versuchte Ruskin an Hand sehr exakter Beobachtungen von Pflanzen, Felsen, Wolken, Bergen zu beweisen, daß die Natur gesetzmäßig arbeitet [198]. Vielleicht tut sie es ja auch. Aber nicht nach Gesetzen, wie sie die Menschen für sich selbst erfunden haben. Heute würde niemand mehr Ruskins feste Überzeugung ernst nehmen, daß die Natur dem Sittengesetz unterliege oder es illustriere. Aber wenn er sagt: «Die Kraft, die die verschiedenen Teile einer Pflanze einander helfen läßt, nennen wir Leben. Intensität des Lebens ist gleichbedeutend mit Intensität der Hilfsbereitschaft. Das Aufhören dieser Hilfe ist das, was wir Verderbnis nennen», dann scheint er mir aus seinen Beobachtungen eine Moral zu ziehen, die mindestens so überzeugend ist wie die meisten Moralsätze, die man aus der Bibel ableiten kann.

198 Ruskin, Gneisfels (Zeichnung)

199 Constable, Wolkenstudie

Und wir können nun verstehen, warum Ruskin noch fünfzig Jahre nach der Veröffentlichung der ‹*Modern Painters*› als einer der größten Propheten seiner Zeit galt.

Der Punkt, wo alle diese Aspekte der neuen Naturreligion sich vereinen, ist der Himmel, wo auch die alten Religionen das Ziel ihrer Sehnsucht gesehen hatten. Aber die Naturanbeter konzentrierten sich nicht auf den Einfluß der Planeten oder die Vision einer himmlischen Stadt, sondern auf die Wolken. Als sich im Jahre 1802 ein Quäker namens Luke Howard in einem Vortrag mit den «Modifikationen der Wolken» beschäftigte, versuchte er, so wie Linné für die Pflanzenwelt, ein System für die Himmelserscheinungen aufzustellen. Das Ergebnis entzückte Goethe so sehr, daß er Howard ein Gedicht widmete. Auch die Maler wurden von Howard inspiriert. Constable las seine Abhandlung und sah sich in seiner Überzeugung bestärkt, daß man die Wolken «sammeln und klassifizieren» müsse: er machte Hunderte von Wolkenstudien [199] und vermerkte auf der Rückseite den Monat, die Tageszeit und die Windrichtung. Von Ruskin stammt die Bemerkung, er selber zöge die Wolken so sorgsam auf Flaschen wie sein Vater (der Weinhändler gewesen war) den Sherry.

Aber Wolken folgen nun einmal keinen Gesetzen, und auch Ruskin gab den Versuch, solche Gesetze zu entdecken, auf. So sprach der Himmel damals weniger die analytisch Denkenden an als vielmehr die Naturanbeter, die sich Rousseaus sinnlicher Träumerei überließen. «Aller Geist», sagte ein Schriftsteller über die Romantik, «wird schließlich wie eine Halbkugel aus Wolkenlandschaften sein, erfüllt von einem ewigen Strom wechselnder, verschmelzender Formen.»

Constable sagte, um Gefühle auszudrücken, seien in der Landschaftsmalerei Wolken das Hauptelement. Für Turner hatten sie eine symbolische Bedeutung. In seinem Werk sind Wolken von blutroter Farbe Zeichen der Zerstörung. Er unterschied Himmel, die Frieden, und Himmel, die Zwietracht verkörperten. Mehr als an allem anderen war ihm daran gelegen, die Sonne über dem Wasser aufgehen zu sehen: er besaß eine Reihe von Häusern, von denen aus er dies beobachten konnte. Vor allem faszinierte ihn die Linie, wo Himmel und Wasser einander treffen, das Ineinanderübergehen der Elemente, das der harmonischen Tönung nach zu einer allgemeinen Versöhnung der Gegensätze zu führen scheint. Er lebte, um diese Effekte beobachten zu können, an der Ostküste von Kent, und seine Nachbarn hielten ihn für einen überspannten Kapitän namens Puggy Booth, der selbst im Ruhestand nicht davon lassen konnte, auf die See hinauszublicken.

«Ein Dialog zwischen der See und dem Himmel» – so nannte Debussy einen Teil seines Werkes *‹La Mer›*. Es entstand erst sechzig Jahre später, und doch ist es erlaubt, es mit einem viel früheren Kunstwerk in Verbindung zu bringen, da Turner in einem Stil malte, der seiner Zeit weit voraus war – vielleicht war er der erste große Künstler, der das tat. Selbst die in Galerien und Museen ausgestellten Bilder wie *‹Regen, Dampf, Geschwindigkeit›* [200] haben keine Beziehung zu dem, was sonst in Europa geschaffen wurde oder über fast ein ganzes Jahrhundert hin geschaffen werden sollte. 1840 müssen sie völlig verrückt gewirkt haben, und man bezeichnete diese Bilder gewöhnlich als «Mr. Turners kleine Scherze».

Turner war in jener Tradition des Pittoresken groß geworden, für die nur gewisse Besonderheiten in der Natur geeignete Gegenstände der künstlerischen Darstellung sind. Aber in Frankreich hat das Pittoreske niemals Fuß gefaßt. Die französischen Maler gaben Constable den Vorzug und hielten sich an seinen Ausspruch: «Ich habe in meinem ganzen Leben nie etwas Häßliches gesehen.» Darin drückte sich der Gedanke der Gleichheit aus, und Courbet, ein Kommunist aus Überzeugung, malte einige der getreuesten Naturwiedergaben, die je als Kunst deklariert wurden. Sie haben etwas von jener wahrhaft demokratischen Kunstform, der farbigen Postkarte. Diese redliche naturalistische Landschaftsmalerei sollte fast hundert Jahre lang der populäre Malstil bleiben – und ich glaube, sie wäre es noch, wenn irgendein moderner Maler sie mit Überzeugung fortsetzen könnte. Aber in einem kritischen Augenblick nahm die Fotografie ihren Platz ein, und die drei großen Naturliebhaber des späten 19. Jahrhunderts, Monet, Cézanne und van Gogh, mußten eine gründliche Umwandlung des Stils vollziehen.

 Farbtafel 39: Caspar David Friedrich, *‹Mann vorm Gebirge mit Regenbogen›*

200 Turner, ‹*Regen, Dampf, Geschwindigkeit*›

Die verzückte Vision, die Rousseau als ersten bewog, in einer Welt der sinnlichen Wahrnehmungen zu leben, feierte im 19. Jahrhundert einen weiteren Triumph. Merkwürdigerweise wurde sie auch diesmal von der Betrachtung sich kräuselnder Wellen hervorgerufen – von dem Glitzern der Sonne auf dem Wasser und der zitternden Spiegelung von Masten. Es war im Jahre 1869, als Monet und Renoir sich in einem Ufercafé, genannt La Grenouillière, zu treffen pflegten. Zuvor waren sie beide Anhänger des damals üblichen naturalistischen Stils gewesen. Aber als diese Wellen und Spiegelungen in ihr Blickfeld gerieten, hatte der beharrliche Naturalismus ausgespielt [201].

Man konnte einzig und allein einen Eindruck wiedergeben – Impression wovon? Vom Licht, denn das ist alles, was wir sehen. Schon lange zuvor war der Philosoph David Hume zu dem gleichen Schluß gekommen, und die Impressio-

Farbtafel 40: Turner, ‹*Gebirgsüberquerung am Mont Cenis*›

201 Renoir, ‹*La Grenouillière*›

nisten hatten keine Ahnung, daß sie eine philosophische Theorie nachvollzogen. Aber Monets Worte: «Das Licht ist die Hauptperson im Bild» gab ihrem Werk so etwas wie eine philosophische Einheit; so hat die große Zeit des Impressionismus ebenso unsere Fähigkeiten erweitert wie sie unsere Augen erfreut. Unser Bewußtsein vom Licht ist Teil jenes allgemeinen Bewußtseins geworden, jener Erhöhung der Sensibilität, die Proust so wundervoll beschrieben hat, daß es uns bei der ersten Bekanntschaft mit seinen Romanen fast so vorkommt, als würden uns neue Sinne verliehen.

Wenn wir bedenken, wie viele schöne impressionistische Bilder es in der Welt gibt, und wie sehr sie unsere Sehweise verändert haben, dann ist es erstaunlich, von wie kurzer Dauer der Impressionismus als Bewegung war. Aber leider sind es immer nur kurze Zeitspannen, in denen vom gleichen Ziel beseelte Menschen fruchtbar zusammenarbeiten können – das ist eine der Tragödien jeder Zivilisation. Nach zwanzig Jahren fiel die impressionistische Bewegung auseinander. Die eine Partei meinte, das Licht müsse wissenschaftlich wiedergegeben werden, in Tupfen von Primärfarben, als wäre es durch ein Spektrum gegangen. Diese Theorie inspirierte einen unfehlbaren Künstler: Seurat. Er entfernte sich andererseits zu weit von der ersten spontanen Freude an der Natur, von der letzten Endes alle Landschaftsmalerei abhängen muß.

Auf der anderen Seite versuchte der ursprüngliche und unerschütterliche Impressionist Monet, als er merkte, daß der direkte Naturalismus erschöpft war, die verschiedenen Lichteffekte mit Hilfe einer Art Farbensymbolismus auszudrücken: so malte er eine Reihe von Kathedralenfassaden in verschiedenem Licht – rosa, blau und gelb –, die sich meiner Meinung nach zu weit von der Erfahrung entfernen. Dann wandte er sich dem Seerosenteich zu, den er auf seinem Grundstück angelegt hatte; die verzückte Betrachtung der sich darin spiegelnden Wolken regte ihn zu seinen letzten großen Meisterwerken an [Farbtafel 42].

In den beiden Räumen der Orangerie in Paris, in denen die *‹Nymphéas›* (*‹Seerosen›*) ausgestellt sind, sehen wir, wie Monet seine Wahrnehmungen zu einer zusammenhängenden Form erweitert, vergleichbar einem symphonischen Gedicht. Dieses Gedicht hat seinen Ausgangspunkt im Erlebnis, aber der Strom von Wahrnehmungen wird zu einem Bewußtseinsstrom. Und wie wird aus dem Bewußtsein Malerei? Eben das ist das Wunder. Durch eine so vollkommene Kenntnis jeder Wirkung, daß sie instinktiv wird; jeder Pinselstrich ist nicht nur eine Wiedergabe, sondern auch eine Geste der Selbstenthüllung. Die Willenskraft, die notwendig war, diese Umformung zu bewerkstelligen, muß jedenfalls gewaltig gewesen sein; und vielleicht wäre sie Monet ohne die Hilfe seines Freundes Georges Clemenceau nie gelungen. Etwas von der Willenskraft, mit der dieser große alte Staatsmann sein Land rettete, übertrug er auf Monet und hielt ihn so bei der Arbeit. Immer wieder schrieb ihm Monet, der langsam erblindete, daß er nicht mehr könne. Woraufhin Clemenceau die Kabinettssitzung verließ, zu Monet ins Atelier fuhr und ihm zuredete, noch einmal den Pinsel in die Hand zu nehmen. Und wieder versenkte sich Monet in das Meer seiner Erinnerungen und Wahrnehmungen. Völlige Versenkung: das ist der eigentliche Grund, warum die Liebe zur Natur so lange als Religion akzeptiert worden ist. Sie ist ein Mittel, unsere Identität an das Ganze zu verlieren und uns damit unseres Seins stärker bewußt zu werden.

12 Die trügerischen Hoffnungen

Die vernunftbestimmte Welt einer Bibliothek des 18. Jahrhunderts ist symmetrisch, harmonisch und in sich geschlossen. Symmetrie ist ein Konzept des Menschen, denn trotz aller unserer Ungleichmäßigkeiten sind wir von Natur aus doch mehr oder weniger symmetrisch, und die Ausgewogenheit einer Kaminfassung von Adam oder einer Tonfolge von Mozart spiegelt unsere Genugtuung über unsere zwei Augen, zwei Arme und zwei Beine wider. Und Harmonie: immer wieder habe ich in diesem Buch das Wort in lobendem Sinn verwendet. Aber in sich geschlossen! Da liegt der Haken: eine in sich geschlossene Welt wird zum Gefängnis für den Geist. Man sehnt sich hinauszugelangen, sehnt sich nach freier Bewegung. Man begreift, daß Symmetrie und Harmonie, ungeachtet ihrer Vorzüge, Feind jeglicher Bewegung sind. Doch es gibt fordernde Töne, jene Klänge des Aufbegehrens, des geistigen Hungers. Beethoven – Äußerung des europäischen Menschen, der wieder einmal nach etwas greift, das jenseits seiner Reichweite liegt. Wir verlassen die geordneten, eng umgrenzten Interieurs, die wir dem Klassizismus des 18. Jahrhunderts verdanken, und schicken uns an, dem Grenzenlosen zu begegnen. Vor uns liegt eine lange, beschwerliche Seereise, und ich kann, da sie noch immer nicht zu Ende ist, nicht sagen, wohin sie uns führen wird. Wir müssen uns noch immer als die Nachkommen der Romantik betrachten und noch immer als Opfer der trügerischen Hoffnungen.

Ich habe das Gleichnis von der See herangezogen, weil alle großen Romantiker seit Byron von diesem Sinnbild der Bewegung und des Fliehens besessen waren.

> Noch einmal auf den Wassern! Unter mir
> Hüpfen die Wogen wie ein Roß empor,
> Das seinen Reiter kennt! Willkommen ihr,
> O Fluten, tragt hinweg mich wie zuvor!

In der romantischen Kunst führte es meistens ins Unglück. Die Flucht aus der Symmetrie war auch eine Flucht vor der Vernunft. Die Philosophen des 18. Jahrhunderts hatten versucht, die menschliche Gesellschaft durch Vernunft zu ordnen. Aber rationale Argumente waren nicht in der Lage, den riesigen Berg starrer Tradition, der sich in den letzten einhundertfünfzig Jahren gebildet hatte, abzutragen. In Amerika ließ sich vielleicht eine neue politische Verfassung durchsetzen; doch um die starken Grundfesten Europas zu sprengen, bedurfte es, wie zur Zeit der Reformation, einer explosiveren Kraft.

Eingeleitet wurde die Entwicklung wieder einmal durch Rousseau. Er verlieh dem mehr an das Herz als an den Verstand gerichteten Appell universelle Geltung, indem er ihn nicht auf Liebe und Pädagogik beschränkte, sondern ihn auch auf die Politik ausdehnte. «Der Mensch wurde frei geboren und ist doch überall in Ketten.» Was für ein Einleitungssatz. Man denkt an die erste Szene in ‹*Ham-*

202 Rude, Relief vom Arc de Triomphe, Paris

let›! Gegen Ende des 18. Jahrhunderts traten an die Stelle rationaler Argumente kühne Behauptungen, und niemand prägte sie mit einem deutlicheren Stempel der Inspiration als William Blake. Seine ‹*Vermählung von Himmel und Hölle*›, die er etwa 1789 schrieb, ist ein Handbuch antirationaler Weisheit, vergleichbar Nietzsches ‹*Zarathustra*›. «Der Weg der Maßlosigkeit führt zum Palast der Weisheit.» – «Der wütende Tiger ist weiser als der dressierte Gaul.» – «Tatkraft ist das wahre Leben und kommt vom Körper her; Vernunft ist Begrenzung und äußerer Umkreis der Tatkraft.»

Fast zur gleichen Zeit erhob sich in Schottland eine mehr irdische, mehr menschliche Stimme zum Protest gegen die herrschende Hierarchie, die Stimme Robert Burns'. Schon vor ihm hatten Dichter in Armut gelebt, aber das waren meist arme Gelehrte gewesen, denen es lieber gewesen war, in den Tag hineinzuleben und in der Stadt umherzuziehen, statt sich in einer bequemen Pfarre einzurichten. Burns war der erste große Dichter, der als Sohn eines kleinen Bauern in einer winzigen, armseligen Hütte geboren worden war; mehr als die Hälfte seines Lebens verbrachte er als Landarbeiter, und diese Erfahrungen setzte er in Dichtung um. Sicherlich war er mehr der Verfasser zu Herzen gehender Liebeslieder als ein politischer Denker; aber in einem seiner Gedichte gibt es eine Zeile, die wie Rousseaus Einleitungssatz durch die Jahrhunderte widerhallen sollte: «Ein Mann ist Mann trotz alledem!»; noch deutlicher drückte er es in den letzten Zeilen aus:

Es kommt dazu trotz alledem,
Daß rings der Mensch die Bruderhand
Dem Menschen reicht trotz alledem!

Diese Berufung auf Gerechtigkeit und Naturrecht fand ihre Ergänzung in dem Gefühl, daß Brauch, Klugheit und von der Vernunft diktiertes Vorsorgen zu einem Hemmschuh für den menschlichen Geist geworden waren.

Blast die Trompete, tragt die Kunde
Hinaus, um alle Welt zu lehren,
Daß eine einz'ge ruhmreich' Stunde
Ein Alter wert ist ohne Ehren.

Diese Verse, lange vor dem Jahre 1790 von einem weithin unbekannten englischen Dichter namens Thomas Mordaunt geschrieben, überdauerten den Geist der Revolution. Das waren die Impulse, die sich in den achtziger Jahren des 18. Jahrhunderts wie Flammen zeigten, Flammen, die aus Spalten in der Erdkruste aufloderten. Dann folgte, wie wir alle wissen, die Eruption; und da diese Feuer schon so lange unter der Oberfläche des 18. Jahrhunderts geschwelt hatten, entwickelte sich die Französische Revolution vom Protest einiger aufbegehrender Advokaten über das ehrbare Murren und Knurren des bürgerlichen Konstitutionalismus zum rauhen Aufschrei einer Volksbewegung. Jeder Versuch einer Lösung schlug fehl.

203 David, *‹Der Schwur im Ballhaus›*

Im Juni 1789 erreichte die erste Phase der Revolution, die liberal-bürgerliche Phase, ihren Höhepunkt. Nachdem den Mitgliedern der Nationalversammlung der Zugang zur Assemblée verwehrt worden war, zogen sie entrüstet zu einem Ballhaus und schworen dort, nicht eher auseinanderzugehen, als bis Frankreich eine Verfassung habe. Jacques Louis David, der Maler republikanischer Tugend, wurde beauftragt, die Szene im Bild festzuhalten. Das unvollendete Gemälde wurde zerschnitten, doch in der Vorzeichnung [203] sehen wir eine Wiederholung der Gesten, die wir aus dem *‹Schwur der Horatier›* kennen. In der Mitte steht eine Gruppe, die die Verbindung von Klerus und Adel versinnbildlicht (in Wirklichkeit war der Mönch nicht zugegen: wie alle Propagandabilder entspricht auch dieses nicht ganz der Wahrheit); die zu beiden Seiten dargestellten Gestalten befinden sich in einem rauschhaften Zustand der Begeisterung für eine verfassungsmäßige Regierung; und auf der rechten Seite sieht man (historisch richtig) den einen Delegierten sitzen, der sich weigerte, den Schwur zu leisten. Uns, die wir durch hundertfünfzig Jahre demokratischer Eloquenz und durch fünfzig Jahre Propagandamalerei (worunter nichts so gut war wie David) ernüchtert sind, mag das alles leicht absurd erscheinen. Und tatsächlich waren die frühen Phasen der Revolution von einer gewissen Kleinlichkeit und Wirrheit gekennzeichnet. Offenbar ließ sich den hemmenden traditionellen Kräften nur mit ihren eigenen Mitteln begegnen. Die konstitutionelle, man möchte fast sagen «amerikanische» Phase der Französischen Revolution war noch dem Zeitalter der Vernunft verhaftet. Drei Jahre später erhebt sich die Stimme einer neuen Zeit: rechtschaffene Bürger der Stadt Marseille verlieren die Geduld mit einer «Exekutive, die nicht handelt» und vollbringen die erstaunliche Leistung, bei drückender Julihitze von Marseille nach Paris zu marschieren; sie führen drei Kanonen mit sich und singen ein neues Lied – die ‹*Marseillaise*›.

Auch heute dürfte es kaum jemanden geben, der so abgestumpft wäre, daß ihn dieses Lied nicht anrührt. Kein Wunder, daß die erhabensten Geister der Zeit hingerissen waren, daß Blake ein Gedicht auf die Französische Revolution begann, das niemand liest, und daß Wordsworth die Zeilen schrieb, die jeder zitiert und die ich wieder zitieren muß.

> Denn mächtig war die Kraft, die damals
> Aus unsrer starken Liebe uns erwuchs!
> Jenen Morgen zu erleben – ein Segen war's,
> Doch jung zu sein, der Himmel selbst!

Und im folgenden sagt Wordsworth, daß die Revolution Rousseaus Traum vom natürlichen Menschen zu verwirklichen scheine. Rousseaus verzaubertes Dasein, von dem die Reisenden berichtet hatten, blieb nicht länger begrenzt auf

> irgendeine geheimnisvolle Insel, der Himmel weiß wo!
> Nein, in dieser unsrer Welt, die unser aller
> Welt ist.

In diesem Stadium war die Revolution handelnde Romantik. Ihr vielleicht bedeutendstes Vermächtnis an die Nachwelt war ihre Botschaft an die Jugend, daß alle, die von einer starken Liebe beseelt sind, einen Weg zu finden vermögen, den Gesetzesbanden, die uns unterjochen, zu entfliehen.

Das Ergreifende an der frühen Revolution ist, daß der Glaube der Menschen an eine neue Welt so konkret und so unerschütterlich war. So beschlossen sie, den Kalender zu ändern – das Jahr 1792 wurde zum Jahre 1, und die Monate erhielten neue Namen. Eine neue Zeitrechnung zu beginnen war Unfug, aber die neuen Monatsnamen – Ventôse, Thermidor, Brumaire usw., der Windmonat, der Hitzemonat, der Nebelmonat – waren sehr poetisch, und ich wünschte, man hätte sie beibehalten. In ihnen drückt sich die Liebe zur Natur aus, die mit der Revolution so eng verflochten war. Der Wunsch, zur Natur zurückzukehren, beeinflußte auch die Frauenmode. Alles künstliche Beiwerk des 18. Jahrhunderts verschwindet, die Kleider passen sich nun, anmutig und einfach, den Linien des Körpers an [204]. Keine hohen, gepuderten Perücken mehr, sondern fließende Locken mit einem schlichten Band. Madame Récamier, die berühmteste und unnahbarste Schönheit jener Zeit, saß für David mit nackten Füßen Modell.

Ein schwierigeres Unternehmen war es, das Christentum durch eine Naturreligion zu ersetzen. Manchmal ging man dabei zu weit: so wurde zum Beispiel vorgeschlagen, die Kathedrale von Chartres abzureißen und an ihrer Stelle einen Tempel der Weisheit zu errichten. Entweihung und Blasphemie waren nicht sel-

204 David, ‹*Madame Verninac*›. Louvre, Paris

205 *‹Le Culte Naturel›* (Radierung)

ten, und Zerstörung war an der Tagesordnung: Cluny, Saint-Denis, viele der sakralen Stätten der Zivilisation wurden verwüstet und ausgeplündert. Andererseits hat die Naturreligion auch etwas Rührendes. Wir sehen das, wenn wir einen Druck [205] mit der Darstellung einer Taufe nach dem neuen Ritus betrachten, die in einer entchristianisierten Kirche vollzogen wird. Wir hören heute oft, daß wir eine neue, zeitgemäße Religion brauchten. Das mag zutreffen, aber es ist nicht leicht, eine neue Religion zu begründen. Auch Robespierre, der sich für diesen Gedanken begeisterte und über eine starke Überzeugungskraft gebot, brachte es nicht zuwege.

Und bei dem Namen Robespierre fällt uns ein, auf wie schreckliche Weise aller Idealismus scheiterte. Die meisten großen Ereignisse in der Geschichte der Zivilisation haben auch ihre schlimmen Folgen gehabt. Aber nichts kehrte sich schneller und härter ins Gegenteil als der revolutionäre Eifer von 1792; im September jenes Jahres kam es zum ersten großen Blutvergießen, zu den Hinrichtungen, die wir vor allem anderen mit der Französischen Revolution verbinden. Noch hat niemand die Septembermorde historisch zu erklären vermocht, und vielleicht erweist sich doch die althergebrachte Erklärung als richtig, daß es sich um eine Art Massensadismus handelte. Es war ein Pogrom – ein Phänomen, das uns seither häufig begegnet ist. Und die Triebkraft, die dahinterstand, war ein anderes, uns ebenfalls bekanntes Phänomen – Massenpanik. Im Juli 1792 hatte der Ausschuß für Öffentliche Sicherheit offiziell erklärt: «La patrie en danger»

206 David, ‹*Der Tod Marats*›

– das Vaterland ist in Gefahr; worauf wie üblich folgte: «Ils nous ont trahis» – man hat uns verraten. Wir wissen, was das bedeutet. Doch 1792 *war* Frankreich in Gefahr, es gab wirklich Verräter, angefangen beim König und bei der Königin, die ausländische Mächte zur Intervention ermuntert hatten. Frankreich kämpfte gegen die alten, korrupten Kräfte um sein Leben; und einige Jahre lang litten die führenden Männer an der schrecklichsten aller Täuschungen. Sie hielten sich selber für untadelig. Robespierres Freund Saint-Just sagte: «In einer Republik, die sich nur auf Tugend gründen kann, ist jedes Mitleid gegenüber dem Verbrechen ein flagranter Beweis des Verrates.»

Doch müssen wir, wenn auch widerstrebend, zugeben, daß sehr viele der folgenden Schrecken ihre Ursache in der Anarchie hatten. Der Anarchismus ist eine höchst anziehende politische Doktrin, aber ich fürchte, sie ist viel zu optimistisch. Die Männer von 1793 versuchten verzweifelt, der um sich greifenden Anarchie gewaltsam Herr zu werden, doch am Ende wurden sie Opfer der grausamen Methoden, die sie selbst angewandt hatten. Mit gemischten Gefühlen betrachten wir Davids Bild [206] des im Bade ermordeten Marat. David malte es in tiefer Erschütterung. Das Bild sollte die Erinnerung an einen großen Patrioten unsterblich machen, der, was seine Rolle als Volkstribun angeht, Brutus ebenbürtig war. Nur wenige propagandistische Bilder hinterlassen als Kunstwerk einen so starken Eindruck. Trotzdem bleibt Marat mitverantwortlich für die Septembermorde; sie waren die erste Wolke, die Wordsworths Morgenröte überschatten sollte, und der Optimismus der frühen Romantiker wandelte sich in einen Pessimismus, der bis in unsere Tage andauert.

Zu den Dingen, die es einem erschweren, Bücher über die Französische Revolution zu lesen, gehört die verwirrende Vielzahl der Namen, die einen zuweilen an die großen russischen Romane erinnert! Der Grund dafür ist, daß die Französische Revolution fast zehn Jahre lang keine großen Männer hervorgebracht hat – ausgenommen vielleicht Robespierre. Zwar lebte der revolutionäre Geist auch nach seinem Tode fort, doch fehlte es an führenden Köpfen, die ihn verfochten. Die französische Politik war ein Konflikt eigennütziger Interessen, wie er sich in den folgenden hundertfünfzig Jahren noch oft wiederholen sollte. Dann aber, im Jahre 1799, bekamen die Franzosen einen wahrhaft starken Mann!

Als Napoleon auftauchte, wurden die von der Revolution freigesetzten Kräfte in eine neue Richtung gelenkt – ein unersättlicher Drang, zu erobern und zu forschen, wurde wach. Aber was hat das mit Zivilisation zu tun? Krieg und Imperialismus, jahrhundertelang bewundert, sind in Mißkredit geraten, und ich bin genug Kind meiner Zeit, um sie beide zu hassen. Aber ich gestehe zu, daß sie – wie vieles Zerstörerische – Symptome eines lebenspendenden Impulses sind.

> Seht her, ihr Jungen, seht das weite Land,
> Das westlich von des Krebses mittl'er Linie liegt,
> Bis hin zum Aufgang dieses Erdenballs;
> Die Sonn' derweil, entschwindend unsrer Sicht,
> Beginnt den Tag bei unsren Antipoden ...

Und ostwärts vom Antarktispol erblickt ihr ...
Noch viel mehr Land, das nie ein Auge sah,
Wo's Perlenfelsen gibt, die schimmern gerad so hell
Wie alle Lichter dort am hohen Himmelszelt.
Das alles unerobert, soll ich sterben.

Wie viele große Dichter, Künstler und Wissenschaftler könnten diese Worte gesprochen haben, die Marlowe dem sterbenden Timur in den Mund legt. Soweit es um politisches Handeln geht, sind sie uns verhaßt geworden. Aber ich habe das ungute Gefühl, daß wir das eine nicht ohne das andere haben können. Ruskins umstrittener Satz: «Nur in einem Volk von Soldaten ist je auf der Erde große Kunst entstanden» scheint mir historisch unwiderlegbar – bisher.

Napoleons Eroberungstrieb war nur eine Seite seines widersprüchlichen Charakters. Er war ebenso der politische Realist, der große Administrator, der Verfasser oder zumindest Herausgeber eines klassischen Gesetzbuches, des ‹*Code Napoléon*›. Frühe Porträts von ihm zeigen seine Wandlung vom jungen, revolutionär gesinnten Soldaten zum Ersten Konsul (dessen Züge noch die Spuren revolutionärer Begeisterung tragen); und zwei Jahre später wird er der Nachfolger Karls des Großen. Ein außergewöhnliches Porträt von Ingres im Musée de l'Armée in Paris [208] knüpft bewußt an spätrömische Elfenbeinschnitzereien und an Miniaturen Kaiser Ottos III. aus dem 10. Jahrhundert an. Kleine goldene Insekten wie die auf dem Samtmantel hatte man auf dem Gewand Childerichs entdeckt, des ersten Frankenkönigs im 5. Jahrhundert, dessen Sarg hundertfünfzig Jahre zuvor ausgegraben worden war.

Hatte Napoleon geglaubt, die große Tradition der Einheit und Stabilität wieder zum Leben erwecken zu können, durch die Roms und Griechenlands Ideale sich bis ins Mittelalter bewahrt hatten? Bis zu seinem Tod hielt er daran fest, daß es für Europa besser gewesen wäre, wäre es unter seiner Herrschaft geeinigt worden. Das mag zutreffen. Doch konnte dies nie geschehen, weil der romantische Eroberer über den realistischen Herrscher triumphierte. Und der von Ingres gemalte statische, hieratische Kaiser gerät in Vergessenheit, wenn wir Davids Bonaparte betrachten, wie er den Großen St. Bernhard überquert [Farbtafel 43]. Hier ist er wirklich der Mann seiner Zeit.

Kein Zweifel, dieser Traum von den schrankenlosen Eroberungen geht auf Alexander den Großen zurück, dessen völlig sinnlose Indienzüge man als den ersten Protest gegen die klassische Abgeschlossenheit sehen kann. Eines von Napoleons Lieblingsbildern war Albrecht Altdorfers im 16. Jahrhundert entstandene Darstellung des Sieges Alexanders über den Perserkönig. Napoleon ließ es aus München entführen und hängte es in sein Schlafzimmer, um jeden Tag dieses leuchtende Symbol des großen Abenteuers betrachten zu können. Es war die Zeit, da die Geschichtsforschung sich über die bekannte Welt des Livius und Thukydides hinaus für die vergangenen Zeitalter des Ostens und des primitiven Westens zu interessieren begann. Fünfzig Jahre lang begeisterten sich die gelehrten Köpfe Europas für ein Gedicht mit dem Titel ‹*Fingal*›, das einem gälischen Barden namens Ossian zugeschrieben wurde. In Wirklichkeit war es Fälschung,

207 Percier und Fontaine, Napoleons Bibliothek in Malmaison

zusammengebastelt aus Fragmenten von einem unternehmungslustigen Schotten namens James Macpherson. Aber das hielt Goethe nicht davon ab, es zu bewundern, noch Ingres, den Hohenpriester des Klassizismus, ein riesiges Bild von Ossians Traum zu malen. ‹*Fingal*› war Napoleons Lieblingsgedicht. Und Ossian ist der erste, auf den unser Blick fällt, wenn wir die Deckenmalerei in Napoleons Bibliothek in Malmaison [207] betrachten, und ein illustriertes Exemplar des ‹*Fingal*› nahm er auf alle seine Feldzüge mit. Diesen Himmel zu seinen Häupten trübten keinerlei Zugeständnisse an das Ancien régime. Den glänzendsten Maler seiner Zeit, Anne Louis Girodet-Trioson, hatte Napoleon damit beauftragt, die Seelen seiner eigenen Krieger – seiner Marschälle – darzustellen, wie sie von Os-

208 Ingres, ‹*Napoleon als Kaiser*›

209 Girodet, ‹*Empfang der französischen Generale im Elysium*›. Malmaison

sian in Walhalla empfangen werden [209]. Man fühlt sich peinlich an Hitler und Wagner erinnert. Und doch kann man sich dem Reiz, den Napoleons Glorie ausstrahlt, nicht entziehen. Massenbegeisterung mag ein gefährliches Rauschmittel sein; doch sollten die Menschen jeglichen Sinn für Größe und Ruhm verlieren, würden wir, glaube ich, sehr viel ärmer werden, denn wenn die Religion ihre Kraft verliert, ist er eine Alternative zum nackten Materialismus.

Und was war angesichts all dieser Glorie aus den großen Helden geworden, die in den Jahren der Revolution für die Menschheit gesprochen hatten? Die meisten von ihnen waren aus Angst verstummt – aus Angst vor Chaos, Angst vor Blutvergießen, aus Sorge, daß die Menschheit doch noch nicht reif für die Freiheit sei. Nur wenige Ereignisse in der Geschichte sind niederdrückender als der Rückzug der großen Romantiker – Wordsworth sagte, er würde sein Leben für die

Farbtafel 41: Turner, ‹*Brandung*›

Kirche von England hergeben, Goethe meinte, es sei besser, eine Lüge zu unterstützen, als politische Verwirrung im Staat zuzulassen. Aber zwei zogen sich nicht zurück und wurden so zu Urbildern romantischer Helden: Beethoven und Byron. So verschieden sie auch waren (und man kann sich schwerlich zwei verschiedenere Menschen vorstellen), so begegneten sie doch beide gesellschaftlichen Konventionen mit Mißachtung, und beide glaubten unerschütterlich an die Freiheit. Es ist ein merkwürdiger Widerspruch, daß Byron trotz seines legendären guten Aussehens, seines Esprits und seiner Weltgewandtheit von der Gesellschaft verstoßen wurde, während Beethoven, der kleine, langmähnige und linkische Beethoven, der sich jeden Monat einen Freund zum Feind machte und jede Woche einen Gönner beleidigte, von der Wiener Aristokratie mit Geduld, Wohlwollen und sogar Zuneigung behandelt wurde. Vielleicht lag das daran, daß in Wien das Genie höher im Kurs stand als in London. Aber ich glaube, der Hauptgrund war der, daß Beethovens schlechte Manieren als Zeichen nobler Schlichtheit angesehen wurden und ihn zu einem überzeugenderen Symbol der neuen Zeit machten, als es Byron war. Obwohl die Wiener aristokratische Gesellschaft ein Jahrhundert lang gegen eine konservative Politik nichts einzuwenden hatte, konnte sie doch dem neuen europäischen Geist nicht widerstehen, vor allem dann nicht, wenn er die Form annahm, die man in Wien am besten verstand – Musik.

Beethoven war kein politischer Mensch, aber er war empfänglich für die freiheitlichen Ideen der Revolution. Er bewunderte Napoleon, der ihm als der Apostel revolutionärer Ideale erschien. Und auch deswegen, wie man zugeben muß, weil er die souveräne Überlegenheit schätzte. Doch soll Beethoven auch gesagt haben, wenn er so viel von Strategie verstünde wie von der Tonkunst, würde er Napoleon besiegen. Dem General Napoleon widmete er eines seiner größten Werke, die *‹Dritte Symphonie›*. Aber unmittelbar vor der Aufführung erfuhr er, daß Napoleon zum Kaiser proklamiert worden war. Daraufhin zerriß er die Seite mit der Widmung und ließ sich nur mit Mühe abhalten, die ganze Partitur zu vernichten. Freiheit und Tugend waren ihm die teuersten Ideale der Revolution. Als junger Mann hatte er in Wien Mozarts *‹Don Giovanni›* gehört und war entsetzt gewesen über dessen Zynismus. Er beschloß, eine Oper zu schreiben, in der reine und standhafte Liebe sich mit Freiheit verbinden sollte. Viele Jahre lang ging ihm das Thema durch den Kopf. Als erstes entstand die Leonoren-Ouvertüre und schließlich die Oper *‹Fidelio›*, in der Beethoven Gerechtigkeit und tugendhafte Liebe verherrlicht; zugleich hat er hier die größte aller Hymnen auf die Freiheit geschaffen, die erklingt, wenn die Opfer der Ungerechtigkeit aus ihren Kerkern ans Licht treten. «O welch Lust, in freier Luft den Atem leicht zu heben, nur hier, nur hier ist Leben, der Kerker eine Gruft. O Freiheit, kehrest du zurück!» Dieser von Hoffnung erfüllte Schrei hallte durch alle revolutionären Bewegungen des 19. Jahrhunderts. Wir vergessen manchmal, wie viele es gab – in Frankreich, Spanien, Italien, Österreich, Griechenland, Ungarn, Polen, und immer war es das gleiche Bild, die gleichen Idealisten, die gleichen professionellen Agitatoren, Barrikaden, Soldaten mit gezogenen Säbeln, erschreckte Bürger,

grausame Repressalien. Letzten Endes kann man nicht sagen, daß wir sehr viel weiter gekommen wären. Als 1789 die Bastille gestürmt wurde, stellte sich heraus, daß dort lediglich sieben alte Männer eingekerkert waren, die sich über die Störung beklagten. Aber hätten sich 1940 in Deutschland oder 1956 in Ungarn die Tore der politischen Gefängnisse geöffnet, dann wäre uns wohl der tiefere Sinn jener Szene in ‹*Fidelio*› deutlich geworden.

Trotz seiner tragischen Taubheit war Beethoven ein Optimist. Er glaubte, daß der Mensch einen Funken göttlichen Feuers in sich trüge, der sich in seiner Liebe zur Natur und in seinem Bedürfnis nach Freundschaft offenbarte. Er glaubte, der Mensch sei der Freiheit würdig. Die Verzweiflung, die die Bewegung der Romantik vergiftete, hatte noch nicht Besitz von ihm ergriffen. Woher kam dieses Gift? Schon das 18. Jahrhundert hatte Freude am Entsetzen gekannt, und Jane Austens Heldinnen hatten es genossen, sich bei der Lektüre von Schreckensromanen zu fürchten. Aber es schien nur eine vorübergehende Mode zu sein. Doch in den neunziger Jahren wurden die Schrecken Wirklichkeit, und um 1810 hatten sich alle optimistischen Hoffnungen des 18. Jahrhunderts als falsch erwiesen: die Menschenrechte, die wissenschaftlichen Entdeckungen, die Segnungen des technischen Fortschritts, alles war eine Täuschung. Die durch Revolution errungenen Freiheiten waren sofort wieder verloren worden – sei es durch Gegenrevolution oder dadurch, daß die revolutionären Regierungen in die Hände von Militärdiktatoren fielen. Auf Goyas Bild eines Erschießungspelotons, das den Titel ‹*3. Mai 1808*› trägt [210], wird die oft wiederholte Gebärde derer, die in heroischer Bejahung die Arme erhoben hatten, von der sich nun oft wiederholenden Linie der Gewehre abgelöst, mit denen die Soldaten eine kleine Gruppe mißliebiger Bürger liquidieren. Nun, inzwischen haben wir uns an all dies gewöhnt. Eine Vielzahl enttäuschter Hoffnungen hat uns menschlicher Tragik gegenüber fast empfindungslos gemacht. Aber im Jahre 1810 war es eine neue Erfahrung, und nahezu alle Dichter, Philosophen und bildenden Künstler der Romantik machten diese Erschütterung durch.

Der Sprecher dieses Pessimismus war Byron. Er wäre wahrscheinlich in jedem Fall Pessimist gewesen, da er sehr ichbezogen war. Aber die allgemeine Welle der Desillusionierung trug ihn empor, so daß er, nach Napoleon, der berühmteste Mann in Europa wurde. Von Goethe und Puschkin über Staatsmänner wie Bismarck bis zum kleinsten Schulmädchen las jeder seine Werke mit einem fast hysterischen Enthusiasmus, den wir nur schwer begreifen können, wenn wir uns durch den rhetorischen Unsinn von ‹*Lara*› oder ‹*The Giaour*› hindurchkämpfen; denn es waren die unbedeutenden Werke, die Byron berühmt machten, nicht der ‹*Don Juan*›. Byron, ganz ein Mann seiner Zeit, beschrieb in einer Verserzählung, wie sich ein Gefängnis auftut – der Kerker des Schlosses Chillon. Er beginnt mit einem Sonett im alten Revolutionsstil: «Urgeist der kettenlosen Seelenkraft! Am hellsten, Freiheit!, strahlst Du in der Frohn des Kerkers!» Aber als nach vielen Greueln der Gefangene von Chillon befreit wird, erklingt ein ganz neuer Ton.

> Am Ende kamen Männer her,
> Man gab mich frei, – ich weiß nicht wer,
> Ich fragte nicht warum und wann;
> Mir war es hinfort einerlei
> In Ketten oder kettenfrei,
> Weil ich selbst meine Sklaverei
> Am Ende lieb gewann.

Wie viele Dichter bis hin zu Beckett und Sartre haben die Empfindung, die aus diesen Zeilen spricht, ihrerseits beschrieben! Dieser negative Schluß war aber nicht der ganze Byron. Der Gefangene von Chillon hatte von seinem Kerker aus auf die Berge und den Genfer See geblickt und sich als einen Teil der Natur gefühlt, die er dort vor sich sah. Das war die positive Seite seines Genies, eine Selbstidentifizierung mit den großen Naturkräften: nicht mit Wordsworths Gänseblümchen und Narzissen, sondern mit schroffen Felsen, Wasserfällen und mächtigen Stürmen, kurz, mit dem Erhabenen.

Das Bewußtsein des Erhabenen war eine Fähigkeit, um die die Romantik die europäische Vorstellungswelt bereichert hat. Es hatte seinen Ursprung in Eng-

211 Caspar David Friedrich, ‹*Die gescheiterte «Hoffnung»*› (‹*Das Eismeer*›)

land und stand in enger Beziehung mit der Entdeckung der Natur: nicht die wahrheitspendende Natur Goethes noch die sittlich erziehende Natur Wordsworths, sondern die wilde, unbegreifliche Macht außerhalb unserer selbst, die uns die Nichtigkeit menschlichen Tuns deutlich macht. Blake sollte ihr am unvergeßlichsten Ausdruck verleihen: «Das Brüllen von Löwen, das Heulen von Wölfen, das Toben der stürmischen See und das vernichtende Schwert sind Teile der Ewigkeit, für das menschliche Auge zu groß.» Zu groß für das menschliche Auge? Als die Revolution in das napoleonische Abenteuer überging, wurde das Erhabene sichtbar und gelangte in Reichweite; und das war ein Gefühl, das Byron auf allgemeinverständliche Weise beschrieben hat. Seine Faszination war mitreißend, da er sich selbst mit diesen furchterregenden Kräften identifizierte. «Laß mich», sagt er zu der stürmischen Finsternis, «teilhaben an Deinem wilden und fernen Entzücken, ein Teil sein vom Sturm und von Dir.» Er zwang Blakes «Teile der Ewigkeit», ihm Zugang zu gewähren, und die berühmten Zeilen, die sein Freund Shelley in ‹*Adonais*› über ihn schrieb, sind genau zutreffend – «der Pilger der Ewigkeit, dessen Ruhm sich wie der Himmel über ihm wölbt».

Aber das Mitwirken am Erhabenen bedeutete fast ebensoviel Mühe wie das Streben nach Freiheit. Die Natur ist gleichgültig oder, wie wir sagen, grausam. Kein großer Künstler hat diese gewaltsamen, feindseligen Launen der Natur je aus solcher Nähe beobachtet wie Turner; und er war ohne Hoffnung – das sind nicht meine Worte, sondern es ist das endgültige Urteil Ruskins, der ihn kannte und verehrte. Turner war ein großer Bewunderer Byrons und verwendete Zitate aus Byrons Gedichten in den Titeln seiner Bilder. Aber Byrons Dichtung ‹*Childe Harold's Pilgrimage*› war ihm nicht pessimistisch genug; und so schrieb er selbst ein fragmentarisches Gedicht, das ihm zu Titeln verhelfen sollte. Er nannte es *‹Die trügerischen Hoffnungen›*. Schlechte Dichtung, gute Bilder! Eines der berühmtesten stellt eine wahre Begebenheit aus der Welt des Sklavenhandels dar, dessen Grausamkeit die Vorstellungswelt der Romantik beunruhigte; Turner nannte das Bild: *‹Sklavenhändler werfen die Toten und Sterbenden über Bord – ein Taifun zieht herauf›*. In den vergangenen fünfzig Jahren haben wir uns nicht im geringsten für die schreckliche Geschichte interessiert, die sich dahinter verbirgt, sondern nur für das zart auberginenfarbene Bein des Negers und den rosa Fisch, der es umkreist. Aber Turner wollte, daß wir uns dafür interessieren. «Hoffnung, Hoffnung, trügerische Hoffnung», schrieb er, «wo ist jetzt dein Markt?»

Etwa zwanzig Jahre früher hatte der deutsche Landschaftsmaler Caspar David Friedrich sich einen Namen gemacht mit dem Bild eines Schiffes im Eis: *‹Die gescheiterte «Hoffnung»›* [211]. Auch diesem Bild liegt eine tatsächliche Begebenheit zugrunde, über die der Künstler einen Bericht in der Zeitung gelesen hatte. Und fast zur gleichen Zeit machte auch Géricault, der Byron von allen Malern am ähnlichsten war, mit dem Bild einer Katastrophe auf See von sich reden [212]. Die Fregatte «Méduse» ging vor der senegalesischen Küste unter – 149 der an Bord befindlichen Menschen wurden auf ein Floß gesetzt, das zunächst von den Matrosen in den Rettungsbooten ins Schlepp genommen wurde. Nach einer Weile wurde die Mannschaft dieser Mühe überdrüssig und kappte die Taue, so daß das Floß ins Meer hinaustrieb und die Passagiere zum fast sicheren Tod verdammt waren. Wunderbarerweise gab es einige wenige Überlebende, von denen Géricault die ganzen Schrecken der Begebenheit erfuhr; er fand sogar den Schiffszimmermann, der das Floß gebaut hatte, und ließ sich von ihm in seinem Atelier ein Modell anfertigen. Géricault mietete sich ein Arbeitszimmer in der Nähe eines Hospitals, um sterbende Menschen zu studieren. Er gab sein unbeschwertes Leben auf, schor sich den Kopf kahl und schloß sich mit Toten aus dem Leichenschauhaus ein. Er war entschlossen, ein Meisterwerk zu schaffen, und ich meine, es ist ihm gelungen; das Sonderbare ist nur, daß das Gemälde trotz der sorgfältigen Dokumentation wie ein Stück grandioser Malerei wirkt. Was Géricaults Formensprache anbelangte, so hatte er ein früheres heroisches Zeitalter im Auge – die Hochrenaissance –, Michelangelos *‹Sintflut›* und seine Athleten in der Sixtinischen Kapelle, und bei diesem Bild sogar Raffaels *‹Transfiguration›*. Géricaults Bindung an die rhetorische Tradition war der Byrons ebenfalls sehr verwandt. Das *‹Floß›* sollte jedoch ein Beispiel dessen werden, was wir als sozialen Realismus bezeichnen, und ursprünglich wurde es auch als solches akzeptiert; Géricault hatte die Absicht, ihm zwei noch größere Bilder mit noch revolutionäreren Themen folgen zu lassen: eines über die Öffnung eines Inquisitionsgefängnisses (ich möchte bezweifeln, daß er *‹Fidelio›* kannte; die Oper war kein Erfolg gewesen), das andere über den Sklavenhandel; für letzteres hatte er bereits einige Zeichnungen angefertigt. Beide Bilder wurden nicht gemalt; Géricault hatte sich verausgabt und vertraute seinen Freunden an, daß er sich nach dem Tode sehnte.

213 Géricault, Englische Szene (Lithographie)

Um neue Lebenskraft zu schöpfen, reiste er nach London, teils, weil er die englische Malerei bewunderte, teils, weil er eine Leidenschaft für Pferde hatte – man könnte sagen, daß in der Bildwelt der Romantik das Pferd das ergänzende Gegenstück zum havarierten Schiff ist – und England war damals das Land der Pferde. Er malte ein Bild vom Derby in Epsom und ging in einer Serie von Zeichnungen und Lithographien mit der allgemeinen Brutalität der englischen Szenerie ins Gericht [213]. Nach Paris zurückgekehrt, malte er eine Serie von Porträts von Geisteskranken [Farbtafel 44], die ich zu den großen Bildern des 19. Jahrhunderts zähle. Mit ihnen dringt nun auch in die Malerei der Impuls der Romantik ein, auch die Dinge jenseits der Grenzen des Verstandes zu erforschen. Zu dieser Zeit war Géricault bereits todkrank; er litt an einem inneren Leiden, das er dadurch verschlimmerte, daß er die ungebärdigsten Pferde ritt, die er finden konnte. Kein willensstarker Mann hat jemals entschlossener den Tod gesucht. Er starb im Alter von 33 Jahren; bei seinem Tod war er etwas jünger als Byron, um weniges älter als Shelley und Keats.

Glücklicherweise hinterließ er einen geistigen Erben, dessen Pessimismus von einem stärkeren Intellekt getragen wurde – Delacroix. Als Delacroix' erstes großes Bild – ‹*Dante und Vergil in der Hölle*› – ausgestellt wurde, fragte man Géricault, ob er es gemalt habe, worauf er antwortete: «Ich wünschte, ich hätte es gemalt.» Zwei Jahre später – 1824 – malte Delacroix ein völlig eigenständiges

212 Géricault, ‹*Das Floß der «Medusa»*›

214 Delacroix, *‹Das Massaker von Chios›*

215 Delacroix, ‹*Löwenjagd*›

Bild – ‹*Das Massaker von Chios*› [214]. Wie fast alle Meisterwerke romantischer Malerei stellt es ein tatsächliches Ereignis dar, und es spiegelt die großen Gefühle jener Liberalen wie Shelley und Byron wider, die von Griechenlands Befreiung träumten. Dieses Bild bekundet mehr Protest und Mitleid, als Delacroix je wieder in einem Bild zum Ausdruck zu bringen vermochte.

Die revolutionären Geister, die während der Zeit der restaurierten Monarchie der Bourbonen in den Untergrund gegangen waren, brachten es fertig, ihre Sympathie mit anderen Opfern der Unterdrückung erkennen zu lassen. 1830, nach einer der geistlosesten Zeitspannen in der europäischen Geschichte, beschworen Karl X. und sein Ministerpräsident durch Einschränkung der Bürgerrechte eine Revolution herauf. Sie war kurz und begrenzt – eine unbedeutende Angelegenheit, verglichen mit vorangegangenen und noch folgenden Revolutionen –, aber sie zeigte, daß das Feuer nicht erloschen war und daß die jungen Romantiker der zwanziger Jahre noch die Glut von 1792 in sich fühlten. Und in der Tat wurde die republikanische Armee von einem der führenden Politiker der großen Revolution befehligt, von La Fayette. Delacroix schloß sich der Nationalgarde an (weil ihm deren Uniform so gut gefiel, wie er behauptete) und malte ein Bild der «Freiheit, die das Volk auf die Barrikaden führt». Es ist eines der wenigen programmatischen Revolutionsbilder, das Anspruch darauf erheben kann, ein Kunstwerk zu sein, aber es ist bei weitem nicht eines seiner besten Bilder, und Delacroix ließ sich beim Malen nie wieder von zeitgenössischer Politik beeinflussen. Im Gegenteil, er empfand tiefe Verachtung für die Zeit, in der er lebte, für ihren krassen Materialismus und ihren selbstgefälligen Fortschrittsglauben; seine Kunst ist zu einem beträchtlichen Teil ein Versuch, seiner Zeit zu entfliehen. Er floh in die Welt der romantischen Dichtung, vor allem in die Welt Shakespeares, Byrons und Walter Scotts. Einige seiner größten Bilder wurden von Byron inspiriert, und er besaß Byrons Fähigkeit, sich mit den Mächten des Erhabenen zu identifizieren – vor allem mit «dem Brüllen von Löwen und dem vernichtenden Schwert». Baudelaire soll von Delacroix gesagt haben, wenn ihm ein Gedanke durch den Kopf geschossen sei, hätten seine Muskeln vor Ungeduld gezittert und seine Augen hätten wie die eines sich an seine Beute heranschleichenden Tigers geglänzt. Wurden im Zoo die Tiere gefüttert, war Delacroix hingerissen vor Glück. Seine großen Bilder von Löwenjagden [215] sind die persönlichsten aller seiner Arbeiten.

Auch im wirklichen Leben flüchtete Delacroix aus der bürgerlichen Wohlstandsgesellschaft seiner Zeit. 1832 reiste er nach Marokko, das seine Phantasie schon lange beschäftigt hatte. Aber das, was er dort sah, war anders als das, was er erwartet hatte. Er fand dort nichts von der sinnlichen Wildheit seiner byronschen Träume, sondern traf auf eine aus alter Zeit überkommene Lebensweise, von der er behauptete, daß sie weitaus klassischer wäre als der wächserne Klassizismus der Akademiker. Er sagte, die Gebärden der Araber glichen denen des älteren Cato.

Delacroix hatte einen kleinen Kreis von Freunden, Dichtern und Schriftstellern, darunter Chopin, der einzige Mensch, den er liebte und rückhaltlos bewunderte. Baudelaire sagte einmal über Chopins Musik, sie sei wie «ein Vogel mit schimmerndem Gefieder, der über dem schreckenerregenden Abgrund flattert». Er hätte den Vergleich auch auf Delacroix' Malerei ausdehnen können (die er leidenschaftlich bewunderte), hätte dann aber hinzufügen müssen, daß der Abgrund Delacroix nicht im mindesten schreckte: im Gegenteil, er freute sich daran. Das Glück wollte es, daß einer von Delacroix' Freunden, Thiers, Ministerpräsident wurde; ihm verdankte Delacroix viele öffentliche Aufträge, so auch den, die Bibliothek der Deputiertenkammer zu dekorieren. Es ist bezeichnend für Delacroix, daß er auf dem eindrucksvollsten jener Wandbilder den Hunnenkönig Attila darstellt, wie er die Überreste der antiken Zivilisation niederstampft [Farbtafel 45]. Niemand erkannte besser als Delacroix, daß wir noch einmal mit knapper Not davongekommen waren, und in Augenblicken der Depression dürfte er hinzugefügt haben: «War es das wert?» Aber letzten Endes wird er, wenn auch zögernd, mit «Ja» geantwortet haben. Er war der bewußte Erbe der größten Geister Westeuropas – Dante, Michelangelo, Tasso, Shakespeare, Rubens, Poussin –, ihre Namen erscheinen fortgesetzt in seinen Schriften, und

216 Delacroix, *‹Der Kampf Jakobs mit dem Engel›*

ihre Werke inspirierten seine Bilder. Sein vielleicht letztes Wort zu diesem Thema ist ein großes Wandgemälde in der Kirche Saint-Sulpice in Paris (Delacroix war zwar kein Christ, aber der einzige große Maler religiöser Bilder im 19. Jahrhundert), das Jakobs Kampf mit dem Engel darstellt [216]: im Schatten großer Eichen – Symbole seiner ursprünglichen, unverfälschten Natur – hat der Mensch die ganze Nacht gekämpft und sich gegen die Gabe geistigen Erkennens gewehrt, die sein Dasein so verdüstern und schwierig machen wird; wie ein Stier stürmt er gegen den teilnahmslosen Engel an; doch am Ende muß sich Jakob seinem Schicksal beugen.

Delacroix schätzte die Zivilisation um so höher ein, als er wußte, wie anfällig sie war, und er wäre nie so naiv gewesen, Tahiti für eine mögliche Alternative zu halten. Aber auch Gauguin war alles andere als naiv, und es überrascht uns, daß er sich nicht besser über Tahiti informierte, das, als er dorthin ging, bereits seit fast einem Jahrhundert von Europäern verdorben war. Sein byronscher Haß auf die Gesellschaft seiner Zeit hatte ihn bewogen, der europäischen Zivilisation

217 Doré, ‹*Passanten richten ihre Uhren nach dem Mittagsschuß*› (Lithographie)

um jeden Preis zu entfliehen. Wie Delacroix fand er nicht, was er suchte, aber es gelang ihm, das, was er fand, in ein Spiegelbild seines Traumes umzuformen, und was er in Tahiti entdeckte, war im Grunde dem sehr ähnlich, was Delacroix in Marokko entdeckt hatte – Adel, Würde, Zeitlosigkeit. Der Mut, mit dem er trotz allem Unglück an seinem Traum festhielt, war wirklich heroisch, und wir vergessen darüber die vielen unerfreulichen und grotesken Zwischenfälle seines Lebens dort. Seine ‹*Frauen von Tahiti*› sind ein Meisterwerk, das Delacroix' ‹*Frauen von Algier*› ebenbürtig ist. Und dennoch fragt man sich, was den europäischen Geist aus der Bahn geworfen hatte, daß eine so lange Reise und eine solche Abkehr notwendig waren.

Das frühe 19. Jahrhundert schuf im europäischen Denken eine Kluft, die ebenso groß war wie jene, die im 16. Jahrhundert das Christentum gespalten hatte, aber noch größere Gefahren barg. Auf der einen Seite der Kluft befand sich die neue Mittelschicht, die durch die industrielle Revolution groß geworden war – voller Zuversicht und Tatkraft, aber ohne Wertmaßstab. Zwischen den Mühlsteinen einer korrupten Aristokratie und eines verrohten Proletariats hatte das Bürgertum eine auf Selbstverteidigung gerichtete Moral entwickelt, die konventionell, selbstgefällig und heuchlerisch war. Die brillanten Karikaturisten jener Zeit, Daumier, Gavarni und Gustave Doré, haben uns eine überzeugende Beschreibung dieser korpulenten, fest in ihre langen Gehröcke eingeknöpften Herren hinterlassen [217], die aber doch noch etwas unsicher wirken und ihre Schirme tragen, als gelte es, einen Angreifer abzuwehren. Auf der anderen Seite der Kluft standen die edleren Geister, die Dichter, Maler und Schriftsteller, die immer noch Erben der Romantik waren, immer noch gequält vom Unglück, immer noch Jakob, der mit dem Engel ringt. Sie hatten – nicht ohne Grund – das

218 Rodin, ‹*Eva*›

219 Rodin, ‹*Balzac*› (Ausschnitt)

Gefühl, daß sie völlig außerhalb der wohlhabenden Mehrheit standen. Sie machten sich über die ehrbaren Bürger und ihren Bürgerkönig Louis-Philippe lustig und bezeichneten sie als Philister und Barbaren. Aber was konnten sie der Moral des Bürgertums entgegensetzen? Sie waren selbst noch auf der Suche.

Die Suche dauerte das ganze 19. Jahrhundert hindurch an: wir begegnen ihr bei Kierkegaard, Schopenhauer, Baudelaire, Nietzsche; und in den bildenden Künsten bei Rodin. Rodin war der letzte große Künstler der Romantik, der unmittelbare Erbe von Géricault, Delacroix und Byron. Es war seine größte Enttäuschung, daß er den Wettbewerb für das Byron-Denkmal im Hyde Park nicht gewann. Auch ihn täuschte sein stark ausgeprägter animalischer Sinn nicht über die Erkenntnis von der tragischen Bestimmung des Menschen hinweg – er bestärkte ihn vielmehr darin; und wie bei Géricault, Delacroix und Byron findet sich in seinen Darstellungen der Verzweiflung gelegentlich eine Spur rhetorischer Übertreibung. Aber was für ein Künstler war er! Vor nur zwanzig Jahren war er noch von einer Wolke ablehnender Kritik verdeckt – «das Urteil der Nachwelt». Er war der Erfinder einprägsamer symbolischer Posen, die manchmal, wie alle übervereinfachten Darstellungen vielfältiger Gefühle, zu eindeutig sind. Der berühmte ‹*Denker*› ist für sich allein genommen eine langweilige Verallgemeinerung, aber wenn man an seinen ursprünglichen Standort denkt, wird seine Bedeutung klar. Er gehört in das Zentrum der unter dem Namen ‹*Höllentor*› bekannten Komposition, in die Rodin alle seine kleinen Skulpturen einfügte. Ursprünglich war die Figur ganz klein. Alle Figuren Rodins entstanden zwischen seinen Fingern: sie erhielten Leben durch seine Hände [218]. Wenn sie von Gehilfen vergrößert wurden, und mehr noch, wenn sie in Marmor kopiert wurden, verloren sie etwas von ihrer Lebendigkeit. Zu dem Titel ‹*Höllentor*› wurde Rodin angeregt durch Dantes Verse: «Ihr, die Ihr hier eintretet, laßt alle Hoffnung fahren!» Ich glaube nicht, daß er viel in der ‹*Göttlichen Komödie*› gelesen hat und an Dante dachte, als er seine Skulpturen schuf; sie sind vielmehr eine Reaktion auf starke sinnliche Impulse. Ich habe das Gefühl, daß mich die Gesamtwirkung des Tores, das fortgesetzte Wirbeln und Fließen in Art-Nouveau-Rhythmen, leicht seekrank macht; das gilt jedoch nicht für die einzelnen Figuren, deren Stärke in der Kraft und der Freiheit liegt, mit der sie modelliert sind – jede Form drängt (wie Rodin sagte) am Punkt ihrer größten Spannung nach außen. Die Hunderte von Gipsmodellen, die für diese Figuren angefertigt wurden, vermitteln den Eindruck einer dem 17. Jahrhundert vergleichbaren schöpferischen Kraft.

Rodin bekannte immer seine Bewunderung für die griechische und die gotische Bildhauerei, aber sein eigenes Werk ist nicht nur inhaltlich, sondern auch stilistisch eine Mischung aus Barock und Romantik. Allerdings schuf er eine Statue, die zeitlos ist – sehr alt oder sehr modern, je nachdem, auf welche Weise man sie betrachtet. Es ist das Denkmal für Balzac [219]. Balzac war seit vielen Jahren tot, als Rodin den Auftrag erhielt, und die Denkmalfigur sollte eine ideale Ähnlichkeit haben – ein ernsthaftes Hindernis für ihn, da er sonst immer unmittelbar nach der Natur arbeitete. Es gab nichts, worauf er fußen konnte, außer daß er wußte, daß Balzac klein und dick gewesen war und bei der Arbeit stets seinen Morgenrock getragen hatte. Dennoch mußte er versuchen, Balzac riesig wirken zu lassen – die dominierende Vorstellungskraft seiner Zeit und dennoch weit über seine Zeit hinausgehend. Rodin löste das Problem auf eine besondere Weise: um seinem Gefühl für Balzacs physische Realität möglichst nahezukommen, schuf er fünf oder sechs Figuren von einem dicken, nackten Mann, und nachdem er sie mehrere Monate lang hatte ruhen lassen, wählte er eine dieser Figuren aus und bedeckte sie mit einer Draperie als Hinweis auf den berühmten Morgenrock. So gelang es ihm, der Figur sowohl Monumentalität wie auch innere Bewegung zu geben. Das Ergebnis ist nach meiner Meinung das größte Bildwerk des 19. Jahrhunderts – ja, das größte seit Michelangelo. Aber die Wirkung auf seine Zeitgenossen war, als es im Salon von 1898 ausgestellt wurde, ganz anders. Sie waren entsetzt. Rodin sei ein Gauner, ein Schwindler. Sie brachen sogar in den Schrei aus: «La patrie en danger», was zeigt, wie ernst die Franzosen die Kunst nehmen. Die Ausstellungsbesucher, die die Figur umdrängten, über sie schimpften und drohend die Fäuste hoben, waren sich in einem Punkt ihrer Kritik einig: daß die Haltung unmöglich sei und daß unter solchen Draperien kein Körper existieren könne. Rodin, der in der Nähe saß, hätte nur einen Hammerschlag zu tun brauchen, und die Draperie wäre abgefallen und der darunter befindliche Körper sichtbar geworden. Feindselige Kritiker bezeichneten die Statue als einen Schneemann, einen Dolmen, eine Eule oder einen heidnischen Gott – alles durchaus richtig, nur daß wir diese Epitheta nicht mehr als Schmähung empfinden. Der Körper hat die Zeitlosigkeit eines Druidensteines, der Kopf etwas von der unersättlichen Gier einer Eule. Der wahre Grund, warum dieser Balzac die Leute so ärgerlich machte, war das Gefühl, er könne sie verschlingen und kümmere sich nicht im geringsten um ihre Meinung. Aus seinem wunderbaren Verständnis menschlicher Beweggründe heraus verachtete Balzac konventionelle Werte, trotzte er modischen Strömungen, wie Beethoven es tat; er sollte uns anspornen, allen jenen Kräften zu widerstehen, die unsere Menschlichkeit bedrohen: Lügen, Panzer, Tränengas, Ideologien, Meinungsumfragen, Mechanisierung, Computer und alles, was es sonst dergleichen gibt.

Farbtafel 43: David, *‹Napoleon überquert die Alpen›*

BONAPARTE
KAROLVS . MAGNVS . IMP

13 Der heroische Materialismus

Man stelle sich einen Film vor, der im Zeitraffertempo die Entwicklung Manhattans in den letzten hundert Jahren zeigt. Wir hätten den Eindruck, daß es sich nicht um Menschenwerk handelt, sondern um eine gewaltige, vulkanische Bodenerhebung. Gottlos, brutal und gewaltsam – aber man kann sich nicht einfach darüber hinwegsetzen, denn in der Energie, der Willensstärke und in dem geistigen Besitzergreifen, die New York entstehen ließen, ist der Materialismus über sich selbst hinausgewachsen. Über den Anblick Londons von der Westminster Bridge aus hat Dorothy Wordsworth gesagt, es «war wie eines der großen Schauspiele der Natur selbst». Nun, die Natur ist gewaltsam und brutal, und wir können daran nichts ändern. Aber New York wurde schließlich von Menschen erbaut. Die Entwicklung bis zu seiner heutigen Ausdehnung hat etwa die gleiche Zeit in Anspruch genommen wie der Bau der gotischen Kathedralen. Hier drängt sich uns ein sehr naheliegender Gedanke auf: die Errichtung der Kathedralen geschah zum Ruhme Gottes, New York dagegen wurde zum Ruhm des Mammons erbaut – Geld, Profit, der neue Gott des 19. Jahrhunderts. So viele der gleichen menschlichen Faktoren haben bei der Erbauung New Yorks mitgewirkt, daß es aus einiger Entfernung wirklich fast wie eine himmlische Stadt aussieht. Aus einiger Entfernung. Wenn wir näher kommen, haben wir einen weniger guten Eindruck. Unmengen von Schmutz, und der Luxus hat etwas Parasitäres. Wir sehen, warum der heroische Materialismus noch immer mit einem unruhigen Gewissen verbunden ist.Und das war von Anfang an so. Historisch fiel die Entdeckung und Ausnutzung der technischen Mittel, die New York ermöglichten, zusammen mit dem ersten organisierten Versuch, das Los der Menschheit zu verbessern.

Die ersten großen Eisengießereien wie die Carron Works oder Coalbrookdale [Farbtafel 46] stammen aus der Zeit um 1780; John Howards Buch über die Strafvollzugsreform wurde 1777 veröffentlicht. Thomas Clarksons Essay über die Sklaverei 1785. Es könnte ein zufälliges Zusammentreffen gewesen sein, denn damals glaubten die meisten Menschen noch, man dürfe auf die Anwendung mechanischer Kraft in der Industrie stolz sein. Die frühen Bilder mit Darstellungen aus dem Bereich der Schwerindustrie sind optimistisch. Und die Proteste der Arbeiter richteten sich nicht gegen die höllischen Arbeitsbedingungen, sondern entsprangen der Furcht, die Maschinen würden ihnen ihre Arbeitsplätze nehmen. Die einzigen, die zu diesem frühen Zeitpunkt den Industrialismus durchschauten, waren die Dichter. Wie jeder weiß, hielt Blake die Fabriken für ein Werk des Teufels. «O Satan, mein Jüngstgeborener . . . Dein Werk ist Ewiger Tod durch Fabriken und Öfen und Kessel.» Und als Burns 1787 die Carron-Eisenwerke sah, kritzelte er die folgenden Zeilen auf eine Fensterscheibe:

Farbtafel 44: Géricault, ‹*Der Verrückte*›

220 ‹*Ländliche Nächstenliebe*› (Mezzotinto nach Beechey)

Wir kamen her, um deine Werke anzustarren,
  Meinten, dann wären wir klüger,
Und nur aus Furcht, daß wir nicht gleich zur Hölle fahrn,
  Fuhr es uns nicht in die Glieder.

Es dauerte lange – über zwanzig Jahre –, bis die Menschen erkannten, welch ein Monstrum da entstanden war.

Währenddessen wuchs der Geist der Nächstenliebe. Die Gefängnisse wurden reformiert, Sir Frederick Eden veröffentlichte das erste soziologische Gutachten über den ‹Zustand der Armen›; doch über allem standen die Bemühungen, den Sklavenhandel abzuschaffen. Ich habe schon oft Leute, die sich sehr gescheit vorkommen, sagen hören, Zivilisation könne nur auf der Basis der Sklaverei existieren, und zur Unterstützung ihrer These verweisen sie auf das Beispiel Griechenlands im 5. Jahrhundert. Wenn man unter Zivilisation ausschließlich Muße und Überfluß versteht, enthält diese abstoßende Theorie ein Körnchen Wahrheit. Ich habe in diesem Buch immer wieder versucht, Zivilisation als schöpferische Kraft und die Erweiterung der menschlichen Fähigkeiten zu definieren; und aus dieser Sicht heraus ist Sklaverei verabscheuenswürdig. So verabscheuenswürdig wie die Tatsache, daß es erniedrigende Armut gibt. All die Zeiten großer menschlicher Leistungen waren für die schweigende Masse des Volkes stets schwere Zeiten. Armut, Hunger, Pest, Krankheiten: vor diesem Hintergrund spielte sich die Geschichte bis zum Ende des 19. Jahrhunderts ab, und die meisten Menschen hielten diesen Zustand für unvermeidlich. Niemand kam auf den Gedanken, daß sich Abhilfe schaffen ließe: der hl. Franziskus wollte die Armut heiligen, nicht beseitigen. Das alte Armenrecht diente nicht dazu, die Armut abzuschaffen, sondern sollte verhindern, daß die Armen zum Ärgernis wurden. Mit einem gelegentlichen Akt der Barmherzigkeit, glaubte man, sei alles getan. Ich erinnere mich an einen englischen Kupferstich in Schabmanier nach Beechey, der den Titel *‹Ländliche Nächstenliebe›* [220] trägt und auf dem ein niedliches kleines Mädchen dargestellt ist, das mißtrauisch einem zitternden, zerlumpten Jungen die Hand entgegenstreckt. Darunter steht: «Hier, armer Junge ohne einen Hut, nimm diesen halben Penny.» Kein Zeichen für ernste Anteilnahme. Aber Sklaven und Sklavenhandel – das war etwas anderes: zum einen widersprach es der christlichen Lehre, zum anderen war es esoterisch – man kam nicht unmittelbar damit in Berührung und es war leichter, sich darüber zu empören als über die Armut

221 Plan eines Sklavenschiffs

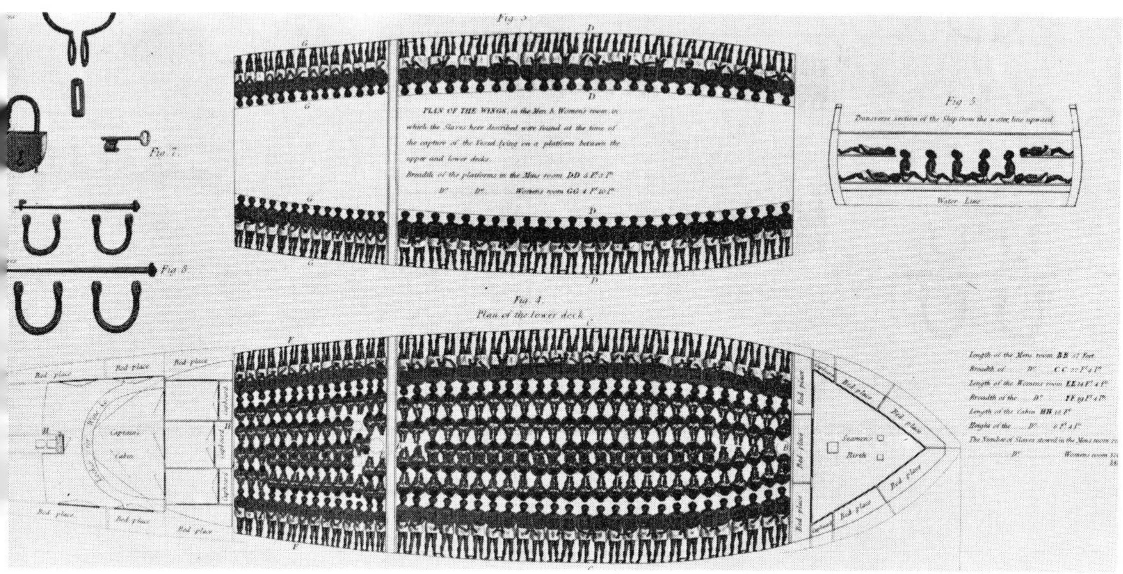

in der eigenen Umgebung. Und die Schrecken des Sklavenhandels waren weitaus entsetzlicher: selbst robuste Mägen des 18. Jahrhunderts rebellierten bei Berichten über Sklaventransporte [221]. Nach neueren Schätzungen kamen auf dem Weg von Afrika nach Amerika mehr als neun Millionen Sklaven durch Hitze um oder erstickten.

Die Bewegung für die Abschaffung des Sklavenhandels war der erste allgemeine Ausdruck des erwachten Bewußtseins. Der Erfolg ließ lange auf sich warten. Es waren starke, eigennützige, althergebrachte Interessen im Spiel. Sklaven waren *Eigentum*, und auch die glühendsten Revolutionäre, eingeschlossen Robespierre, hatten die geheiligten Eigentumsrechte niemals angezweifelt. Die angesehensten Leute in England unterstützten die Sklaverei: William Gladstone befürwortete 1832 in seiner ersten Rede im Parlament den Sklavenhandel. Aber die von Clarkson zusammengestellten statistischen Angaben waren unwiderlegbar, und Wilberforce hielt mit der ihm eigenen Hingabe an seinen philanthropischen Zielen fest. Im Jahre 1807 wurde der Sklavenhandel verboten, und als Wilberforce 1833 im Sterben lag, war die Sklaverei ganz abgeschafft.

Wir müssen das als einen Fortschritt für die Menschheit betrachten, auf den die Engländer stolz sein können. Aber nicht zu stolz. Im viktorianischen England bildete man sich so viel darauf ein, daß man die Augen vor Zuständen im eigenen Land, die fast ebenso schrecklich waren, verschloß. England war mit dem triumphierenden Bewußtsein seiner neuen industriellen Macht in den Krieg gegen Frankreich eingetreten. Nach zwanzig Jahren ging England aus diesem Krieg als Sieger hervor, aber da es die Kontrolle über die industrielle Entwicklung verloren hatte, erlitt es – in menschlicher Hinsicht – eine Niederlage, die weitaus tragischer war als irgendeine militärische Katastrophe.

In ihren frühen Stadien war die industrielle Revolution ebenfalls Teil der romantischen Bewegung. Und hier möchte ich hinzufügen, daß die Maler seit langem das Motiv der Hüttenwerke verwendet hatten, um die Wirkung ihrer Bilder auf die Vorstellungskraft durch das, was wir einen romantischen Effekt nennen, zu erhöhen; und sie hatten diese Hüttenwerke auch als Symbol des Höllenschlundes dargestellt. Der erste, der das – ungefähr um 1485 – getan hatte, ist meines Wissens Hieronymus Bosch gewesen. Er stammte aus einer Gegend der Niederlande, die später zu den ersten Industriegebieten gehörte, und die Hochöfen der Eisenhütten müssen die imaginären Schreckensvorstellungen, die ihn als Kind erfüllten, um ein reales Bild erweitert haben. Bosch wurde in Venedig sehr bewundert, und im Werk Giorgiones und seiner Nachfolger – der ersten bewußten Romantiker – erscheint das Eisenwerk als der Schlund der heidnischen Unterwelt. Die gleichen feuerspeienden Öfen erscheinen wieder in den Werken der romantischen Landschaftsmaler des frühen 19. Jahrhunderts, bei Cotman und gelegentlich bei Turner (dort allerdings zu selten – obwohl er eigentlich für die industrielle Revolution das hätte sein sollen, was Raffael für den Humanismus war). Das merkwürdigste Beispiel ist ein fälschlicherweise als Mad Martin bekannter kleiner Maler, der sich der dramatischen Wirkungen und selbst der Architektur der Industrie bediente und sie als Grundlage für seine Illustrationen

222 Wright of Derby, ‹*Arkwright*›

zu Milton und zur Bibel verwendete. Seine Panoramabilder vom Königreich Satans waren eine echte Weiterentwicklung des zeitgenössischen Stils, und zugleich war er der erste, der die Bedeutung des Tunnels für die Vorstellungswelt des frühen 19. Jahrhunderts erkannte.

Aber der Einfluß der industriellen Revolution auf die Malerei der Romantik ist nur von untergeordneter Bedeutung, fast belanglos, verglichen mit dem Einfluß, den sie auf das Leben der Menschen ausgeübt hat. Ich brauche nicht darauf hinzuweisen, auf welch grausame Weise zahllose Menschen sechzig oder siebzig Jahre lang erniedrigt und ausgebeutet wurden. Es war nicht die Arbeit selbst, sondern es waren die Arbeitsbedingungen. Die frühen Eisengießereien waren kleine Betriebe – fast Familienunternehmen – gewesen, und in ihren Anfangsstadien hatte die Industrialisierung im positiven Sinne dazu beigetragen, daß Menschen der hoffnungslosen Armut des Landlebens entkamen. Als die Betriebe jedoch größer wurden, wurden sie zerstörerisch. Vom letzten Jahrzehnt des 18. Jahrhunderts an entstanden die großen Hüttenwerke und Fabriken, die das Leben entmenschlichten. Von Arkwrights Spinnmaschine, die kurz vor 1770 erfunden wurde, heißt es immer, mit ihr habe das Zeitalter der Massenproduktion begonnen – das ist im wesentlichen richtig; und Arkwright, den uns Wright of Derby getreu porträtiert hat [222], ist einer der typischen neuen Potentaten, die bis zum heutigen Tag in der Industrie den Ton angeben sollten. Er und Männer seinesgleichen verhalfen England zu einem kometenhaften Start in das Wirtschaftsleben des 19. Jahrhunderts, aber sie sind zugleich auch für die Entmenschlichung verantwortlich, die fast jeden mit Vorstellungskraft begabten großen Schriftsteller der Zeit bedrückte. Lange vor Carlyle und Karl Marx – um 1810 – hatte Wordsworth einen abendlichen Schichtwechsel beschrieben:

> Ausgespien sind nun des Tages Diener;
> Und wie sie aus der erleuchteten Halle strömen,
> Trifft eine neue Gruppe sie, an der gedrängten Tür –
> Und in den Höfen – und wo der polternde Strom,
> Der die zahllosen, schwindelerregenden Räder treibt,
> Wie ein aufgeregter Geist in seinem Bette starrt,
> Zwischen den Felsen drunten. Männer, Frauen, Jungen,
> Mütter und kleine Kinder, Knaben und Mädchen
> Treten ein, und jeder nimmt die gewohnte Arbeit
> In diesem Tempel auf, wo dem Gewinn,
> Dem höchsten Gotte jenes Reiches,
> Ununterbrochnes Opfer dargebracht wird.

Hinter der neuen Religion des Profits stand eine Lehre, ohne die diese Religion nie ihre Autorität über die besonnenen Viktorianer hätte aufrechterhalten können. Das erste ihrer heiligen Bücher – gedruckt 1798 – war der ‹*Essay über die Grundlagen der Bevölkerung*› von einem Geistlichen namens Malthus, worin dargelegt wurde, daß die Bevölkerung immer schneller wachsen werde als die Mittel zu ihrer Erhaltung. Folglich werde Elend und Entbehrung notwendigerweise das Los der Mehrheit der Menschen sein. Diese deprimierende Theorie, die man auch heute noch nicht ohne weiteres außer acht lassen kann, war in wissenschaftlichem Geist entwickelt worden. Leider enthielt Malthus' Text Sätze wie: «Der Mensch hat nicht das geringste Anrecht auf Nahrung.» Sätze dieser Art dienten zur Rechtfertigung der unmenschlichen Ausbeutung. Die anderen heiligen Bücher waren die theoretischen volkswirtschaftlichen Schriften David Ricardos, der ebenfalls ein ernsthafter, unerbittlicher Wissenschaftler war. Freier Handel und das Überleben des Tüchtigsten galten als Naturgesetze – und sollten beide in Darwins Theorien der natürlichen Auslese eine Rolle spielen.

Wenn ich diese Schriften als die heiligen Bücher bezeichne, ist das kein Scherz. Malthus und Ricardo wurden von durchaus ernsthaften und auch von vielen frommen Menschen als Evangelisten angesehen; man zog ihre Werke heran, um Handlungen zu rechtfertigen, die sich von menschlichen Gesichtspunkten her nie hätten verteidigen lassen. Heuchelei? Nun, Heuchelei hat es immer gegeben – was hätten ohne sie die großen Komödienschreiber, angefangen bei Molière, gemacht? Doch im 19. Jahrhundert, in dem das sich unsicher fühlende Bürgertum von einem unmenschlichen Wirtschaftssystem abhängig war, gedieh die Heuchelei in einem nie gekannten Ausmaß. Während der letzten vierzig Jahre ist das Wort Heuchelei zu einer Art Etikett für das 19. Jahrhundert geworden, so wie man mit dem 18. Jahrhundert den Begriff Frivolität verband. Diese Reaktion auf das 19. Jahrhundert hält noch an; und obwohl alles, was zur Klärung beiträgt, positiv zu bewerten ist, ist, wie ich glaube, dabei auch Schaden angerichtet worden, indem alle Äußerungen der Tugend in Mißkredit gebracht wurden. Worte wie «fromm», «ehrbar», «würdig» werden nur noch ironisch verwendet. Massenheuchelei wird oft als symptomatisch für die viktorianische Zeit bezeichnet. Aber in Wirklichkeit kam es schon zu Beginn des Jahrhunderts zu Manifestationen von Massenheuchelei. Blake sagte 1804: «Zwinge die Armen mit sanften, milden Künsten, von einer Kruste Brot zu leben. Wenn ein Mensch blaß ist von Arbeit und Enthaltung, sage, er sähe gesund und glücklich aus; und wenn seine Kinder krank sind, laß sie sterben; genügend neue werden geboren, sogar zu viele, und ohne diese Künste wird unsere Erde bald überlaufen sein.» Sowenig Verständnis wir dafür haben, daß Malthus' Lehren auf unmenschliche Weise allgemein akzeptiert wurden, so ist es doch schreckliche Wahrheit, daß das Anwachsen der Bevölkerung uns beinahe ruiniert hätte. Einem so harten Schlag war die Zivilisation seit den Einfällen der Barbaren nicht mehr ausgesetzt gewesen. Zuerst kam es durch das Anwachsen der Bevölkerung in den Städten zu den Schrecken der Armut und dann zu den trostlosen Gegenmaßnahmen der Bürokratie. Es mag so ausgesehen haben – und mag auch heute noch so aussehen –, als sei das Problem unlösbar; doch für die Gefühllosigkeit, mit der die Wohlhabenden die Lebensbedingungen der Armen, auf denen ihr Reichtum in hohem Maße beruhte, ignorierten, für diese Gefühllosigkeit gibt es keine Entschuldigung: es gab zahlreiche ausführliche und eindringliche Beschreibungen dieser Armut. Ich brauche hier nur zwei Beispiele zu erwähnen: Engels' ‹*Die Lage der arbeitenden Klassen in England*›, geschrieben 1844, und Dickens' zwischen 1840 und 1855 entstandene Romane, von ‹*Nicholas Nickleby*› bis ‹*Harte Zeiten*›.

Engels' als Dokumentation angelegtes Buch ist zugleich der leidenschaftliche Aufschrei eines jungen Sozialarbeiters und verlieh dem Marxismus die emotionale Triebkraft. Marx las Engels; ich weiß nicht, wer es außer ihm getan hat, aber daß *er* es tat, war das Entscheidende. Dagegen las alle Welt Dickens. Kein anderer Autor ist zu seinen Lebzeiten bei allen Schichten der Bevölkerung je so beliebt gewesen. Seine Romane lösten Reformen des englischen Rechts, der Rechtsprechung und des Strafvollzugs aus und führten unter anderem dazu, daß zum Tode Verurteilte nicht mehr öffentlich gehängt wurden. Aber seine Beschreibungen der Armut wirkten sich nur in sehr geringem Maße aus. Das lag teils daran, daß man dem Problem nicht gewachsen war, teils daran, daß die Politiker in dem Gefängnis der klassischen Nationalökonomie lebten, zu einem Teil aber, wie man zugeben muß, auch an Dickens selbst, der trotz seiner vornehmen Gesinnung die Schrecken der Armut mit einer gewissen sadistischen Freude beschrieb. Die frühen Illustratoren seiner Bücher waren zu sehr auf Komik bedacht und künstlerisch unfähig, die Gefühle, die er der Gesellschaft gegenüber empfand, wiederzugeben. Die Bilder, die wirklich zu Dickens passen, stammen von dem französischen Illustrator Gustave Doré. Doré war ursprünglich Humorist; aber ein Aufenthalt in London ernüchterte ihn. Seine Dickens-Illustrationen [223] entstanden in den siebziger Jahren, also erst nach dem Tod des Dichters. Doch sehen wir, daß sich nicht viel verändert hatte. Vielleicht war nur ein Außenstehender in der Lage, London richtig zu sehen, vielleicht bedurfte es des wunderbaren graphischen Könnens eines Doré, um jenes Maß an menschlichem Elend glaubhaft darzustellen.

Wahrscheinlich hat Dickens mehr als jeder andere dazu beigetragen, daß das Bewußtsein der Menschen erwachte, doch darf man darüber nicht die praktischen Reformer vergessen, die ihm vorausgegangen waren: zu Beginn der Epoche die Quäker und die englische Philanthropin Elizabeth Fry [224], die in früheren Jahrhunderten sicher heilig gesprochen worden wäre, da ihr geistiger Einfluß auf die Sträflinge im Londoner Newgate-Gefängnis wahrhaftig ein Wunder war. Und um die Mitte des Jahrhunderts Lord Shaftesbury, dessen langer, beharrlicher Kampf gegen die Ausbeutung von Kindern in Fabriken ihm einen Platz in der Geschichte der humanitären Bewegung sichert.

Der Kampf der frühen Reformer mit einer industrialisierten Gesellschaft illustriert die meiner Meinung nach größte Leistung der Zivilisation im 19. Jahrhundert, die Förderung der Menschlichkeit. Wir haben uns so sehr an eine humanitäre Lebensanschauung gewöhnt, daß wir vergessen, wie wenig sie früheren Zeitaltern der Zivilisation bedeutete. Fragte man heute jemanden, auf welche Eigenschaft es beim Verhalten der Menschen am meisten ankommt, würde die Antwort in acht von zehn Fällen lauten: auf Freundlichkeit – ein Wort, das nie über die Lippen irgendeines der früheren Helden dieses Buches gekommen wäre. Auf die Frage, worauf es im Leben ankomme, hätte der hl. Franziskus, wie wir wissen, geantwortet: «Keuschheit, Gehorsam und Armut»; und Dante oder Michelangelo hätten gesagt: «Verachtung alles Niedrigen und aller Ungerechtigkeit»; Goethe würde vielleicht geantwortet haben: «Im Schönen und

223 Doré, ‹*Vorleser in einem Nachtasyl*› (Holzstich)

Ganzen zu leben». Aber von Freundlichkeit hätte niemand gesprochen. Unsere Vorfahren gebrauchten das Wort nicht und schätzten die mit ihm verbundene Eigenschaft nicht sehr hoch ein – außer vielleicht soweit sie Mitgefühl achteten. Heutzutage, so glaube ich, unterschätzen wir die humanitären Leistungen des 19. Jahrhunderts. Wir vergessen die Schrecken, die beispielsweise im frühen viktorianischen England als selbstverständlich hingenommen wurden: die Hunderte von Peitschenhieben, die bei der Armee und bei der Marine Tag für Tag auf völlig unschuldige Menschen niedergingen, die Frauen, die auf dem Weg in die Verbannung, zu dritt aneinandergekettet, in offenen Karren durch die Straßen gezogen wurden. Diese und noch andere, schlimmere Grausamkeiten wurden von Vertretern der öffentlichen Institutionen verübt, in der Regel zur Verteidigung des Eigentums.

224 Elizabeth Fry

Gewisse, sich auf Hegel berufende Philosophen wollen uns erzählen, daß Menschenfreundlichkeit eine schwache, sentimentale, nachgiebige Haltung und der Grausamkeit und Gewalt geistig weit unterlegen sei; Romanciers, Dramatiker und Theaterregisseure haben sich diese Anschauung beflissen zu eigen gemacht. Gewiß, es ist richtig, daß Freundlichkeit bis zu einem gewissen Grade eine Frucht des Materialismus ist; diese Tatsache hat manche Antimaterialisten veranlaßt, mit Verachtung auf sie herabzublicken und sie für ein Produkt dessen zu halten, was Nietzsche eine Sklavenmoral genannt hat. Sicher hätte Nietzsche dem anderen Aspekt meines Gegenstandes den Vorzug gegeben: dem heroischen Selbstvertrauen der Menschen, denen nichts unmöglich war, den Menschen, die den Bau der ersten Eisenbahnen vorantrieben.

Die Verwendung von Dampf bei der Produktion von Manufakturwaren bedeutete nur eine Steigerung dessen, was bereits existiert hatte. Wordsworths Fabrik wurde durch Wasserkraft in Gang gehalten. Aber die Lokomotive schuf eine wirklich neue Situation: eine neue Grundlage für Einheit und Solidarität, eine neue Raumvorstellung – eine Situation, die sich noch immer weiterentwickelt. Nach der berühmten Fahrt der «Rocket», die George Stephenson für den Wettbewerb der Liverpool–Manchester-Bahn geliefert hatte, folgten zwanzig Jahre, die einem großen Feldzug ähnelten: Wille, Mut, grausame Härte, unerwartete Niederlagen, unvorhergesehene Siege. Die irischen Erdarbeiter, die die Schienenwege bauten, waren wie eine «Grande Armée», hart, abgestumpft und doch auch irgendwie stolz auf ihre Leistungen. Ihre Marschälle waren die Ingenieure.

Ganz im Anfang dieses Buches sagte ich, daß Bauten meiner Meinung nach mehr über eine Zivilisation aussagen als irgend etwas anderes. Malerei und Literatur hängen weitgehend von einzelnen Menschen und zufälligen Gegebenheiten ab. Aber die Architektur ist bis zu einem gewissen Grade eine gemeinschaftliche Kunst – zumindest wird sie von einer sehr viel engeren Beziehung zwischen «Verbraucher» und «Produzent» bestimmt als die anderen Künste. Wenn wir das 19. Jahrhundert nach seiner Baukunst im engeren Sinn des Wortes beurteilen, kommt es nicht sehr gut weg. Dafür gibt es etliche Gründe. Einer dieser Gründe war die erweiterte historische Perspektive, die es den Architekten ermöglichte, eine Vielzahl verschiedener Stile zu verwenden. Das war kein solches Unglück, wie man lange Zeit gemeinhin angenommen hat. So bin ich zum Beispiel der Meinung, daß die Parlamentsgebäude in London in ihrer pseudo-gotischen äußeren Gestalt sehr viel besser aussehen, als wenn man sie in einem klassischen Stil erbaut hätte, der letzten Endes doch auch wieder nur eine Imitation der Antike gewesen wäre. Barrys Entwurf stellt auf sehr schöne Weise die Verbindung zum Flußbogen her, und Pugins gotische Zinnen verschwimmen im Londoner Dunst. Dennoch muß ich einräumen, daß es den meisten öffentlichen Bauten des 19. Jahrhunderts an Stil und Überzeugungskraft fehlt, was, wie ich vermute, darauf zurückzuführen ist, daß die stärksten schöpferischen Impulse der Zeit sich nicht auf Rathäuser konzentrierten, sondern auf technische Konstruktionen, beziehungsweise auf das, was man damals darunter verstand; denn nur bei solchen Arbeiten konnte man zu jener Zeit vollen Gebrauch von dem neuen Ma-

225 Telfords Entwurf für die London Bridge

226 Telford, Brücke über die Menai-Straße (Lithographie)

terial machen, das die Baukunst umwandeln sollte: vom Eisen. Die erste Eisenzeit war ein Wendepunkt in der Geschichte der Zivilisation gewesen, und das gleiche kann man von der «zweiten Eisenzeit» sagen. 1801 fertigte Telford einen Entwurf für die London Bridge [225] an – ein einziger gespannter Eisenbogen, großartig und zeitlos. Der Entwurf wurde nie ausgeführt; vielleicht überstieg er die technischen Möglichkeiten der Zeit. Doch von 1819 bis 1826 baute Telford die Brücke über die Menai-Straße [226], die erste große Hängebrücke – eine Konstruktionsidee, die Schönheit und Funktion auf so vollkommene Weise verbindet, daß sie bis heute kaum verändert, sondern nur weiterentwickelt worden ist.

Im 16. Jahrhundert verfaßte der Florentiner Giorgio Vasari seine Lebensbeschreibungen italienischer Künstler. Im England des 19. Jahrhunderts veröffentlichte Samuel Smiles, jenes verläßliche Barometer seiner Zeit, seine Lebensbeschreibungen großer Ingenieure. Smiles glaubte vor allem anderen an Vernunft und Maß, und das dürfte der Grund dafür sein, daß er das außerordentlichste Produkt jener Entwicklung kaum erwähnte, einen Mann, der es verdient, zu den großen Helden dieses Buches gezählt zu werden: Isambard Kingdom Brunel. Brunel war ein geborener Romantiker. Obwohl er Sohn eines hervorragenden Ingenieurs war und in einen Beruf hineinwuchs, bei dem alles von richtigen Berechnungen abhängt, liebte er zeit seines Lebens das Unmögliche. Schon als junger Mann wurde er Erbe eines Projektes, das er selbst für undurchführbar hielt:

seines Vaters Plan für den Bau eines Themse-Tunnels. Als er zwanzig Jahre alt war, übertrug ihm sein Vater, Marc Isambard Brunel, die Leitung des Projekts, und damit begannen die Triumphe und Katastrophen, die seine Karriere kennzeichnen sollten. Von beiden besitzen wir Zeugnisse: eine Darstellung des Festmahls in dem Tunnel, als er halbvollendet war: im Vordergrund sehen wir, wie Vater Brunel seinem Sohn gratuliert, und hinter ihnen die Tafel, an der die Honoratioren sitzen [227]. Es ist bezeichnend für Brunel, daß er im nächsten Tunnelabschnitt ein Festessen für hundertfünfzig seiner Stollenarbeiter arrangierte. Zwei Monate später brach der Schild, und zum drittenmal strömte Wasser in den Tunnel; auf Zeichnungen ist festgehalten, wie die Leichen aus dem Wasser gefischt werden. Schließlich war der Tunnel vollendet. Auch Brunels spätere Projekte und Entwürfe waren so kühn, daß die Aktionäre oft erschraken und ihr Geld zurückzogen – manchmal, muß ich sagen, mit gutem Grund. Selbst seine Brücke in Clifton [228], die lange Zeit die schönste Hängebrücke der Welt war, wurde erst dreißig Jahre nach ihrem Entwurf fertiggestellt. Aber ein Unternehmen wurde von ihm selber vollendet: die Great Western Railway. Jede Brücke

227 Diner in Brunels halbfertigem Themse-Tunnel

228 Brunel, Hängebrücke zwischen Bristol und Clifton

und jeder Tunnel war ein Drama für sich, erforderte unvorstellbare Phantasie, Energie und Überzeugungskraft; auf diese Weise entstanden Werke von großer Pracht. Am schwierigsten war der Bau des Box-Tunnels [229]; eine drei Kilometer lange Steigung, die zur Hälfte durch Felsgestein führte, mußte überwunden werden. Entgegen allen Ratschlägen ließ Brunel den Tunnel nicht von innen absichern. Wie um alle Welt wurde dieses große Unternehmen bewältigt? Männer arbeiteten mit Spitzhacken im Schein von Fackeln, während Pferde das Gestein fortschleppten. Es gab Überschwemmungen und Steinschläge: über hundert Menschen kamen dabei ums Leben. Aber 1841 dampfte der erste Zug durch den Tunnel. Brunels letztes Werk war die Brücke über den Tamar bei Saltash; sie wurde gerade noch rechtzeitig fertig, daß er sie kurz vor seinem Tod mit dem ersten Zug überqueren konnte.

Die Brücke bei Saltash [232] ist nicht so malerisch wie die Hängebrücke bei Clifton, war aber als technische Konstruktion weitaus origineller. Hier wurden alle Konstruktionsprinzipien angewandt – sowohl bei der Versenkung des Mittelpfeilers als auch beim Ausleger –, die von den Ingenieuren hundert Jahre lang befolgt werden sollten. Brunel ist der geistige Vorfahre von New York; man sieht es ihm an. Wir haben eine Fotografie von ihm [230]: mit einer Zigarre im Mundwinkel steht er vor den Eisenketten, die beim Stapellauf seines für damalige Verhältnisse riesigen Dampfschiffes, der «Great Eastern», Verwendung finden sollten, aber versagten. Dieses Schiff war sein großartigster Traum. Das erste Dampfboot, das 1838 den Atlantik überquerte, hatte nur 700 Tonnen gehabt. Brunels «Great Eastern» sollte 24000 Tonnen haben – ein schwimmender Palast. Das Erstaunliche ist, daß sie überhaupt gebaut wurde. Doch zweifellos war es ein zu großer Griff in die Zukunft; zwar schwamm die «Great Eastern» schließ-

229 Box-Tunnel (Tuschzeichnung)

lich und überquerte den Atlantik, aber die vorausgegangenen Verzögerungen und Katastrophen brachten den Konstrukteur unter die Erde. Doch auch mit dem Bau der Überseedampfer schuf sich das 19. Jahrhundert seine Welt neuer Gestalten und Formen, seine eigene Architektur.

«Gestalten steigen», schrieb Walt Whitman in den fünfziger Jahren des 19. Jahrhunderts.

> Gestalten steigen! Fabriken, Zeughäuser, Gießereien, Märkte,
> Die doppelgleisigen Eisenbahnstrecken,
> Brückenschwellen, hohe Gerüste, Brückenträger, Bögen ...

Ich vermute, daß Walt Whitman an die Brooklyn-Brücke dachte [231], die 1867 von Röbling, einem großen Ingenieur, entworfen worden war. Ihre Türme waren lange Zeit die höchsten Bauten von New York – überhaupt fing das ganze moderne New York, das heroische New York, mit der Brooklyn-Brücke an.

230 Brunel, 1857 (Fotografie)

«Hohe Gerüste, Brückenträger, Bögen.» Gewiß hätte Whitman auch an der Forth-Brücke in Schottland seine Freude gehabt, obwohl sie ein Anachronismus ist, eine Art prähistorisches Monstrum – ein Dinosaurier der Technologie. Denn bei ihrer Fertigstellung im Jahre 1889 hatten sich die neuen Formen bereits in eine andere Richtung entwickelt und den Weg der Leichtigkeit und Wirtschaftlichkeit eingeschlagen, Kennzeichen der Hängebrücke.

Die neue Forth-Brücke ist unser eigener Stil, Ausdruck unserer Zeit, so wie der Barock Ausdruck des 17. Jahrhunderts war: sie ist das Ergebnis von einhundert Jahren technischer Baukunst, sie ist eine neue Schöpfung, aber sie ist mit der Vergangenheit durch eine der großen Traditionen des westlichen Geistes verbunden: durch die Tradition der Mathematik. Die Erbauer der gotischen Kathe-

231 Bau der Brooklyn-Brücke

dralen, die großen Architekten und Maler der Renaissance – Piero della Francesca und Leonardo – und die großen Philosophen des 17. Jahrhunderts – Descartes, Pascal, Newton und Wren –, sie alle hätten diese Brücke deshalb mit Respekt betrachtet.

Es mag etwas befremdlich erscheinen, die Kunst des 19. Jahrhunderts in Tunneln, Brücken und anderen Leistungen der Ingenieure zu sehen. Ganz sicher hätte dieser Gesichtspunkt die sensibleren Geister der Zeit entsetzt. Ruskins Zorn gegen die Eisenbahnen schaffte sich in geradezu meisterhaften Schmähreden Luft, obwohl er bezeichnenderweise auch eine rhapsodische Beschreibung der Dampflokomotive verfaßte. Ein Besuch der Londoner Weltausstellung von 1851 hätte diesen Ästheten eine Antwort erteilt. Der sogenannte Kristallpa-

232 Eröffnung der Brücke über dem Tamar bei Saltash

233 Paxton, Der Kristallpalast (1851)

last [233] war eine rein technische Konstruktion nach Brunels Prinzipien (und Brunel hat ihn auch sehr bewundert). Trotz seines etwas freudlosen Stils war es ein sehr imposantes Bauwerk, das später von den Funktionalisten unter den Architekten sehr gelobt wurde. Aber dieses Werk der Technik beherbergte Kunst. In der Geschichte der Ästhetik passieren die komischsten Dinge. Aber ich bezweifle, daß viele der Kunstwerke, die auf der Weltausstellung so zuversichtlich bewundert wurden, je wieder in Gunst kommen werden: denn sie drükken keine wirkliche Überzeugung aus und sind von keinem stilistischen Impuls getragen. Die neuen Formen der Zeit gründeten sich auf gerade Linien – die geraden Linien von Eisenträgern, die geraden Straßen in Industriestädten: auf den kürzesten Weg zwischen zwei Punkten. Die im Kristallpalast ausgestellte ornamentale Kunst gründete sich auf Kurven – auf sorgfältig gezeichnete, schwülstige, zwecklose Kurven, die die luxuriös-prächtige Kunst des vorangegangenen Jahrhunderts karikierten.

Natürlich entstanden auch zur Zeit der Weltausstellung Kunstwerke im konventionellen Sinn, Bilder und Skulpturen – aber meist keine guten. Es war für die Kunstgeschichte eine jener unproduktiven Zeitspannen, wie sie in fast jedem Jahrhundert vorkommen. Die großen Künstler – Ingres und Delacroix – waren alt geworden und befaßten sich in ihren Werken – abgesehen von Porträts – nur noch mit Legenden und Mythologie. Die jungen Künstler versuchten, sich mit der Gegenwart auseinanderzusetzen, und bewiesen, was man soziales Bewußtsein nennt. Den berühmtesten Versuch in England unternahm Ford Madox Brown in einem Bild mit dem Titel ‹*Arbeit*› [236], das 1852 begonnen wurde. Es spiegelt die Philosophie Carlyles wider, der, sardonisch lächelnd, auf der rechten Seite steht. Im Mittelpunkt seiner Komposition stehen die Erdarbeiter, von deren Hände Arbeit aller Reichtum des 19. Jahrhunderts abhängig war, stark und in heroischer Haltung, wenn auch, wie immer bei Madox Brown, leicht grotesk. Es waren die Männer, die den Box-Tunnel erbauten, und warum sie in dieser stillen Straße von Hampstead ein so riesiges Loch graben, ist mir schleierhaft. Müßiggänger sehen ihnen bei der Arbeit zu, elegante und modisch gekleidete, notleidende und verhärmte oder ganz einfach dreiste. Madox Brown betrachtete die Menschen, vor allem grausame Menschen, mit einem intensiven Blick, der sein Werk vor der üblichen Banalität des sozialen Realismus rettet. Trotzdem ist es deskriptive und leicht provinzielle Malerei. Aber in Frankreich tauchten zu genau der gleichen Zeit zwei Maler auf, deren sozialer Realismus im Zentrum der europäischen Tradition stand – Gustave Courbet und Jean François Millet. Beide waren Revolutionäre; 1848 war Millet wahrscheinlich Kommunist, obwohl die Belege dafür, als sein Werk in Mode kam, leider unterdrückt wurden; Courbet blieb ein Rebell und wurde für seine Teilnahme an der Commune ins Gefängnis gesteckt und beinahe hingerichtet. 1849 malte er ein Bild von einem Steinklopfer, das leider während des Zweiten Weltkriegs in Dresden zerstört worden ist. Es sollte weiter nichts als einen alten Nachbarn darstellen, doch als sein Freund Max Buchon das Gemälde sah, meinte er, es sei das erste große Denkmal für die Arbeiter.

234 Millet, ‹*Bauer*› (Zeichnung)

Courbet war von diesem Gedanken sehr angetan und behauptete später, in seiner Heimatstadt Ornans habe man das Bild in der Kirche über dem Hauptaltar aufhängen wollen. Falls das stimmt, was ich stark bezweifle, hätte das Gemälde damals seinen Status als «objet de culte» bekommen, den es bis heute behalten hat. Kein marxistischer Kunsttheoretiker kann daran vorbeigehen. Das gewaltige Bildnis eines Begräbnisses in Ornans [235], das Courbet im folgenden Jahr malte, ist ein noch eindrucksvolleres Zeugnis menschlichen Mitgefühls. Indem er auf alles Artifizielle verzichtet, das unvermeidlich ein bestimmtes Maß von Hierarchie und Subordination bedingt, und seine Gestalten nebeneinander auf-

235 Courbet, *‹Begräbnis in Ornans›* (Ausschnitt)

reiht, erweckt Courbet beim Betrachter ein Gefühl für die Gleichheit aller angesichts des Todes.

Millets Werk wird heute weniger geschätzt, da er gegen Ende seines Lebens eine Reihe sentimentaler Bilder malte, die sich großer Beliebtheit erfreuten. Aber seine Zeichnungen von Männern und Frauen bei der Feldarbeit [234] sind unmittelbarer als Courbets Zeichnungen und basieren auf einer gründlicheren Erfahrung. Kein Wunder, daß sie van Gogh entscheidend beeinflussen sollten. Sie erinnern uns an La Bruyère, einen Essayisten aus dem 17. Jahrhundert, der zum erstenmal den Bauern in das Bewußtsein der feinen Gesellschaft rückte: «Über das Land verstreut sind bestimmte wilde Tiere, männliche wie auch weibliche. Sie sind schwarz, fahl, von der Sonne verbrannt und mit der Erde verbunden, in der sie mit unüberwindlicher Hartnäckigkeit graben. Aber sie scheinen artikulierte Töne von sich zu geben, und wenn sie aufrecht stehen, zeigen sie ein menschliches Gesicht: und in der Tat – es sind Menschen.»

Immer wieder habe ich in diesem Buch Kunstwerke herangezogen, um verschiedene Phasen der Zivilisation zu veranschaulichen. Doch die Beziehung zwischen Kunst und Gesellschaft ist alles andere als einfach und berechenbar. Eine pseudomarxistische Kunstbetrachtung mag den dekorativen Künsten und mittelmäßigen Künstlern wie Wright of Derby gerecht werden, aber wirklich begabte Künstler scheinen sich dem Zugriff immer wieder zu entziehen. Man denke

236 Ford Madox Brown, ‹*Arbeit*›

beispielsweise an Seurats ‹*Das Bad*› [Farbtafel 47], das zweifellos eines der größten Bilder des 19. Jahrhunderts ist. Im Hintergrund sind Fabrikschornsteine, im Vordergrund sieht man einen Bowlerhut, Stiefeletten mit heraushängenden Laschen und andere Dinge, die in diesem Zusammenhang auf ein proletarisches Milieu hindeuten; aber es wäre absurd, ‹*Das Bad*› deshalb als ein Werk des sozialen Realismus zu klassifizieren. Das Entscheidende an diesem Bild ist nicht sein Gegenstand, sondern die Art und Weise, wie es die monumentale Stille eines Renaissance-Freskos mit dem vibrierenden Licht der Impressionisten verbindet. Es ist das Werk eines Künstlers, der von sozialem Druck unabhängig war.

Nie zuvor in der Geschichte wurden Künstler von der Gesellschaft so ausgeschlossen und von offizieller Seite so wenig gefördert wie die sogenannten Impressionisten. Ihr sinnliches Verhältnis zur Landschaft, das sie durch das Medium der Farbe darstellten, scheint in keiner Verbindung zu den geistigen Strömungen der Zeit gestanden zu haben. In ihrer produktivsten Zeit – in den Jahren zwischen 1865 und 1885 – wurden sie entweder als Verrückte angesehen oder völlig ignoriert. Und doch gibt es keinen Grund, daran zu zweifeln, daß sie die Maler waren, um derentwillen diese Jahre im Gedächtnis bleiben werden.

237 Renoir, ‹*Rudergesellschaft*›

Der größte von ihnen, Cézanne, zog sich nach Aix-en-Provence zurück, wo provinzielles Unverständnis ihm die Freiheit ließ, seine schwierigen Ziele zu verwirklichen. Andere kultivierten ihre Sinneswahrnehmungen in ländlichen Bezirken der Île-de-France. Aber einer von ihnen, Renoir, blieb noch für eine Reihe von Jahren in Paris und stellte das Leben dar, das ihn dort umgab. Er war arm, und die Leute, die er malte, waren weder berühmt noch reich. Aber sie waren glücklich. Und ehe man verallgemeinernde Feststellungen über das späte 19. Jahrhundert trifft – über das Elend der Armen, den ungeheuren Luxus der Reichen und so fort –, sollte man bedenken, daß zu den schönsten Bildern jener Zeit zwei Werke Renoirs zählen, die ‹*Rudergesellschaft*› [237] und ‹*Moulin de la Galette*›. Kein erwachtes Gewissen und kein heroischer Materialismus. Kein Nietzsche, kein Marx, kein Freud. Nur eine Gruppe fröhlicher Menschen.

Die Impressionisten waren nicht auf Ansehen aus. Im Gegenteil, sie fanden sich damit ab, daß sie verspottet wurden; aber schließlich erlangten sie ein bescheidenes Maß an Erfolg. Der einzige große Maler des 19. Jahrhunderts, der sich nach Popularität im weitesten Sinne des Wortes sehnte, war – so ironisch das ist – zugleich der einzige, der zu seinen Lebzeiten absolut keinen Erfolg haben sollte, Vincent van Gogh [Farbtafel 48]. Das erwachte Gewissen hatte in seinen Anfangsstadien durchaus praktische Züge gehabt. Selbst Elizabeth Fry besaß, bei all ihrer Religiosität, eine ordentliche Portion praktischer Vernunft. Aber gegen Ende des 19. Jahrhunderts verstärkte sich das Gefühl der Scham angesichts des Zustands der Gesellschaft immer mehr. Statt Wohltätigkeit rückte jetzt das Bedürfnis nach Sühne in den Vordergrund. Niemand hat das deutlicher zum Ausdruck gebracht als van Gogh in seinen Bildern, Zeichnungen, Briefen und durch sein Leben. Seine Briefe (die zu den ergreifendsten menschlichen Zeugnissen gehören) zeigen, daß er ein zutiefst religiöser Mensch war. In seinen Jugendjahren wurde er zwischen zwei Berufungen hin- und hergerissen – er schwankte, ob er Maler oder Priester werden sollte –, und einige Jahre lang sah es so aus, als neige er mehr dem Priesterberuf zu. Aber Predigen war nicht genug. Wie der hl. Franziskus bestand er darauf, die Armut der ärmsten und elendsten seiner Mitmenschen zu teilen – und die Verhältnisse im industrialisierten Belgien waren sicherlich weit schlimmer als im Umbrien des 13. Jahrhunderts. Nicht die harten Bedingungen veranlaßten ihn, diese Lebensweise wieder aufzugeben, sondern sein unbezähmbarer Drang zu malen. Anfangs hoffte er, seine widerstreitenden Impulse in Einklang bringen zu können, indem er die Ärmsten der Armen malte und zeichnete; er wollte zeigen, mit welchem Mut und welcher Würde sie ihr Leben ertrugen – er hatte die Absicht, das Werk Millets fortzusetzen. Millet war sein Gott: van Gogh beschreibt, wie er in einer Woche siebenmal den ‹*Sämann*› kopierte, immer wieder von neuem. Sein Leben lang hat er Millets Bilder wiederholt und neu geschaffen, selbst dann noch, als die helle Sonne des Südens seine Farben vom dunklen Grün und Braun zu Orange und Gelb verwandelt hatte, und auch dann noch, als die Intensität seiner Gefühle ihn in den Wahnsinn getrieben hatte.

Van Goghs Held – und der Held fast aller vornehm gesonnenen Menschen im späten 19. Jahrhundert – war Tolstoj. Da er den Wunsch hatte, das Volk zu erreichen, begrüßte Tolstoj das Aufkommen des Films und nahm sich vor, ein Drehbuch zu schreiben. Aber dazu sollte es nicht mehr kommen, doch wenigstens konnte er selbst gefilmt werden: so kann man sehen, wie dieser große Mann lebte und sich bewegte. Wir sehen, wie er Holz sägt und so seinem Gefühl Ausdruck gibt, daß man das Leben der arbeitenden Menschen teilen sollte, sei es als eine Art Sühne für die Jahre der Unterdrückung, sei es, weil jenes Leben den Realitäten der menschlichen Existenz mehr entsprach. Wir sehen ihn aufs Pferd steigen, mit Bauern sprechen, mit der Gräfin spazierengehen. Tolstoj überragte seine Zeit, so wie Dante und Michelangelo und Beethoven. Seine Romane sind Wunderwerke einer unerschöpflichen Vorstellungskraft; aber sein Leben war voller innerer Widersprüche. Er wollte eins sein mit den Bauern, führte aber weiterhin das Leben eines Aristokraten. Er predigte die Liebe aller Menschen zueinander, stritt sich aber auf so quälende Weise mit seiner armen umnachteten Frau, daß er ihr im Alter von 82 Jahren davonrannte. Nach einer beschwerlichen, albtraumhaften Fahrt brach er auf einer ländlichen Eisenbahnstation zusammen. Man brachte ihn in das Haus des Bahnhofsvorstehers, und dort starb er, während

Farbtafel 45: Delacroix, ‹*Attila*›
Farbtafel 46 (Rückseite): De Loutherbourg, ‹*Coalbrookdale bei Nacht*›

sensationshungrige Reporter die Station umlauerten. Noch unmittelbar vor seinem Tod stellte er die Frage: «Wie sterben Bauern?» Als die Bauern an seinem Totenbett ein Klagelied anstimmten, wurden Soldaten mit gezogenen Säbeln in das Haus geschickt. Doch ein großes, feierliches Begräbnis ließ sich nicht verhindern. Es wurde ebenfalls gefilmt, und man sieht den langen Trauerzug, wie er sich das Tal hinaufwindet, die weinenden Bauern, sieht jene, die bei allem dabeisein müssen, und seine verzweifelten Jünger. Eine neue Art des geschichtlichen Dokuments, eines der ergreifendsten menschlichen Dokumente.

Man schrieb das Jahr 1910. Innerhalb von zwei Jahren hatten Rutherford und Einstein ihre ersten Entdeckungen gemacht, mit denen – noch vor dem Ersten Weltkrieg – ein neues Zeitalter begann. Das Zeitalter, in dem wir heute leben. Gewiß, die Wissenschaft hatte schon im 19. Jahrhundert große Triumphe errungen, aber sie standen nahezu alle in Verbindung mit dem praktischen oder tech-

238 Karsh, Einstein (Fotografie)

Farbtafel 47 (Vorderseite): Seurat, ‹*Das Bad*›
Farbtafel 48: Van Gogh, ‹*Selbstbildnis mit Palette*›

nischen Fortschritt. Edison zum Beispiel, dessen Erfindungen nicht unbeträchtlich zu unserem komfortablen Leben beigetragen haben, war kein Wissenschaftler im eigentlichen Sinne, sondern ein genialer Bastler – ein Nachkomme Benjamin Franklins. Aber seit Einstein, Niels Bohr und dem Cavendish Laboratory in Cambridge diente die Wissenschaft nicht mehr ausschließlich menschlichen Bedürfnissen, sondern folgte ihren eigenen Gesetzen. In dem Augenblick, als Wissenschaftler mit Hilfe einer mathematischen Idee Materie umwandeln konnten, hatten sie zur materiellen Welt die gleiche fast magische Beziehung erreicht wie die Künstler. Man betrachte Karshs Fotografie von Einstein [238]. Wo haben wir dieses Gesicht schon gesehen? Der alternde Rembrandt.

In diesem Buch habe ich das Auf und Ab der Zivilisation im Verlauf der Geschichte nachgezeichnet und dabei versucht, sowohl die Ergebnisse als auch die Ursachen herauszufinden; es liegt auf der Hand, daß ich damit nicht weiter fortfahren kann. Wir wissen nicht, wohin wir gehen, und oberflächliche zuversichtliche Artikel über die Zukunft sind in meinen Augen die unehrenhafteste Form öffentlicher Äußerung. Jene Wissenschaftler, die am ehesten zu einer Äußerung qualifiziert wären, schweigen. J. B. S. Haldane hat die ganze Situation zusammengefaßt, als er schrieb: «Ich habe den Verdacht, daß das Universum nicht nur sonderbarer ist, als wir vermuten, sondern noch sonderbarer, als wir vermuten können». «Und ich sah einen neuen Himmel und eine neue Erde, denn der erste Himmel und die erste Erde verging.» Was uns daran erinnert, daß das in der Offenbarung so lebhaft beschriebene Universum schon sonderbar genug ist; doch nicht in dem Maß, daß es nicht mit Hilfe von Symbolen noch zu beschreiben wäre. Unser Universum dagegen kann nicht einmal mehr mit Hilfe von Symbolen erklärt werden. Und das geht uns alle sehr viel unmittelbarer an, als man vermuten sollte. Künstler zum Beispiel, die von gesellschaftlichen Systemen sehr wenig beeinflußt worden sind, haben auf latent vorhandene Vermutungen über die Gestalt des Universums stets instinktiv reagiert. Die Unbegreiflichkeit unseres neuen Kosmos scheint mir letztlich der Grund für das Chaos der modernen Kunst zu sein. Ich weiß so gut wie nichts über wissenschaftliche Dinge, aber ich habe mein Leben mit dem Versuch verbracht, etwas über die Kunst zu erfahren, und was heute auf dem Gebiet der Kunst vorgeht, ist mir ein Rätsel. Manchmal gefällt mir das, was ich sehe, aber wenn ich dann lese, was die heutigen Kritiker schreiben, wird mir bewußt, daß meine Vorlieben rein zufällig sind.

Doch in der Welt des Handelns sind einige wenige Dinge sehr eindeutig, so eindeutig, daß ich zögere, sie hier noch einmal zu erwähnen. Dazu gehört unsere wachsende Abhängigkeit von Maschinen. Sie sind nicht mehr wie früher nur Werkzeuge, sondern fangen an, uns Anweisungen zu geben. Und leider sind Maschinen, vom Schnellfeuergewehr bis zum Computer, meist Mittel, mit denen eine Minderheit freie Menschen in Abhängigkeit halten kann.

Eine weitere spezielle Eigenschaft des Menschen ist der Zerstörungstrieb. Mit Hilfe von Maschinen haben wir in zwei großen Kriegen alles versucht, uns selbst zu zerstören, und haben dabei eine Flut des Bösen freigesetzt, die intelligente Leute durch Lob der Gewalt, «Theater der Grausamkeit» usw. zu rechtfertigen versucht haben. Hinzu kommt, daß wir uns des Schattens bewußt sind, der uns ständig begleitet, das Gegenteil von einem Schutzengel, leise, unsichtbar, so daß man fast nicht an sein Vorhandensein glaubt, und doch ist er unzweifelhaft da und bereit, sich auf den leisesten Knopfdruck hin zu manifestieren. Wir müssen uns eingestehen, daß die Zukunft der Zivilisation nicht sehr hell aussieht.

Und doch – wenn ich meine Umwelt unter dem Gesichtspunkt der Zivilisation betrachte, habe ich durchaus nicht das Gefühl, daß wir uns einer neuen Zeit der Barbarei nähern. Alles, was das Leben im Mittelalter so finster machte – die Isoliertheit, der Mangel an Beweglichkeit, der Mangel an Neugier, die Hoffnungslosigkeit –, herrscht heute nicht mehr vor. Wenn ich eine unserer neuen Universitäten besuche, habe ich den Eindruck, als seien die Erben all unserer Katastrophen im Grunde recht fröhlich – ganz anders als die melancholischen Spätrömer und pathetischen Gallier, deren Bildnisse uns erhalten geblieben sind. Ich bezweifle, ob überhaupt jemals so viele Menschen so ausreichend ernährt, so belesen, so geistig wach, so neugierig und so kritisch gewesen sind wie die Jugend von heute.

Natürlich ist es zu einer leichten Nivellierung gekommen. Aber man darf die Bildung der sogenannten Spitzen der Gesellschaft vor den Kriegen nicht überschätzen. Ihre Manieren waren charmant, aber sie selber waren ahnungslos wie Schwäne. Sie wußten etwas über Literatur, und einige hatten gelegentlich die Oper besucht. Aber sie wußten nichts über Malerei und erst recht nichts über Philosophie (ausgenommen Balfour und Haldane). Heute sind an einer Provinzuniversität die Mitglieder eines Arbeitskreises für Musik oder bildende Kunst fünfmal besser informiert und aufgeschlossener. Natürlich halten diese wachen jungen Leute wenig von den existierenden Institutionen und wollen sie abschaffen. Nun, man braucht nicht jung zu sein, um von Institutionen nichts zu halten. Doch bleibt die traurige Tatsache, daß es selbst in den finstersten Zeiten gerade die Institutionen waren, die dafür sorgten, daß die Gesellschaft funktionierte – und soll die Zivilisation überleben, muß auf irgendeine Weise dafür gesorgt werden, daß die Gesellschaft funktioniert.

An diesem Punkt muß ich Farbe bekennen und gestehen, daß ich etwas altmodisch bin. Ich halte an einer Reihe von Überzeugungen fest, die von den hellsten Köpfen unserer Zeit abgelehnt werden. Ich glaube, daß Ordnung besser ist als Chaos, das Schöpferische besser ist als das Zerstörerische. Ich ziehe Güte der Gewalt vor, Vergebung der Rache. Ich glaube, daß Wissen besser ist als Unwissen, und ich bin ganz sicher, daß menschliches Mitgefühl höher zu bewerten ist als Ideologie. Trotz der jüngsten Triumphe der Wissenschaft glaube ich, daß der Mensch sich in den letzten zweitausend Jahren nicht wesentlich verändert hat; und folglich müssen wir nach wie vor versuchen, aus der Geschichte zu lernen. Geschichte – das sind wir selbst. Ich halte ferner an ein, zwei Überzeugungen fest, die sich nur schwer in wenigen Worten ausdrücken lassen. So glaube ich zum Beispiel an die Höflichkeit, das Ritual, das uns davor bewahrt, die Gefühle anderer Menschen zu verletzen, indem wir unser eigenes Ich befriedigen. Und ich glaube, wir sollten nie vergessen, daß wir Teil eines großen Ganzen sind, das wir der Einfachheit halber mit dem Wort Natur umschreiben. Alle Lebewesen sind unsere Brüder und Schwestern. Vor allem aber glaube ich an den gottgegebenen Genius einzelner Menschen, und ich lobe mir eine Gesellschaft, die die Existenz solcher Menschen ermöglicht.

Dieses Buch handelt von den großen Werken genialer Menschen in Architektur, Bildhauerei und Malerei, in Philosophie, Dichtung und Musik, in Wissenschaft und Technik. Wir können diese Werke nicht übergehen. Und sie sind nur ein Bruchteil dessen, was der abendländische Mensch in den letzten tausend Jahren geleistet hat – oft nach Rückschlägen und Fehlhandlungen, die mindestens ebenso zerstörerisch waren wie die unserer eigenen Zeit. Die westliche Zivilisation ist eine Folge von Wiedergeburten gewesen. Das sollte uns Selbstvertrauen geben.

Anfangs sagte ich, daß es – mehr als alles andere – Mangel an Vertrauen sei, was eine Zivilisation vernichte. Wir können uns durch Resignation und Zynismus genauso wirksam zerstören wie durch Bomben. Vor fünfzig Jahren schrieb W. B. Yeats, der mehr von einem Genie hatte als jeder andere, den ich kannte, ein berühmtes prophetisches Gedicht:

Alles zerfällt; die Mitte hält nicht mehr,
Läßt auf die Welt los bloße Anarchie,
Die blutgetrübte Flut, darin überall
Der Unschuld Zeremonie ertrinkt;
Die Besten jeder Überzeugung bar,
Die Schlechtesten voll wilden Eifers sind.

Für die Zeit zwischen den Kriegen traf das gewiß zu, und es hätte uns beinahe zerstört. Trifft es auch heute zu? Nicht ganz, denn gutwillige Menschen haben Überzeugungen – eher sogar zu viele Überzeugungen. Das Schlimme ist, daß uns noch immer eine Mitte fehlt. Das moralische und geistige Mißlingen des Marxismus hat unsere Hoffnung auf eine Alternative zum heroischen Materialismus enttäuscht. Wir mögen optimistisch sein, aber erfreulich ist die Aussicht auf das, was vor uns liegt, nicht gerade.

Nachwort

Dieses Buch ist aus den Texten einer Fernseh-Sendereihe entstanden. Ob man ein Buch oder für das Fernsehen schreibt, ist eine grundverschiedene Sache, nicht nur was Stil und Darstellung angeht, sondern in der ganzen Behandlung des Themas. Die Menschen, die sich abends vor den Fernsehschirm setzen, wollen unterhalten werden. Wenn sie sich langweilen, schalten sie den Apparat ab. Was sie sehen, soll ebenso unterhaltend sein wie das, was sie hören. Ihre Aufmerksamkeit muß durch eine sorgfältig geplante Folge von Bildern gefesselt werden, und nicht selten wird die Gedankenfolge durch die Reihenfolge der Bilder bestimmt. Die Auswahl der Illustrationen selbst ist von bestimmten äußeren Umständen abhängig. Manche Stätten sind unerreichbar, manche Bauwerke widersetzen sich der Kamera, und an manchen Plätzen herrscht für Tonaufnahmen zuviel Lärm. Alle diese Momente muß der Verfasser von Anfang an berücksichtigen: sie modifizieren oder bestimmen die Richtung seiner Überlegungen. Noch entscheidender aber ist, daß jeder Gegenstand vereinfacht werden muß, wenn er in weniger als einer Stunde dargestellt werden soll. Nur wenige hervorragende Bauten oder Kunstwerke können als Zeugnis herangezogen, nur wenige große Menschen genannt werden, und was über sie gesagt wird, muß im allgemeinen ohne jede Einschränkung gesagt werden. Verallgemeinerungen sind unvermeidlich und müssen, damit sie nicht langweilig wirken, etwas kühn formuliert werden. Das ist durchaus nichts Neues. Es ist etwa so, wie wenn wir nach dem Essen im Zimmer sitzen und uns unterhalten; und das Fernsehen sollte den Charakter des gesprochenen Wortes beibehalten, den Rhythmus des normalen Sprechens und auch etwas von der spontanen, unpedantischen Sprache, die eine Unterhaltung davor bewahrt, hochtrabend zu werden.

Wenn ich jetzt die Texte durchblättere und sie im Geist mit den Fernsehsendungen vergleiche, ist mir vollauf bewußt, wieviel verlorengegangen ist. Bei fast jedem Kapitel hing der stärkste Eindruck von Faktoren ab, die sich mit Worten nicht vermitteln lassen. Um das nur an Beispielen aus einer einzigen Folge, dem Abschnitt «Die trügerischen Hoffnungen», zu zeigen: die Klänge der ‹*Marseillaise*› und des Gefangenenchores aus ‹*Fidelio*› sowie die wunderbare Aufnahme von Rodins ‹*Bürgern von Calais*› drückten das, was ich zu dem Thema sagen wollte, mit einer Kraft und Lebendigkeit aus, wie sie eine bedruckte Buchseite nie zu erreichen vermag. Ich kann zwischen Denken und Fühlen keinen Unterschied machen, und ich bin überzeugt, daß eine Verbindung von Wort und Musik, Farbe und Bewegung die menschliche Erfahrung in einer Weise erweitern kann, wie das dem Wort allein nicht möglich ist. Aus diesem Grunde glaube ich an das Fernsehen und war bereit, für zwei Jahre die Schriftstellerei aufzugeben, um zu sehen, was sich mit seiner Hilfe machen ließe. Dank fähiger und einfallsreicher Regisseure und eines sehr erfahrenen Kamerateams waren, glaube ich, manche Momente in dem Film wahrhaft bewegend und erhellend. In einem Buch lassen sie sich nicht wiedergeben.

Trotzdem habe ich dem Druck des Buches zugestimmt. Warum? Teils aus Schwäche – ich sage ungern nein, und in diesem Fall hätte ich es Hunderte von Malen sagen oder schreiben müssen. Teils aus Eitelkeit – nur wenige Menschen können der Gelegenheit widerstehen, ihre Ansichten zu verbreiten. Im Verlauf der Aufnahmen zu der Sendereihe machte ich die Beobachtung, daß ich eine Anzahl von Dingen laut aussprach, die ich sonst nie gesagt hätte. So wie der ‹Bourgeois Gentilhomme› Molières erfreut feststellte, daß er Prosa sprach, war ich erstaunt, als ich entdeckte, daß ich einen Standpunkt hatte. Und dann darf ich vielleicht noch einen etwas reputierlicheren Grund anführen: Dankbarkeit. Als ich die Manuskripte durchsah, erkannte ich ganz deutlich, daß sie ein Ausdruck der Dankbarkeit für all die lebenspendenden Erfahrungen waren, die mir in den vergangenen fünfzig Jahren zuteil geworden sind. Ich weiß nicht, warum es lobenswert sein sollte, seinen Dank öffentlich abzustatten, aber es wird in fast jeder Liturgie empfohlen, und so ist es wohl entschuldbar.

Natürlich dachte ich zunächst daran, meine summarischen Texte zu ergänzen und abzurunden und ihnen eine mehr literarische Form zu geben. Doch jede Andeutung näher auszuführen und jede Verallgemeinerung zu stützen, hätte, wie ich bald feststellte, ein Jahr Arbeit erfordert und dem Buch eine gewisse Leichtigkeit und Beschwingtheit genommen, die man ihm vielleicht zu seinen Gunsten anrechnen wird. So blieb mir nichts anderes übrig, als mich mit den mir durch das Medium auferlegten Einschränkungen abzufinden und jene Passagen zu verändern oder zu streichen, die ohne den Film unverständlich gewesen wären. Eine Erörterung, deren Verlauf fast gänzlich durch visuelle Zeugnisse bestimmt wird, erhebt keinen Anspruch auf Logik oder Vollständigkeit; bei der Sendereihe kam es so zu einer Anzahl von Unterlassungen, über die ich sehr beschämt bin. Selbst der rascheste Überblick über die Zivilisation hätte mehr über Recht und Philosophie aussagen müssen, als ich es getan habe. Mir fiel keine Möglichkeit ein, sie visuell interessant zu machen. Dieser Fehler wiegt besonders schwer bei meiner Behandlung Deutschlands. Ich spreche viel über das bayerische Rokoko und erwähne kaum Kant oder Hegel. Goethe, der eine der Hauptpersonen der Sendereihe hätte sein müssen, tritt nur ganz kurz auf, und die deutschen Romantiker erscheinen so gut wie gar nicht. Für andere Unterlassungen war die begrenzte Sendezeit, die zur Verfügung stand, verantwortlich. Ursprünglich hatte ich eine Folge über die klassische Tradition von Palladio bis zum Ende des 17. Jahrhunderts geplant. Das hätte mir erlaubt, Corneille und Racine, Mansart und Poussin einzubeziehen, und vielleicht wäre sogar eine der befriedigendsten Folgen der ganzen Serie daraus geworden. Aber dreizehn ist die kanonische Zahl bei Fernsehserien, und so mußte ich den Plan fallenlassen. Daher kommt es, daß der Barock auf Kosten des Klassizismus überbetont ist.

Die Musik spielte in der Sendereihe eine große Rolle (manche meinten, eine zu große Rolle); Dichtung wurde seltener zitiert, und bei meiner Behandlung des elisabethanischen Englands ist mir nicht recht wohl. Shakespeare einfach nur als den großen Pessimisten zu erwähnen, als die überragende Figur in einem halben Jahrhundert notwendigen Zweifelns, ist eindeutig absurd. Aber den Schluß der Folge mit ein paar Allgemeinplätzen über den ‹*Sommernachtstraum*› oder ‹*Romeo und Julia*› aufzubauschen, wäre noch schlimmer gewesen.

Einige der gröbsten Unterlassungen wurden mir durch den von mir gewählten Titel vorgeschrieben. Hätte ich über die Geschichte der Kunst gesprochen, so wäre es nicht möglich gewesen, Spanien auszulassen; doch wenn wir fragen, was Spanien geleistet hat, um den menschlichen Geist zu erweitern und die Menschheit ein paar Schritte voranzubringen, dann ist die Antwort weniger klar. ‹*Don Quijote*›, die großen Heiligen, die Jesuiten in Südamerika? Davon abgesehen ist es einfach Spanien geblieben, und da ich wollte, daß jede Folge sich mit den jeweils neuen Entwicklungen des europäischen Geistes beschäftigte, konnte ich nicht einfach die Marschrichtung wechseln und über ein einzelnes Land sprechen.

Das bringt mich darauf, ein paar Worte über den Titel der Sendereihe zu sagen, den ich für das Buch beibehalten habe. Er war ein Zufall. Die BBC wollte eine Reihe von Farbfilmen über Kunst herstellen lassen, und man glaubte, ich könnte dabei als Berater helfen. Doch als David Attenborough, der damals für BBC 2 verantwortlich war, mich darum bat, gebrauchte er das Wort *Zivilisation*, und nur dieses Wort bewog mich, die Arbeit zu übernehmen. Ich hatte keine klare Vorstellung, was Zivilisation bedeutete, aber ich fand, sie sei der Barbarei vorzuziehen, und ich bildete mir ein, der Augenblick sei gekommen, dies auszusprechen. In wenigen Minuten, während rings um mich das Überredungsessen lustig weiterging, hatte ich mir einen Weg ausgedacht, wie sich das Thema behandeln ließe, und von diesem ersten Plan bin ich nur sehr wenig abgewichen. Er bezog sich ausschließlich auf Westeuropa. Es lag auf der Hand, daß ich nicht die alten Zivilisationen Ägyptens, Syriens, Griechenlands und Roms einbeziehen konnte, denn dazu hätte es mindestens weiterer zehn Sendungen bedurft; und das gleiche galt für China, Persien, Indien und die Welt des Islam. Weiß der Himmel, ich hatte genug auf mich genommen! Außerdem habe ich das Gefühl, man sollte nicht versuchen, eine Kultur zu umreißen, ohne ihre Sprache zu kennen; so vieles vom Wesen einer Kultur ist mit ihrem Gebrauch der Wörter verknüpft; und leider spreche ich keine orientalische Sprache. Hätte ich also den Titel ‹*Zivilisation*› fallenlassen sollen? Ich wollte es nicht, denn das Wort hatte mich aus der Reserve gelockt, und es blieb auch weiterhin eine Art Stimulus; und ich nahm nicht an, daß jemand so beschränkt sein würde, zu glauben, ich hätte die großen Zivilisationen der vorchristlichen Zeit und des Ostens vergessen. Ich gestehe jedoch, daß der Titel mir Sorgen gemacht hat. Im 18. Jahrhundert wäre das Problem einfach zu lösen gewesen: ‹Spekulationen über die Natur der Zivilisation am Beispiel der wechselnden Phasen des zivilisierten Lebens in Westeuropa vom frühen Mittelalter bis zum heutigen Tag›. Leider geht so etwas heutzutage nicht mehr.

«Danken möchte ich» – an dieser Stelle hört man gewöhnlich auf zu lesen; doch der Dank, den ich den beiden Regisseuren meiner Sendereihe, Michael Gill und Peter Montagnon, sowie der leitenden Beraterin, Ann Turner, schulde, ist von ganz anderer Art als die Verpflichtungen gegenüber Bibliothekaren, Fotografen, Sekretären und den anderen üblichen Adressaten von Danksagungen. Die Diskussionen, die vor der Planung jeder Sendung stattfanden, gingen weit über die Wahl der Orte für die Außenaufnahmen und über andere Probleme der Produktion hinaus. Sie waren eine Quelle von Gedanken, und hinterher konnten wir uns, wie es oft geschieht, wenn Menschen eng zusammenarbeiten, zuweilen nicht mehr erinnern, wer zu manchen glücklichen Einfällen den ersten Anstoß gegeben hatte. Die von den Technikern erhobenen Einwände spornten wiederum die Erfindungskraft an. Ich erkannte, wie wahr jene vertrauten Worte sind: «Wie oft hat mich ein schwerer Reim zu einem schönen Gedanken geführt.» Dies ist nur ein Teil dessen, was ich der BBC verdanke. Niemand hat je mit großmütigeren, vertrauensvolleren und fähigeren Leitern einer Institution zu tun gehabt, und zum Schluß hat man mir auch noch zu einem Herausgeber für diesen Band verholfen, Mr. Peter Campbell, der seiner raschen Intelligenz und unermüdlichen Tatkraft wegen ein wahrer Traum für einen faulen Autor ist.

Meine Sekretärin Catherine Porteous und die Mitglieder des Teams, mit denen ich fast zwei Jahre lang zusammengearbeitet habe, haben mir auf vielerlei Weise geholfen; und deshalb sollen ihre Namen in diesem nach der Fernsehserie entstandenen Buch verzeichnet sein:

A. A. Englander (Chefkameramann); Kenneth Macmillan (Kameramann); Colin Deehan (Kamera-Assistent); Bill Paget (Bild), Dave Griffiths, Jack Probert, Joe Cooksey und John Taylor (Licht); Basil Harris (Toningenieur); Malcolm Webberley (Tonassistent); Allan Tyrer (Schnittmeister); Jesse Palmer, Michael Shah Dayan, Peter Heelas und Roger Crittenden (Schnitt); June Leech (Dokumentation); Carol Jones, Maggie Houston (Produktionsassistenten).

Namen- und Sachregister

Kursiv gesetzte Zahlen verweisen auf die Abbildungen

Namenregister

Sachregister

Quellennachweis der Abbildungen

Die Abbildungen 83, 92, 93 und 104 werden mit der gnädigen Erlaubnis Ihrer Majestät der Königin von England wiedergegeben.

Folgende Personen und Institutionen gilt Dank für die Erlaubnis, Abbildungen in dieses Buch aufzunehmen. Die Zahlen beziehen sich auf die Bildnummern, halbfette Zahlen stehen für die Farbtafeln. Albertina, Wien: 85, 103, 110; Alinari/Mansell: 2, 9, 39, 52, 53, 54, 55, 58, 59, 60, 61, 62, 63, 64, 65, 66, 67, 68, 74, 76, 78, 81, 82, 84, 86, 87, 88, 89, 91, 95, 96, 98, 101, 102, 107, 116, 117, 119, 120, 123, 124, 126, 127, 128, 129, 130, 131, 132, 134, 135, 140, 144, 147, 156, 159, 164, 171, 176, 206, 210, 214, 216, 237; Allgemeene Nederlandse Vereenigung voor Vreemdelingenverkeer: 158; Almasy: 4; Archiv für Kunst und Geschichte: 169; Art Institute of Chicago: 215; Ashmolean Museum, Oxford: 198, 234; Bayerische Staatsbibliothek, München: 24; Bibliothèque Nationale, Paris: 8, 25, 204, 205, 12; Bibliothèque Royale, Brüssel: 44; Birmingham City Museum and Art Gallery: 40; Joachim Bläuel: 21, 24; Bord Failté: 5; British Museum, London: 1, 6, 14, 17, 29, 46, 105, 106, 108, 109, 112, 121, 145, 146, 180, 1, 2; Camera Press: 238; J. Allan Cash: 114, 194; Cathedral Library, Winchester: 30; Courtauld Institute of Art, London: 3, 236; Deutsche Zentrale für Fremdenverkehr, Frankfurt am Main: 160, 161; Fitzwilliam Museum, Cambridge: 21 (links); Fotoarchiv Hirmer: 4; Frans Hals-Museum, Haarlem: 137, 26; Giraudon: 27, 49, 50, 148, 177, 181, 202, 203, 207, 208, 235, 5, 7, 11, 36, 37, 43, 44; Walter Hege: 94; Hans Hinz: 20, 22; The Iveagh Bequest, Kenwood: 143; Peter Keetman: 176; F. L.Kennet: 56, 80, 115; A. F. Kersting: 15, 31, 32, 36, 38, 40, 113, 153, 155, 168, 170, 172, 173, 178, 228, 30; Kunsthistorisches Museum, Wien: 12; Kunstmuseum Basel: 97, 99, 100, 111, 190; Louvre, Paris: 163, 6, 9, 33; Magdalene College, Cambridge: 48; Foto Marburg: 20, 22; Eric de Maré: 41; Marquise von Cholmondeley: 34; Mauritshuis, Den Haag: 142, 149; Paul Mellon Foundation: 175; Ann Münchow: 16, 18, 19; Museo di Capodimonte, Neapel: 23; Museum Folkwang, Essen: 39; Museum of Modern Art, New York: 42; Museum of the City of New York: 231; Mit freundlicher Genehmigung des Kuratoriums der National Gallery, London: 35, 47, 51, 70, 139, 150, 200, 25, 38, 47; National Gallery of Art, Washington: 69; National Gallery of Scotland, Edinburgh: 32; National Maritime Museum, Greenwich: 151, 192, 220, 221; Nationalmuseum Stockholm: 201, 35; New York Historical Society: 185; Österreichische Nationalbibliothek, Wien: 37, 10; Phaidon Press: 218, 219, 31; Radio Times Picture Library: 223, 230; Réunion des Musées Nationaux: 77, 212, 8; Rijksmuseum Amsterdam: 138, 27; Royal Academy of Arts, London: 197; Royal Hospital, Greenwich: 154; Scala: 13, 14, 15, 16, 17, 18, 20, 28; Science Museum, London: 152, 46; Service Photographique, Versailles: 8; Edwin Smith: 7, 23, 28, 57, 73, 75, 133, 141, 157, 183; Sir John Soane's Museum, London: 174; Society of Friends, London: 224; Stadt- und Universitätsbibliothek, Frankfurt am Main: 21 (rechts); Stedelijk Museum, Amsterdam: 48; Stiftsbibliothek, Sankt Gallen: 13; Tate Gallery, London: 182, 189, 195; Thames and Hudson: 3, 45; Trianon Press: 33, 34; Universitetets Oldsaksamling, Oslo: 10, 11; University of Glasgow: 179; USIS: 187; Vatikan, Rom: 90; Victoria and Albert Museum, London: 26, 43, 45, 71, 162, 166, 196, 199, 232, 233, 19; Virginia State Travel Service: 188; John Webb: 41.